尊者達賴喇嘛開示成佛之道

目次

譯者序

此系列書籍的對象與目的，正如尊者在〈開場白〉中所提到的，他「鼓勵大家成為二十一世紀的佛教徒，亦即其視野深植於佛陀所傳達的『悲心』和『智慧』之中，同時也對許多領域有廣泛瞭解的人」。及〈前言〉當中，圖丹．卻准比丘尼引述尊者所說的「現在正是讓藏傳佛教的追隨者學習更多不同的佛教傳統及其教法的時候了」。本書是這一系列叢書中的第一冊，將來英語世界還會持續出版進階的系列書籍，著實令人期待。

在開始閱讀並翻譯本書之前，原本以為這類跨越各種宗教與學科，既論教義又談修行的書籍，很多主題大概只能點到為止，而且如果沒有處理好，可能會像大雜燴般，雖面面俱到卻含糊不清。但本書讓我打破成見，它涵蓋的視角不僅非常寬廣，談的內容又很深入，在校讀過程經常令人驚豔不已，值得一再反覆閱讀與思索。

由於圖丹．卻准比丘尼在〈前言〉的「第一冊總覽」中，已將各章的要點一一說明，此處便不再畫蛇添足，以下就引用本書一些發人深省的片段，略加說明這部《尊者達賴喇嘛開示成佛之道》的整體特點：

佛教的定位：尊者認為佛教涵括宗教、心的科學及哲學三個領域，而且是宗教及科學之間的橋樑。

真正的幸福有賴於轉化我們的內心：此書開宗明義就提到「改善外在的世界並不足以帶來我們所企求的幸福及和平。基於此，透過心靈的發展轉化內在是必要的。要讓轉變發生，我們需要追求心靈之道。心靈修持意味著改變我們的心。」（頁四一）而「無論接不接受來世，我們都屈服在生命的挫折、失望和失落，還有衰老、生病和死亡之下，只因為我們是人類。沒有外在的方法能消除它們，唯一的方法是透過轉化我們的心來做準備。」（頁二七一）轉化內心是一個過程，而「修心」則是將逆境轉化為道的技巧，修心教授包含世俗菩提心及勝義菩提心兩種觀修。而落實的方法就像尊者所說的「當我們因為眾生而面對各種障礙時，思惟大悲心是最好的；當我們遭遇其他障礙時，最好的對治法就是思惟空性」。

無明及對治無明的空性慧不分古今：古今煩惱的對象雖有不同，但煩惱本質上卻大同小異，煩惱的根源皆是無明，這點也一樣，而對治無明的方法，同樣還是空性慧，這點也不會改變。而空性不是在心裡一直重複念著「空、空」就能理解，必須利用推理去探究諸法究竟是如何存在的。

佛法的動機有三個層次：如果學佛的動機只為此生的幸福，那還是「非佛法行為」（未入法），若動機是為來世投生善趣、解脫與利生成佛這三種層次，才是「佛法行為」（已入法）。因為不同的動機能完成同一個行為，所以我們不能光從行為的外表來評估。正念與正知對於保持慈悲的動機或跨越眼前利益的動機，是不可或缺的。而對於佛道有好的知識理解，則能幫助我們淨化並改善我們的動機。

三士道次第的重要性：三士道次第即成佛之道，尊者引《四百論》、《菩提道燈論》、《遠離四種執著論》、《清淨道論》等不同論典來說明三士道次第，以及它與四聖諦的關係，最終目的是自己能成就佛果及三寶，進而利益一切眾生，這個過程需要智慧與信心、勝解信及集資淨障。而學習五部大論，對於促進道次第修習最有助益。

密續教法的重要性：不僅討論基乘、顯教大乘（波羅蜜多乘），還將密乘的修行要點公諸於世。要在最細微層次的識培養智慧，它才能真正對治我們的俱生無明。而這種細微層次的識即「極細微心」，也就是「根本俱生光明心」或「俱生原始光明心」或簡稱「俱生光明心」。

修行進步的徵兆：尊者在第十章〈進步〉指出什麼是出離心的徵兆？什麼是菩提心的徵兆？以及瞭解空性的比量與現觀空性和三乘五道的關係。

教法的種類與內容：討論不同語系的佛教大藏經、印度佛教的毘婆沙、經部、唯識及中觀四部宗義的哲學體系，以及三轉法輪的內容。此外也討論了大乘經典真偽的問題。並引《心經》及《論事》，說明佛經未必皆出自佛陀親口所說之語。進而，書中討論西藏佛教各大教派之間主要的區別，在於修密續時依止的本尊不同。如何理解四種佛身？如何區分了義經與不了義經？何謂伏藏教法與淨相教法？要如何理解經典或注釋中看起來言過其實的敘述？

修行要及時：一旦我們發現值得信賴的教法，我們的職責就是正確去理解它們，如果我們要等到每一個問題都得到滿意的回答，就會像在《箭喻經》中佛為馬魯克子所說的，我們將錯失展開真正修行的機會。

佛教教法是否可以改變：首先要區分「佛陀教法的本質」及「佛教的外在形式」這兩者的差異，可以改變的是後者而非前者。

澄清許多似是而非及模稜兩可的觀念：將英語的「情緒」（emotion）概念與法佛中的「煩惱」（kleśa）加以釐清。例如貪欲、畏懼、憤怒、幻滅、希望、接納及憂鬱的克服等，依語境的不同而有多種涵義，有正面也有負面。慧也分為染污慧與般若慧。〈慈悲的重要性〉中將「以自我為中心的想法」（self-centered thought，或譯為自愛執）與「我執無明」（self-grasping ignorance）區分，前者為菩提心所對治，而後者則為空性慧所對治。澄清一般人對於「加持」的誤解。區分「業果」與「因果」的差別，亦即業果涉及眾生的苦樂經驗，也牽涉到眾生的動機；而異於業果的因果則涉及自然界中物理、化學及生物的法則。

揚棄貶抑的名稱：例如本書不再採用「小乘」這種貶抑的名稱，而改用「基乘」或「根本乘」（Fundamental Vehicle）來稱呼聲聞乘及獨覺乘（緣覺乘）。

建議以多元的方式利益他人：「身為佛教徒，特別是身為菩薩道的修行者，我們是人類社會的一份子，有責任對社會的利益做出貢獻。」因此維持自己的身心平衡、中道而行很重要。在這方面，尊者談到入世佛教與政治參與、消費主義與環境、上業界與金融界、媒體與藝術、科學及性別平等等相關議題。

關於性別平等的議題：本書引聖天的《四百論》，說明不要被男女的表象所蒙蔽了，因為並沒有自性成立的男女。而依據無上密續的說法，女性與男性同樣能圓滿覺悟，未必要轉為男身才能成佛。並引索瑪比丘尼的修行事蹟，說明證悟無關男女。這為性別平等、機會平等及責任平等，下了最好的註腳。

佛教與其他宗教的對談：尊者認為宗教多元化是祝福而非阻礙，不同宗教間可藉由四項行動（討論彼此信仰的異同、一起祈禱與禪修、一起朝聖、一起討論改善世界問題）相互瞭解與和諧共處，雖然所有宗教都有類似的目的與價值觀，但不能模糊彼此的差異。

佛教與科學的對談：科學家把情緒描述為三個組成部分：生理成分、經驗成分和行為成分。佛教徒只根據第二種成分來談論情緒。而科學也證實適應力、正向觀點、專注及慷慨這四方面的修持，可以改變腦部的迴路，結論是幸福可以藉修學而養成。

佛教在不同歷史與不同地理的發展：區分學術與傳統二者不同的「歷史觀」。由初期佛教在斯里蘭卡的發展，談到大乘的發展及密續的發展。以及西藏佛教內部不分教派的進路。

達賴喇嘛的修行分享：〈佛道上的自我省視〉中，尊者分享自己的修行經驗，而他本身最大的挑戰則是如何平衡「禪定的修持」或「直接利益他人」二者。

感謝商周出版社陳副總編輯玳妮及編輯燕樵，讓我們這個翻譯團隊有機會將達賴喇嘛尊者和圖丹卻准比丘尼合撰的這部鉅作譯成這部《尊者達賴喇嘛開示成佛之道》，能為傳播正確的佛法盡點心力，一直是我們最想做的事！

致謝與致敬：摯友宇光教授在百忙中抽空協助翻譯本書的第二、三兩章。長期以來協助「慈氏學聖典漢譯計畫」的中華佛學研究所校友彥徵（賢度）翻譯第五、六兩章。法鼓文理學院校友宛真翻譯第七、八兩章，以及佩英翻譯第九、十兩章。法友仲婷協助翻譯最後兩章。二妹珩琳翻譯第一、四兩章，並不時在我時間緊迫時挺身而出，協助校對及潤稿。這本書的出版，有賴於各位的通力合作，在此致上最誠摯的謝意！而從譯者交稿給我，直到我完成校稿與修訂的過程，由於忙於教學與行政職務交接而一再拖延，感謝陳副總編輯的耐心等候，在此致上最高的敬意。

法鼓文理學院佛教學系副教授　廖本聖

開場白

我們現在居住的世界和佛陀時代的世界截然不同，即便如此，我們人類仍有著相同的煩惱，依然持續經歷身體和心理兩方面的痛苦。儘管佛陀教義的真諦超越歷史紀元，但這些教義在既定時間內呈現給修行者的面貌，卻受到特定文化、環境，以及經濟和政治挑戰所影響。我鼓勵大家成為二十一世紀的佛教徒，亦即其視野深植於佛陀所傳達的「悲心」和「智慧」之中，同時也對許多領域有廣泛瞭解的人，諸如科學——特別是神經學、心理學和物理學——以及其他的宗教。

我們必須擴展佛教知識，而不要僅限於某一個主題、某種修持或某個佛教傳統。我們應該試著學習有關其他佛教傳統的教法和修持，並去瞭解它們如何順應修持者的特定傾向（習性）和興趣。我們也可以把其中某些教法涵括在我們自己的修持中。如此一來，我們將會更加感激佛陀這位導師的善巧，因為這會減少因山頭主義（門戶之見）而限制我們佛教徒同心協力為全人類及我們這個星球環境的福祉做出貢獻的情況。我們也應該瞭解通往覺悟的完整道體，以及認識到同一個人如何在他或她精神之旅的不同階段修持不同教法。這不但將使我們個人的修持更加明朗，還會提升我們對所有佛教傳統及其他宗教的尊重。

我們自身要增長對這些教法內容的瞭解，光靠背誦祈請文和持咒是不夠的。雖然也許會增加我們內心的虔誠，但光是這些行為並不能帶來智慧。在當今的世界，我們需要更加務實，基於此，知識是必要的。我們所有的人都想要幸福快樂而不要痛苦。既然快樂和痛苦二者皆有賴於因和緣而生，我們就必須去知道每個苦樂的原因，如此一來，我們便可以訓練我們的心去開創快樂的起因和斷絕痛苦的肇因。

我們每個人都想要一個和諧的社會。既然社會是由每個個體所組成的，所以每個人都必須培育他或她內心的祥和，而為社會帶來和平。當然佛陀教法的終極目標並非僅止於世界和平，而是為了讓我們從輪迴（saṃsāra）的所有投生中解脫出來，但是這些教法能幫助我們即使身處輪迴中，仍能創造一個更祥和的社會。

此系列的資料和那爛陀傳統（Nālandā tradition）印度聖哲的總體介紹一致，這些聖哲不僅為西藏四個佛教傳統所敬重，也同樣為中國佛教傳統所敬重。引文的段落大多來自於這些印度文獻資料，而就佛道的「方便」（method）面向——出離心、菩提心，和布施、持戒、安忍、精進及禪定等前五波羅蜜多——而言，這些傳統的看法大同小異。西藏傳統遵循龍樹（Nāgārjuna）而說空性和緣起二者的本質不相牴觸即是佛道的「智慧」（wisdom）面向的精髓，在此我們將會強調宗喀巴（Tsongkhapa）對空性的陳述，而有時則會提及寧瑪派（Nyingma）、噶舉派（Kagyu）和薩迦派（Sakya）等傳統的教法。因為巴利語系傳統（Pāli tradition）著重於基乘（Fundamental Vehicle）[1]，而基乘是所有佛教傳統所共有的，我們也會援引其經文段落。

一般而言，我的教學風格並未遵循傳統道次第（lamrim, stages of the path）教法的引領方式。我想談論更多有關空性的內容並顯示它和佛道其他面向的關係；這種呈現教法的方式在古印度也盛極一時。許多年前，尊貴的龍日南傑格西（Geshe Lungrik Namgyal），當時的甘丹赤巴（Gaden Tripa）[2]，對他的朋友們說：「要瞭解達賴喇嘛尊者的教法是個挑戰，因為他呈現資料的方式很特別。他觸及這點和那點，但我們無法把所有細節整合到傳統教法的框架中。」我不知道這段話是褒是貶？但無論如何，請深入思索以這種方式闡釋的各種不同主題。仔細思惟這些主題如何彼此關聯，並和你的生命搭上線。

第十四世達賴喇嘛‧丹增嘉措比丘

大乘法林

前言

此系列的目的

所有事物的發生都是由於因和緣的聚合，此系列書籍亦不例外。解釋其中的某些因緣將有助於大家瞭解此系列書籍的目的。其終極目的是要引導諸位讀者，以及其他有情眾生邁向圓滿覺悟。雖然已經有許多關於「道次第」或「朗令」（lamrim）的卓越著作，但對此獨特系列仍有其需求。為了說明其理由，我將分享一些我個人的親身故事；這是一個典型第一代西方人和西藏佛教邂逅的故事。

我出生於美國，在猶太教和基督教文化中成長。我試著去相信上帝，但那種世界觀對我沒有用。有太多無法回答的問題。我在二十四歲時，參加了一個為期三週、由兩位西藏喇嘛教授的佛法課程。他們所說的第一件事是：「你不必相信我們說的任何事。你是聰明人。要用理性去檢視這些教法。去落實這些教法並通過你自己的經驗看它們是否有用。再決定你是否要接受這些教法。」這種佛陀在佛經中所提到的ehipaśyika或「親自來看看」（come and see）的態度，吸引了我。經過研究（聞）、沉思（思）和修持（修）佛陀教法一段時間後，我開始確信這條路有道理，而且相信如果我真正用心修持的話，會對我有幫助。

和許多在一九七〇年代的年輕西方人一樣，有鑑於自己既不懂藏語，也不太清楚西藏文化，因此我竭盡所能地埋首於研讀和修持西藏佛法。我們的佛法教育以「朗令」為始，它是引領讀者們經由逐步的道次第而通往覺悟的一類典籍。此處檢視西藏道次第著作在此傳統的定位是有幫助的。在佛陀證悟成道之後，他橫跨印度宣揚教法四十五年。由於深知各式各樣聽眾的需求、興趣和習性，他能在當下對他們應機施教。在佛陀滅度（parinirvāṇa）之後，偉大的印度聖哲們依不同主題組織經中資料，並撰寫論典及注釋予以解釋。在佛法傳播到西藏後，西藏大師們也撰寫論典及注釋，而「道次第」文獻便是其中一種類型。

藏人將這種論典、注釋及複注（注釋的注釋）的發展視為是聖哲們慈心的展現。佛陀的直屬弟子是幸運的一群，有著極大的福德，不需冗長的教法便能證道開悟。後代的人福德較少，心智也沒那麼敏銳，因此便需要更詳細的解說去消除他們的疑惑，生起正見，進而獲得證悟。由於現今的人心障蔽甚至更多且福德更少，更需要新的注釋。我們的師長們因此說：佛經就像新鮮剛採的棉花，印度的論典和注釋像織布，而「道次第」典籍則像成衣。當「道次第」引介給第一代西方人時，我們便被告知所有需要瞭解的內容都在這些典籍裡，而為了獲得證悟，我們必須要做的就是花時間正確地研讀並修習其內容。

然而，事情並沒有那麼簡單。從「道次第」一開始，我們就對很多主題感到疑惑，而那些在我們的西藏老師看來則平淡無奇。珍貴的人類生命[1]，是「道次第」最初的觀修之一，談到我們幸運地生而為人，而非地獄眾生、餓鬼或動物。這對於生長在一個相信轉世和六道輪迴文化的西藏人來說，接受此種觀點是毫無疑問的。然而，對我們這些生長在重視科學的基督教、猶太教或世俗文化的人而言，情況則截然不同。

其次，當我們的西藏老師談到一切現象皆是空無實有（empty of true existence）時，我們不禁納悶：「上帝存在嗎？」當他們教導無我（selflessness）時，我們不斷試著去發掘我們的靈魂或我們的真我。當他們解釋緣起（dependent arising），我們便不斷尋求獨立於其他事物的唯一絕對真理。在哲學上，我們的觀點並不一致。

傳統上關於教法的陳述，是假定聽眾已經信仰佛、法、僧，且對宗教制度及環繞在權威的議題已無疑義。教法是直接針對那些可以將自己的情緒需求和心靈修持分開，且可以正確地瞭解這些教法的人。舉例來說，教法認為我們在反省自己傷害他人的行為時，不該被內疚感壓垮；我們不應在思索自私自利的壞處時，嚴厲苛責自己；而且我們不應屈服於我們的文化趨勢去崇尚個人魅力。

從西方人的角度來看，我們以為所有西藏老師都是佛，而那些我們成長以來一直抱持的價值——民主、性別平等、關注環境等等——會完美地體現於西藏社會。

兩邊的假設都不正確，經過一段時間後，許多西方人在佛法研究和修持上開始遇到困難。文化上的差異對我們、對我們的心靈導師都是個難題，導師們盡全力教導那些人生觀全新並迴異於他們的人。我們所有人花了許多年才瞭解到，西方人需要「道次第前行」（pre-lamrim）[2] 的教法。為了讓我們在佛法中成長，道次第必須以符合我們習性的教材作為起點。

達賴喇嘛尊者瞭解到這點，並於西方相應地調整他的教法內容。他不以「依止一位地位被提升至佛的心靈導師」[3]為始，而以「二諦」（two truths）——事物如何顯現為存在[4]及如何真正存在[5]——取而代之。他解釋「諸聖者（ārya）——那些非概念性地覺知[6]究竟實相者——的四種真諦」（四聖諦，four truths of the āryas, four noble truths），而不是告訴我們背誦幾次特定的真言（咒語）便可以保護我們免於投生地獄。教導我們有關心的本質、煩惱心所的運作方式，以及獲證解脫（liberation）的可能性，而不是告訴我們喝加持過的水可以淨化多劫以來所造的惡業。他要我們鑽研佛教世界觀背後的哲學並深入去思考。他提點我們去質疑自己的憤怒、用悲心打開自己的心胸去迎接所有眾生。他的教學直截了當、沒有廢話，而且當他知道地球不是平的且繞著太陽旋轉，而這是和佛教經典牴觸時，他很快地說，如果科學已確切地證明某些事物，我們就應該接受它而不應死守著違背科學證據的經文。

因緣聚會下，於一九九三年，我請求和尊者會面。由於尊者行程滿檔致使這個會面延宕了兩年才開始。會面期間，我恭請尊者撰寫一部專為非藏人設計的短篇道次第典籍。一部可讓西藏格西（Tibetan geshes）用來教導西方人的典籍，那些主題的呈現順序適合那些不是生來即為佛教徒的人，而且也可以解決非藏人關於佛法的疑問及爭議。尊者同意這個點子，但他立即跟我約定應該先撰寫一部較大部頭的注釋，再從中摘錄重點做為根本典籍。他要我和資深的佛學院學生談論所要涵蓋的主題，給我一份他最近講過的道次第教學文字稿作為底本，並要我開始著手進行。我和許多資深西方修行者談話，並匯集一份他們想請教尊者各種問題、主題、爭議和疑問的清單。

接下來數年當中，我和尊者會面過幾次，向他提出這些主題並展示至今我在這份底稿做出的成果。在我們聚會期間，他依我的請求教授特定的主題，提出其他更深入的解釋，並回答許多我所累積的問題。他似乎完全樂在這些會議當中，並經常邀請其他格西及他的兄弟前來。我會問一個問題，而他們則用藏語熱烈地討論其答案，隨著尊者詢問這些格西的想法，進而帶出他們未曾思考過的觀點。一段時間後，譯者會給我這段討論的結論。

當我從尊者的許多口頭教法及我們的會面中持續增加更多資料，這份底稿的分量也隨著變得越來越龐大。我頓時明白這系列書籍的目的，是要彌補「喇嘛們在西方針對短篇道次第典籍所給予的教學」及「由學者們譯成英文的長篇哲學論著」這兩者之間的落差。西方修行者需要一個用自己的語言針對哲學典籍中的重要主題所作的簡要闡述，而它也可以作為分析觀修道次第的基礎。

在二〇〇三年，我開始大聲朗讀這份底稿給尊者聽，以便他可以檢核。我們很快瞭解到這會是一個冗長的過程，而他的行程並不允許如此。在二〇〇四年，他請他的譯者多傑譚度格西（Geshe Dorje Damdul）和我一起校閱這份底稿。格西和我有系統地整理這份底稿直到二〇一〇年。

尊者明白表示，這系列書籍不單單只是為西方人，而是為了所有對佛教——特別是那爛陀傳統——有興趣且非常熱衷於研究和修持，但需要一個新途徑（新進路）來帶領的人。在此，他指的是包括生在西藏各地、受過現代教育的西藏人，此外還有隨著次數和興趣的增加，從台灣、韓國、越南前來印度達蘭薩拉聽他傳法的亞洲人。

本系列主要包含了那爛陀傳統的教法，亦即源自如那爛陀寺、歐丹大布利寺（Odantapurī）及超戒寺（Vikramaśīla）等大學問寺的古印度佛教傳統。這就是西藏人和某部分東亞人從古印度繼承而來的佛教傳統。無論如何，尊者明確指出本系列書籍必須是獨一無二的，即不能僅限於那爛陀傳統，還必須包含來自其他佛教傳統的相關資訊及教法。他說，現在正是讓西藏佛教的追隨者學習更多不同的佛教傳統及其教法的時候了。當他開始不斷地多次在公開場合，談到關於作為一位「二十一世紀的佛教徒」的想法時，我才瞭解到，他希望消除各種佛教傳統的修行者彼此之間的錯誤觀念和成見，並讓各宗各派更加緊密。為了這個目的，他要我走訪其他亞洲國家，學習他們如何修持佛法。我在泰國的一座寺院停留，同時也訪問台灣，向當地的學者和修行者們學習。我持續在我們的年度「西方佛教僧伽大會」（Western Buddhist Monastic Gatherings）和西方佛教僧眾進行佛教內部的對話，並逐漸熟悉他們亞洲導師的教法。這些都是非當豐富的經歷。

在二〇一一年的一連串會面中，尊者提及若要實現上述目標，他需要一本書專門去解釋巴利語及梵語傳統之間的異同。雖然介紹佛教許多形態的書籍，大多和粗淺的主題有關，像是佛壇的擺設、禮拜的形式等等，但本書則是要探討教義。他要人們去深思佛陀的教法，以及他針對各種不同習性及興趣的弟子們開示時所具備的善巧。至此，這份底稿的分量已經大到不單只是一冊而已。為滿足尊者的願，我擷取並濃縮其中的部分成為《達賴喇嘛說佛教》（*Buddhism: One Teacher, Many Traditions*）[7] 一書，在二〇一四年由智慧出版社（Wisdom Publications）出版。

目前這個系列，將分成幾冊出版，它會解釋如那爛陀傳統所闡述、如西藏佛教傳統中所修持的成佛之道。在某些章節，會帶入其他佛教傳統的教法以充實大家的理解，並提供針對某個主題更寬廣的觀點。本系列也包含了其他幾個目的：將我們的學習聯繫到日常生活和正式禪修練習；為新手和經驗豐富的行者們，充當從短篇道次第典籍到冗長哲學論著之間的橋樑；並且讓讀者接觸其他佛教傳統的教義和修持。因為裡面有些主題已經在《達賴喇嘛說佛教》一書中解釋過，我們偶爾會提及那本書以供參考。

整體系列總覽

我們以佛陀教法的奠基作為開始。對於「道次第前行教材」（pre-lamrim material）[8] 的需求，在我們開始著手這個系列之初，由尊者所提的一個意見裡即已表明：「道次第設定的對象是一位已經對佛陀有充分信心的修行者。所有西藏傳統道次第典籍的主要聽眾，是對一再投生、業、三寶、可信的認知及其對境等已有某種認識者。我們必須在此系列中加入引介的教材，以便學習者做好正確的準備。」因此，這個系列也涵蓋了：信心的意義、信心與智慧的平衡、尋找一位具格的精神導師、正確依止這位導師，以及開發樂於學習者該有的特質。這些將有助於你們以二十一世紀佛教徒的身分去親近佛法。

接著我們藉著解釋如何建構一座有關道次第的禪修，為學習及禪修立下基礎。再次深思「我們的心續之流其相續性不會在死亡時便終止，而會在另一世感得另一個身體。」這個可能性之後，我們會去檢視目前的人類生命提供給我們的機會有多麼珍貴，並如何設定我們的優先順序。這會引領我們去深思「世間八法」（世俗的八種關注）——使我們從「讓我們的生命有意義」分心的各種情況——以及業（有意志的行為）果，因為要讓我們的生命有意義，第一步便是戒除對他人的傷害。以這樣的方式，我們將瞭解安樂的因及痛苦的因，也才會去開發前者而戒除後者。業這個議題很廣，而且許多人極感興趣，因此將涵蓋於此深入說明。

然後我們會繼續探究「諸聖者——那些現觀究竟的存在方式者——的四種真諦」（四聖諦）。四聖諦形成佛陀教法的基本架構。前二諦——苦諦和集諦——勾勒出我們目前在輪迴中無法令人滿意的狀態及其成因，那些煩惱擾動我們內心而且是我們痛苦的來源。我們檢視「十二緣起支」——我們被煩惱及染污業驅使而在輪迴中一再投生的過程，以及我們能由此解脫出來的方法。這個章節會去探究錯誤見解及煩擾情緒背後的心理特徵。

在這點上，我們瞭解我們需要佛、法、僧——將教導我們並以他們的一生為例為我們顯示解脫道者——「三寶」的引導。學習有關我們內心的潛能、證得解脫的可能性及我們的佛性，會增加我們在「讓我們自身從輪迴解脫並獲證真正平靜狀態的涅槃」這方面能成功的自信。這會在四諦的後二諦——解脫狀態的滅諦及做為通向它的方法的道諦——中解釋。而涵括在道諦的則是「三增上學」、「四念住」及「三十七覺支」，這些是導向於日常生活及禪坐兩方面修習的主題。透過這些，我們將可保持我們日常行為的平靜、深化我們的專注力並獲得智慧，我們的巨大潛能得以開始實現。但是只有我們自己解脫是很狹隘的，考量到跟我們一樣受苦的其他人，以及他們曾經不可思議地善待我們。因此讓我們自己從以自我為中心的禁錮脫離出來，學習如何培養慈、悲、喜、捨「四無量心」，以及為了最有效率去利益一切有情而意欲成就圓滿覺悟（為利眾生願成佛）的「菩提心」（bodhicitta）。其後，我們學習如何訓練「波羅蜜多」（pāramitā）——透過落實布施、持戒、安忍、精進、禪定及智慧而讓我們的菩提心動機得以開花結果的修行。想像一下，當所有這些美好的特質都成為你的天性時，你會成為什麼樣的人。

發起這種為了利他而意欲成就圓滿覺悟的菩提心後，我們現在要培養瞭解實相本質的智慧，它是唯一能徹底且不可逆地根除我們心續中一切煩惱及其習氣的對治力量。在此，我們學習各種佛教哲學體系的宗義，其中有各式各樣關於勝義諦的見解。我們的任務是借助於往昔那些優秀智者之力對這些見解加以分類，並辨識出最正確的見解，即中觀應成派宗義體系的見解。

這會引領我們去討論世俗（覆障）與勝義「二諦」。世俗諦（veil truth）是指對境在受無明影響的心中顯現為真實，而勝義諦（ultimate truth）則是他們真正存在的方式，即他們的空性。在更進一步深思後，我們會體悟中觀應成派空性見解的獨特之處，以及如何結合「寂止」（śamatha）與「勝觀」（vipaśyanā）去瞭解究竟的本質，此處我們也會觸及如巴利及漢傳所理解的無我見解。

佛陀也闡述實修者獲證他們的特定目標——解脫輪迴或圓滿覺悟的佛果——所需跨越的道路與階段（次第）。學習這些會給予我們在精神之旅上得以依循的路標，而且我們會理解到各種特質與證悟將在這條道上逐漸被開發出來。這些也會讓我們以普遍共許的開展次第去檢核我們的禪修經驗。

其次，我們學習有關藏傳及漢傳皆可見到的淨土修行，而這會引領我們去討論金剛乘，它是大乘的一支。這部著作以尊者的結語作為結束，並涵括針對其門生的親身教誡。

這部著作的設計，不僅提供佛教資訊，更可充實佛法修習。為了這個目的，大部分章節會包含重點的總結，便於您記憶並反思。請善用這些重點，透過思惟您已讀過的內容去深化我們的修行。假如每一個章節都安插這些深思的重點，這部著作將過於冗長，因此凡是沒有提及的，請複習您已經讀過的內容，並記下所要深思的重點。這將有助您運用所學於您的經驗裡，並將佛法融合到您的生活中。

這部著作將一次出版其中一冊。這種方式讓您能花一些時間學習、思考並禪修每一冊當中的資料，它將讓您為下一冊資料做好準備。在這套由多冊構成的系列著作中，依特定順序提出的道次第，其目的是為了讓您進入更進階及更複雜的次第。儘管如此，就解釋特定主題而言，每一冊都是各自獨立的。

當尊者針對不同背景及理解程度的聽眾給予公開教法時，他不會去迴避引進深奧的主題。雖然他不會給予充分的解釋，但是他會以簡要的方式帶入進階的概念與詞彙。他不期待每個人都能理解這些主題，而是為初學者種下日後能學習並理解這些更複雜教法的種子。他時常會在大多數人容易理解的一般主題，以及僅少數學有專精者才能領會的難解主題，二者之間來回穿梭。假如您當下無法理解所有內容，請不要氣餒。因為在前幾冊所引進的概念及術語，在後來幾冊中將會更加完備。

此系列著作雖是以類似的風格撰寫而成，但資料的編排則試圖引領讀者從較容易的主題進入更難的主題。假如您無法在第一次或第二次就完全理解某個主題，請勿擔心；此系列的用意是做為您在道上的一個資源，它會是您反覆參酌並深化您對佛法理解的一套典籍。您每閱讀它一次，您將理解更多，這是由於這段期間您所積累的福德與智慧所致。

經由從頭至尾學習完整道體，您將領悟不同主題之間的關聯性，而這會充實您的修習。雖然這些次第是以線性方式呈現，但是從後後次第所獲得的知識與經驗卻會加強您對前前次第禪修的理解。當您持續探究佛陀的教法，您將會以一種有創意且發人深省的方式，從中找出許多將不同要點彼此聯繫的新方法。身為一位老師，尊者獨一無二的特質之一，是他「把從表面上看似不同主題所抽出的絲線，匯編而成持續引領我們進入更深層理解的錦繡」的這種能力。

內容總覽

第一冊及第二冊的一部分涵蓋了構成通往那爛陀傳統的基本入門主題。在西藏寺院的必修課程中，這些主題中有許多內嵌在較大部頭的典籍，而其他則在公開教法中習得。我們把最重要的議題摘錄於此並將它們匯成一冊，因此即使那些不是生長在佛教文化及寺院的人們，也將具備支持他們研習道次第所需的背景知識。

第一章探索佛教在世界所扮演的角色：我們的人生目的，介於有神論宗教及科學簡化論之間的中道，佛教和其他偉大的世界宗教的關係，以及身為精神修行者（心靈修鍊者）在現代世界的意義。

第二章探討佛教的生命觀：解釋心以及它與身體、一再投生及我之間的關聯性。依四聖諦勾勒出道的核心架構，而為了更深入理解這四者，我們考察緣起、空性，以及終結苦——我們在輪迴中無法感到滿意的狀態——的可能性。

第三章探究我們的心與情緒，並針對平靜我們內心、開展有自信及樂觀的態度，以及貼近生活與精神修行，提出一些實用的對策。

第四章是有關佛法歷史發展的簡短瀏覽：在印度次大陸、斯里蘭卡及中亞的初期佛教學派；佛教典籍；在印度開始形成的哲學宗義體系。更詳盡的資訊則置於附注中，供感興趣的讀者參考。

而這會引領我們去考察第五章當中的「三轉法輪」——組成佛陀教法的輪廓——以及大乘經典的可靠性（真確性或真偽的問題）。此章以簡介身為延續印度那爛陀傳統的西藏佛教做為結束。

第六章，先透過辨識可信賴的那些教法，並將它們從用來鼓勵特殊類型弟子所給予的誇張陳述區隔開來，其次透過確保我們正確理解我們所學教法的重點，而來考察教法。

第七章討論培養關於精神修習的正確動機，因為這對於避免愚弄自己、走入歧途或變得虛偽而言，至關重要。本章帶著我們重返我們內心，並鼓勵我們培養誠摯希望自他雙方皆能從輪迴解脫並獲證圓滿覺悟的心。尊者也舉例說明培養並維持以悲心為動機的一個切實可行的方法。

第八章處理身為一位初階、中階及進階的修行者如何沿著道往圓滿覺悟邁進。這對於瞭解佛陀教導的每個主題嵌於整個道體的哪個位置，提供了組織架構，因此我們能夠以一種循序漸進的方式修道而不致過於混淆。

第九章談到諸如信心及智慧的內在工具，在佛道進展上我們將會需要。在此，我們將瞭解祈願及儀軌，以及背誦及辯經在培養「三慧」——聞所成慧、思所成慧及修所成慧——上所扮演的角色。

第十章預先設想修行者會遇到的某些共通的挑戰，並提出克服它們的方法。

在第十一章，尊者分享某些他個人修習佛道的深思與經驗，因此我們可以看到一位真正的修行者如何將佛法運用於日常生活中。

第十二章將我們的焦點從個人修行轉移至應用佛法原則來指引我們在世界及為世界工作。佛陀教導佛法不僅是為了精神上的超越，而且是做為開創更健康及更公正社會的一個方法。在此，我們應用佛法的概念及修習於政治、商業、消費主義、媒體、藝術、科學、性平等，以及尊重其他宗教與其他佛教傳統。

溫馨提示

雖然此系列是共同執筆（合著），但絕大多數是尊者所表達的意見。我則撰寫有關佛教歷史這個章節、所有屬於巴利傳統相關的部分，以及零散分布各處的一些段落。

巴利及梵文術語通常只有第一次出現的語詞才會附在圓括弧中。除非另外以「P」或「T」——分別指巴利語或藏語——註明，否則斜體術語為梵語。多數情況下，佛法術語和經典標題會使用英語，但是當梵語或巴利術語為大家所熟知時，則使用它們，例如以Prajñāpāramitā（般若波羅蜜多）取代Perfection of Wisdo（智慧的圓滿），以及分別以巴利jhāna（禪那）或梵語dhyāna（禪那）這兩個名稱取代meditation stabilization（禪定）。梵語和巴利語的拼寫會用在有關它們各自傳統的章節，以及用於引自各別傳統經典的經文裡。為了方便閱讀，多數敬語皆被省略，但這並沒有減少我們對這些最優秀智者擁有的崇高敬意。若每個新術語當它初次出現時便加以註解，會顯得笨拙不便，因此書末附有詞彙表。除非另外註明，否則人稱代名詞「我」是指尊者。

致敬與感謝

我禮敬體現佛法並將它分享給其他有情的釋迦牟尼佛，以及一切佛、菩薩與阿羅漢。我也禮敬所有佛教傳統一切已證悟的傳承祖師，由於他們的慈悲，佛法依然存在於我們世上。

此系列將依序成冊出現，因此對於那些涉及特定卷冊者，我將表達我的感激之意。第一冊要歸功於尊者的譯者——喇科多爾格西、多傑譚度格西及圖登錦巴格西——的才能與努力，以及感謝穎東仁波切與索南仁欽格西對於關鍵之處的釐清。我也要感謝塔度南傑格西核對原稿；感謝尊者私人辦公室的職員協助採訪；感謝「舍衛尼寺」（Sravasti Abbey）及「佛法友好基金會」（Dharma Friendship Foundation）這些社團在我撰寫此系列期間給予我的支持；以及感謝大衛奇特斯壯（David Kittelstrom）他的精巧編輯。我感謝每一位在智慧出版社對於順利出版此系列做出貢獻者。一切錯誤皆歸於我。

圖丹・卻准比丘尼
舍衛尼寺

1 探索佛教

心靈之道（spiritual path）[1]對人類生活是必要的。即使先進的醫療、科學、技術已大幅改善人類的生活品質，卻無法讓我們脫離各種痛苦並帶給我們保障和持久的幸福。事實上，在許多情況下，這些進步反而帶來許多像是環境污染及核戰威脅之類前所未見的問題。因此，改善外在的世界並不足以帶來我們所企求的幸福及和平。基於此，透過心靈的發展轉化內在是必要的。要讓轉變發生，我們需要追求心靈之道。

心靈修持意味著改變我們的心（mind）。雖然身體很重要，但滿足它並不能帶來持久的幸福。我們必須向內檢視我們的心態、情緒，進而瞭解這些因素是如何深深地影響和形塑我們的經驗。佛陀說（SN 1.62）：

> 心能導世間，心能遍攝受，
> 如是心一法，皆自在隨行。[2]

心不僅包含智力，也包括了認知、情緒和其他心理因素[3]。「心」的梵文是citta，也翻譯成「內心」（heart），是指我們所有的識[4]——感官[5]和心理[6]——以及我們經驗到的各種心理狀態[7]。藉著調伏內心的煩惱，我們對外界的感受便會改觀。有鑑於此，如果我們只是尋求外在環境和人類的改變，我們將會不斷地遭受挫折和失望。因為我們並不能控制外在的世界。唯有藉由發展自心極大的潛能方能帶領我們脫離痛苦，也才能真正利益他人。

因此，以佛教來說，我們所要消除的障礙並非存在於外，而是那些扭曲心態及不安情緒等讓我們煩惱的心態。用來對抗前述那些煩惱心態的方法，同樣也需要從內在心理層面著手，亦即有意識地培養慈悲、智慧及其他實際而有益的心態和情緒。普遍為佛教徒所知的佛陀教法或佛法（Buddhadharma），能幫助我們分辨出哪些態度、觀點、情緒是實際可行且有助益的。佛法也在心靈之道上對什麼該做、什麼該捨棄給我們重要的引導。佛陀教導的是他自己的體驗，而我們則可以運用令人信服的理由及自己的經驗作為準則，隨意去接受或拒絕他的教法。

存在的目的及生命的意義

佛陀說（MN 46.2）：

大多數眾生都有這種心願、欲求及渴望：「想減少使人不悅樂、不戀棧、不歡喜的事物，想增加使人悅樂、戀棧、歡喜的事物。」雖然大多數眾生都有這種心願、欲求及渴望，但結果往往是使人不悅樂、不戀棧、不歡喜的東西增加，使人悅樂、戀棧、歡喜的東西減少。[8]

我們可由自身的經驗確認上述佛陀所言不虛。我們所有人都想要幸福快樂，沒有人想要悲慘不幸。即便如此，結果卻往往事與願違。我相信人生的意義和目的與拔除痛苦之因以及增加安樂之因有關，因為這能使每個人最深層的願望得以滿足。

我不知道這世界存在的整體目的為何，從佛教的觀點來說，並沒有一個清楚的解釋。我們只能說本質上，世界的存在是由於因（原因）和緣（條件）。這個宇宙的存

〔5〕

在是一個事實。而「萬物如何形成」和「終結痛苦的可能性」是相當不同的議題。對於停止我們的苦來說，我們並不需要知道世界如何起源。

人人都想要安樂、平靜，而不要痛苦。一個人即使不知道這個宇宙存在的目的，也不想受苦。因為他絕不會想：「因為沒有任何計畫或重大的目的，所以我要讓自己受苦。」我們因為有這個身體而有安樂和不快之感。不論我們的智力是否能夠瞭解我們存在的原因，我們都關心自身和他人的安樂。藉著追尋而引生此安樂，於是我們賦與了我們生命的目的和意義。

人生的目的是安樂及平靜，是一種內在的安適感。為了帶來那種安適感，我們需要物質方面的發展和適當的教育。同時也需要心靈層面的發展。所謂的心靈，我指的並不是宗教信仰或儀式。就我個人而言，心靈是指人類基本的良善品性，例如悲憫心、慈愛、溫和與謙卑。當這些良好的品性深植於心時，我們的心會更平和，也將為他人帶來安樂。有些人不需要宗教也能快樂，但卻不能沒有那些基本的良善品性。

有情（sentient beings），即內心尚未圓滿覺醒的一切眾生，均會經歷兩種形態的快樂和痛苦：身體上的苦與樂（發生在感官層面上的）[9]，以及心理或情緒上的苦與樂（發生在心理層面上的）[10]。身為人類，我們和動物、昆蟲及其他帶有身體的生物並無不同；基本上我們都一樣想尋求身體上的舒適並避免痛苦。但就心理和情緒方面的苦與樂，我們人類和其他物種則截然不同。我們有人類的智力，因此更有能力去思考、記憶、詮釋和檢視。譬如，人類不像動物，當我們想起祖先經歷過的不公不義時，心裡會難過。我們也因可以推測未來而對還未發生的狀況變得焦慮或發火。由於我們的想像力，我們的心理變得更敏感，也經歷更多由自心所創造出來的歡樂和悲傷。因為心理的苦是由我們內心的概念分別所創造出來的，所以同樣也要用心理方面的手段來對治它，這點很重要。為此目的，於是人類發展了各種宗教、哲學、心理學理論以及科學假設。

介於有神論宗教和科學化約論之間的中道

在我們這個星球上，有超過七十億的人類，大致可以分成三類：對宗教沒有興趣的人、相信並實踐宗教的人，以及對宗教懷有敵意的人。第一類是對宗教沒有興趣的人佔最多數。這些人主要關心他們日復一日的生活，特別是財務方面的保障和豐富的物質享受。這群人又分為兩種類型；第一種類型有道德操守，並用它們作為生活的指導原則。第二種類型則是將金錢、財產及歡樂凌駕其他事物之上。那些遵循道德操守的人通常較快樂。那些缺乏道德約束的人也許會獲得短暫的利益，但最終，他們的內心對自己的所作所為並不會覺得好過。因為害怕自己不正當的手段會被發現，他們缺乏真正的自信和內在的平靜。許多全球性的問題皆源自於缺乏道德操守，當人們不知道或不在乎他們的行為在道德方面所造成的後果，問題就會產生。沒有諸如此類的認識及其所生的約束，貪婪便毫無止盡。假如人們以一種源自於重視道德操守的責任感來生活，我們便可以看到許多全球性的問題將得以解決。

其他兩類人，一類是真誠地信仰並實踐宗教，另一類是對宗教懷有敵意；前者也運用道德操守和悲憫心指引他們的生活，而後者則特意反對宗教概念。在那些反對宗教概念的其中一些人說，宗教是統治階層用來剝削他人的工具；另一些人則說，宗教只是迷信或無知的起因。

這三類人同樣都想要追尋幸福安樂。他們在這方面毫無差別。不同之處在於每一類人所相信會通往幸福安樂的是什麼。第一類人當中除了重視道德價值更甚於個人所得（私利）者外，其他人則主要相信金錢和物質的舒適；第二類人肯定安樂主要來自於符合道德的行為，以及宗教和心靈修為。第三類人則相信安樂不只存在於物質世界，而且還與宗教觀念無關，宗教觀念是以假亂真（虛幻）而且是違背人類幸福的。這三類人中，佛教修行者屬於第二類。

從某種觀點來看，佛教是一個宗教及一個心靈紀律。因為佛教的戒律及禪修可以跟心理訓練直接聯繫，它也是一種心的科學。從另一個觀點看，既然佛教並未接受有一個外在的造物者，它就不是有神論的宗教，而是一種哲學。我們可以說佛教是宗教、心的科學或哲學，全賴於我們如何看待它。但我們不應說它只是其中一種，因為佛教涵括了這三者。

我們也看到極端的物質主義者，他們認為心是非物質（無形）的現象而否認其存在，就像宗教信仰者堅信有個外在造物者一樣。我們可以看到有些人著重邏輯推理，而有些人則強調不加批判的信念。看起來佛教似乎無法歸類在這些範疇。對比於那些反對批判性考證的宗教，佛教強調我們應該抱著質疑的態度，即使是對佛陀本人所說的話都應如此。我們應該要考證經文段落是否可信及其真偽。如果我們發現矛盾的證據，包括科學上的發現，我們應該遵循那些能被證實的而非佛陀所說。佛陀本人說過，他的追隨者不應只是由於尊敬而接受他的教法，而應該經過研究調查和個人的試驗以後再接受。我們可以自由檢驗並測試佛陀的教法。

另一方面，雖然佛教分享尊重邏輯及試驗的證據，但並不否認對精神證悟者[11]生起信念和信心的價值。既然我們的五官受限於其所能知道的，因此科學工具對於探究許多現存的現象也無能為力。所以佛教似乎是介於科學和有神論宗教二者之間。在未來，佛教也許可以成為宗教和科學之間的橋樑，讓這兩者更接近。

我曾多次遇到有著其他宗教信仰的人們和科學家們。有時候，我的佛教解釋幫助了基督教兄弟姊妹們落實他們自己的信仰。其他時候，宇宙論、生物學、物理學和現代心理學這些領域的科學家們，在佛教和他們的學科中發現了共同點。這些科學家中有些人在一開始和我們會面時想著：「這將會浪費時間，因為佛教是一個宗教，而宗教和科學並無太多共同點。」但在經過幾次會面以後，他們渴望學習佛教有關細微粒子的概念或我們如何解釋心與腦之間的關聯。這顯示了其他宗教修行者和科學家有互相理解的可能性。

佛法和其他宗教

每個宗教都有兩個面向：一個是心或內心的轉變，另一個是支撐其轉變的哲學。我相信就轉化人類的心和內心而言，所有宗教大多一致。它們都教導慈愛、悲憫心、寬恕、不傷害、知足、自律及慷慨。無論是什麼宗教，一個人只要由衷地去踐履它，均將發展這些良好的品性。在每一個宗教裡，我們都可以看到很多合乎道德及親切熱心的人如何利益他人的例子。

這些宗教不同之處主要在於哲學方面。有神論的宗教，如猶太教、基督教、伊斯蘭教和印度教的許多分支，相信有一個更高的主宰創造了這個宇宙和其中的所有生物。有神論的哲學為這些宗教的信徒們提供理由去轉化他們的內心。對這些信徒而言，一切的存在都仰賴造物者。造物者創造我們、愛我們，我們也懷著感激以愛回報造物者。由於我們愛造物者，我們同時也必須愛造物者所創造的其他有情眾生，並恭敬地對待他們。這是猶太教、基督教、印度教和穆斯林兄弟姐妹們成為仁慈和有德之人的理由。

另一方面，佛教不說有一個外在的造物者，而是講因果律[12]。我們的行為創造了我們未來所將經驗之果的因。如果我們想要快樂，不論是短暫的世俗快樂或是經由精神證悟而來的安樂，我們必須捨棄傷害他人的行為，而力行愛、悲憫心、包容、寬恕和慷慨。

儘管這些宗教的哲學存在很大的差異，但所有宗教都認同人類必須開發那些良善的品性。對某些人來說，佛教哲學對培育良善品性更具效果。而對其他人而言，其他宗教教義更有助益。因此，從個人觀點來看，每個人都將看見對他或她而言是最真的一種哲學及最好的一種宗教。但環顧所有社會，我們必須接受宗教及真理觀點的多樣性和多元化。這兩種觀點——什麼對特定的個人最好及什麼對社會最好——並不會相互牴觸。

即使在佛教裡，我們的導師佛陀，也對不同的人教不同的哲學。因為他瞭解由於每個人的習性和興趣的不同，對一個人適合的不見得對其他人有效。因此，佛陀尊重每個人的觀點，不論這個觀點是在佛法本身，或在來自各種不同宗教的個人當中。

這個書系是專為佛教修行者而寫，所以很自然有些哲學解釋將不會為其他宗教徒所認同。然而，身為佛教徒，我們不會去批評那些宗教或修持那些宗教的人。從佛教的觀點來看，宗教的多元化在世上是有益的，因為每個人必須找到一個適合他或她的習性和興趣的信仰體系。雖然從佛教的觀點來看，另一個信仰的哲學未必正確，但只要它能利益他人，我們都必須尊重。

是否接受宗教信仰是個人選擇。但如果我們接受一個宗教，我們便應該認真遵循它，並讓我們的生活方式和它的教法一致。如果教法成為我們生活的一部分，我們就會真正受益。在政治和商業上，虛偽和欺騙是司空見慣且令人遺憾的事，但若在宗教也如此就太可悲了。無論我們選擇什麼宗教，都必須真心誠意並培養善心和寬容。

有一次，我遇到一位智利科學家告訴我，他提醒自己不要太貪著（attach）他的特殊科學領域。我覺得對宗教也是一樣，因為貪著會導致偏頗，繼而帶來一種緊抱單一絕對真理的偏執[13]態度。在我還年輕仍住在西藏時，我對其他宗教信仰存有一些偏見。然而當我到了印度，便遇到了托馬斯．默頓（Thomas Merton）、德蕾莎修女（Mother Teresa）和許多來自不同宗教的人。看到其他宗教的修持可以培育出那麼多令人讚歎的人，我開始尊敬其他的宗教。

當我那些非佛教徒的兄弟姐妹們來學習佛法時，我通常建議他們不要考慮成為佛教徒。佛教並非要傳教或讓他人改變信仰。你應該先探索你們家族的宗教信仰，如果它符合你的心靈（精神）需求，修持它比接受佛教更好。如此，你將可避免掉一些困難，亦即修持一個存在於對你而言是陌生文化的宗教，以及它的經文是用你不懂的語言所寫的。然而，如果你家族的宗教不能滿足你的需求，而佛法更適合你的習性時，那你當然可以自由地成為佛教徒，或在你還維持先前的宗教時，從佛教中採取一些練習。

我建議人們先研究自己家族的宗教，理由是當有些人改變信仰時會開始覺得困惑。關於這點有個很好的例子是，在一九六〇年代初期，有位西藏在家官員在起義對抗中國佔領西藏後，帶著全家逃離西藏，在印度成為難民。當這位父親過世後，許多仁慈幫助難民的基督教團體當中，有一個援助了他的妻子和小孩。過了幾年，這位官員的妻子來見我並告訴我她的故事，她說這些基督徒們給予她非常多的幫助，而且讓她的小孩受教育，所以這一世她是一位基督徒。但下一世她將會是一位佛教徒！

修持並從佛陀教法中獲益，不一定要成為佛教徒。如果特定的教法讓你覺得有理，能幫助你和別人相處得更和諧，能夠使你的內心更清明、安詳，就去實踐那些跟你自己的生活背景息息相關的教法。佛陀有關克制憤怒和培養耐心的教法，基督教徒、猶太教徒、伊斯蘭教徒、印度教徒，甚至那些沒有依循任何宗教信仰的人都可以修持。佛教在如何開發專注和聚焦注意力上的教導，可以被任何禪修者所用，無論他們遵循的是什麼宗教或哲學。

如果你對依循佛道感興趣，我會建議你先瞭解佛教的世界觀。慢慢來，學習瞭解佛陀是如何描述我們的現狀、困境的肇因、我們的潛能，以及充分發揮潛能的修行路徑。探索輪迴轉世、業力及其結果、空性、覺悟（覺醒）等等概念。接著，當你經由深思熟慮而有某種信念生起時，你可以考慮踏上佛道。

宗教在現代世界

一旦我們選擇信仰一個宗教，我們就應該認真去修持它。如果我們真正相信佛陀、上帝、阿拉、濕婆神等等，我們就應該誠實。有些人宣稱自己有宗教信仰，但行為卻有違倫理道德。他們祈禱自己的不誠實和墮落的行為能獲得成功，請求上帝、佛陀等幫助掩蓋他們的惡行。像那樣的人應該停止說自己有宗教信仰。

我們的世界現正面臨一種缺乏尊重精神操守[14]，以及與道德價值[15]有關的道德危機。而這些並無法用立法或科學的方式強加於社會，而出於恐懼的道德行為也行不通。除此之外，我們必須思考並確信道德操守的價值，如此才能以我們想要的道德方式生活。

例如美國和印度這兩個國家都有良好的政府結構，但參與其中的許多人卻缺乏道德操守。就政治領袖、財務主管，醫療領域專家、企業家、老師、律師，和其他所有公民而言，需要自律和道德上的自我約束來創造一個美好的社會。但我們無法由外強加自律和道德操守於這些人身上。我們需要由內培養起。這就是為什麼心靈和宗教對現代世界意義重大。

我現在居住的印度，三千多年來一直是現世主義、包容性、多樣性等眾多思想的故鄉（發源地）。有一個哲學傳統，在古時候他們以「伽爾瓦卡」（Cārvāka）或「順世派」而為人所知，此派聲稱唯有透過我們的五官[16]所瞭解的現象才存在。[17]其他印度哲學學派批評這個虛無主義的觀點[18]，但仍然視持此觀點者為仙人（rishis）[19]或賢哲（sage）。在印度的現世主義中，儘管他們持有不同的哲學，但仍為其他傳統所尊崇。同樣地，我們必須尊重所有其他不同宗教和沒有信仰的人。我特別提出這類現世主義，重點在於要成為一個善良的人而不要傷害他人，不論你是否有宗教信仰。

先前幾世紀裡，西藏人不太知道外面的世界。我們住在一個被世界最高山所環繞的既高且廣的高原。除了一個小的穆斯林社區外，幾乎每個人都是佛教徒，而且鮮少有外國人進入我們的土地。自從一九五九年我們開始流亡之後，西藏人開始和外界接觸；我們和各種不同的宗教、族裔團體及帶有宏觀視野光譜（範圍）的文化產生連結。我們也活在一個現代科學觀點非常卓越的世界。此外，現在西藏青年接受現代教育，接觸到許多傳統西藏社會中看不到的觀點。因此，西藏佛教徒能夠清楚地運用推理，為他人解釋他們的宗義和信仰，這點是必要的。單純地引用佛教經文，並不能讓人們——不是生來即接受佛陀教義為真的佛教徒——信服。如果我們試著只靠引用佛教經文來證明許多觀點，這些人可能會反駁：「為什麼我應該相信那部經文？每個人都有經書可以引用啊！」

當今宗教大致面臨三個主要的挑戰：共產主義、現代科學，以及消費主義和唯物主義的結盟。關於共產主義，儘管冷戰在多年前已結束，共產主義信仰及政府仍然強烈地影響著佛教國家的生活。例如在西藏，共產黨政府控制誰才可以受戒成為比丘或比丘尼，並管理僧院或尼寺的生活。同時也掌控教育體系，教育孩童們佛教是過時的。

到目前為止，現代科學仍自我設限地僅研究自然界的物質現象。因為一般而言，科學家可以用科學儀器測量到的只有物質，這限制了他們研究的範圍，也因此限制了他們對宇宙的瞭解。許多現象諸如輪迴轉世、心是異於大腦而存在的現象，這些都超出了科學研究的範疇。雖然沒有證據證明這些事物不存在，但一些科學家們假設它們不存在且認為這些主題不值得考慮。然而在最近二十或三十年，我遇過許多心胸開闊的科學家，和他們曾有許多互有助益的討論，這些討論凸顯了我們的共同點及分歧的觀點。這些討論帶著互敬進行，因而使得科學家和佛教徒雙方都拓展了他們的世界觀。

第三個挑戰是唯物主義和消費主義的結盟。宗教重視道德行為，也許意味著延遲享樂，反之，消費主義卻帶著我們朝及時行樂的方向前去。宗教強調內在的滿足，說快樂來自於平靜的心，而唯物主義卻告訴我們快樂來自於外在的事物。宗教價值諸如仁慈、慷慨、誠實，在汲汲營營賺取更多金錢和得到更多更好的資產時失去了。於是，許多人對快樂是什麼及如何創造快樂的因，心生困惑。

當你開始聽聞佛陀的教法時，你可能會發現其中某些教法和你在社會價值、科學、消費主義方面的觀點一致，有些則否。沒有關係，持續深究並反思你所習得的。如此一來，無論你得到什麼結論都是基於理性，而不是單純地只因基於傳統、同儕壓力或盲目的信仰。

宏觀視野

佛法修行不單只是包含禪修技巧而已。我們的心太過複雜，以致無法僅靠一種禪修技巧或一個佛法主題便能轉變我們的心。雖然有些佛法新手（初學佛法者）也許想要一個簡單的技巧去練習，並藉由持續不懈地練習而看到進展，但以長遠來看，他們不應認為這樣就足以產生道上的所有證悟。

佛法涵蓋了完整的世界觀，而修行會讓你必須去檢視自己生活的所有面向。佛陀的某些觀點對你來說將是嶄新的，且可能會挑戰一些你深植的信仰。放開心胸並多點好奇，去探究這些觀點並觀察自心。運用推理去檢驗教法，並將它們落實在生活中，看看教法所描述的是否正是你的經驗。不要單純因為它們是佛陀所教的就接受它們，也不要單純因為它們對你現存的觀點而言是陌生的便排拒它們。

如果你對人生的意義培養宏觀的視野和更深入的觀點，你將會瞭解不只這一世，還有更多來世的存在。此外，你會知道你自己的苦與樂和無數有情眾生的並沒有不同，大家都想要安樂並避免受苦。這種考慮到多生多世及許多有情眾生的宏觀視野，會為此生帶來平和與快樂。

如果我們只是將全副精力專注於我們自己個人的安樂和問題上，而不太關心他人的快樂和痛苦，我們的眼光可說是相當狹隘的。當我們遭遇困難時，類似這種侷限的想法會讓我們認為這世界上所有的問題都壓在我們身上，我們是這世上活得最不幸的人。這種悲觀看待我們自己生命的方式，讓我們很難在此時此地感到快樂，並且將讓我們自己日以繼夜地這樣拖過一生。

另一方面，如果我們有一個更宏觀的看法，也知道其他有情眾生的經驗，那麼當我們遇到困難時，會瞭解這些令人不滿意的經驗，並非只是發生在我們個人身上的獨立事件，而是因為輪迴的本質即是如此，這些會發生在每個人身上。這種心態會幫助我們在人生中維持穩定，並積極面對任何處境。更進一步，假使我們不僅思考改善此生，還顧及更多來世的可能性，那麼即便處於困境的當下，我們仍能平安度過並對未來保持正面的態度。僅考慮此生的歡愉，並只將所有的希望寄託在此生，當事物未形成我們想要的結果時，我們不免會感到失望。因此，對人生抱持宏觀的視野以及瞭解苦（duḥkha）的本質：受苦和不滿，可以幫助我們改善此生和眾多來世。

在四聖諦的前二諦，佛陀描述了苦及其成因。我們也許會納悶：「為什麼我要思考這些？這些只會讓我更加沮喪和不快樂！」深思苦及其成因，也許在一開始會帶來一些不安，但即使我們不以這種有系統和有意義的方式去思考，痛苦依然存在。如果我們單純地聽其自然，痛苦會在我們毫無所悉時來襲並徹底擊垮我們。我們將會對苦的本質及其成因不知所措，也不知道要如何消除它，而這些不抱希望與絕望之感，也許進而讓我們的處境更加複雜，甚至更悲慘。

談談我們毫無心理準備所經歷的某種疾病或傷害。我們不僅受病痛之苦，此外，我們還會因為感到震驚及脆弱而受苦。但是如果我們知道身體出狀況並冷靜地接受它，我們就會去看醫生尋求治療。由於我們接受疾病的存在，並準備去處理它，即使醫生說要動手術，我們也會愉快地接受，因為我們知道我們正依循一個能除掉這個痛苦的方法。

同樣地，假如我們知道並接受輪迴這種無法令人滿意的本質，那麼在痛苦發生時，我們會較有能力去應對它。我們不該只是等待，直到被悲劇擊垮，而應反思輪迴的存在，好好瞭解它，找到方法面對它。

當我們現在繼續進行探究其他主題時，知道「我一點都不特別」這點很重要。我和你們一樣是人。我們都擁有同樣的潛能，而正是它讓個人的經驗極具意義，並為他人所知。如果你有「達賴喇嘛是位非凡、特殊的人物」的想法，那麼你很可能會認為我所說的內容和你無關，或者無法從我所說的話中得到利益。如果是這樣，那就太傻了。

有些人以為我有治病能力。如果我有，我會用它們來逃避膽囊手術。正因為我們都一樣，所以你們也許可以從我的談話和經驗中得到一些助益。

2 佛教的生命觀

我們的心決定我們的存在狀態。心被煩惱所染污者，即身陷輪迴的有情眾生。已斷除所有煩惱障（afflictive obscuration）——即煩惱和導致投生於輪迴的業力——者，則是解脫者，即阿羅漢（arhat）。能除盡心中最細微所知障（cognitive obscuration）者，則是佛（buddha，覺者）。這是依該有情的心被淨化到什麼程度而定。關於這點，《寶性論》談到有情的三種形態：在輪迴中流轉的受染污眾生；已擺脫流轉輪迴的不受染污眾生；及完全不受染污的覺者佛陀。一個人內在修為所臻達的層次並非取決於其外部特徵，而在於他或她的內心狀態。

即使尚未成為佛教徒，我們也可以實踐佛教禪修，並將其心理學運用到我們的生活中，但是瞭解佛教世界觀對於匯整佛陀教法的全面影響還是至關重要。在本章中，我們將探討佛教世界觀裡一些最重要的面向：包括心的性質、自我、四聖諦、緣起和空性及終結苦患的可能性。

心是什麼？

現代科學主要側重於瞭解外在的物質世界。科學家們已經開發出甚至能操控次原子粒子等的複雜工具，並且已經發明儀器來測量神經元的化學和電學狀態的微小變化。我們現在可以知道距離地球好幾光年的恆星，以及我們肉眼看不見的微小有機體。

雖然科學在探究外部世界、物質及其次原子成分方面，已經取得巨大進步，但它對於人類的內心世界、識（consciousness，或譯智）和經驗並沒有給予等量齊觀的關注。科學缺乏將心及其性質、起因和潛力等銜接起來的概念，儘管有許多關於大腦的解剖學和生理學的書籍，但是卻很少有提及心方面的書籍。

當今許多人用物質現象的觀點來解釋心。神經學家根據神經元——特別是大腦中的那些神經元——的作用，來描述它。行為心理學家通過描述一個人的行為和言語來描述心。認知科學家通過可測量的外部行為和大腦活動來研究知覺、思惟和心理過程。這些研究模式的困境在於，它沒有提供任何有助我們準確或深刻理解經驗的方法。科學家可能會告訴我們關於大腦中神經元的活動，伴隨悲憫或憤怒的荷爾蒙反應，以及人們生氣時的行為，但是這並不能傳達這些情緒感覺起來像什麼，關於它們的經驗是什麼？

另一些人把心說成是一種非物質（無形）、恆常的自我或精神。但同樣他們也不能提供可用於觀察識的工具。佛陀的教法可被認為是「心的科學」（science of mind），因為它提供了對心的完整研究，提出觀察心的具體方法，闡釋各種類型的心識和心所，揭示心的潛能，並描述了各種轉變內心的方法。

心的性質不是物質性的，它欠缺物理對象的可觸性質。當人活著時，其心智和大腦是相互聯繫並相互影響，但是心智不同於大腦的物理器官，後者是物質而可以用測量物理事態的科學儀器去研究探索。心是能體驗的；是它讓有機體有感知的。我們當中那些曾和逝去愛人的遺體相伴而坐的人就會明白，雖說他或她的大腦還在，但某些東西就是不在了。而那不再臨在的就是心，心就是生命臨在的經驗者，亦是區別屍體和生命體的關鍵因素。

佛教對心的探索有長達兩千六百年的歷史。許多關於心的論著都寫於佛陀所居住的古印度，以及佛教傳遍幾世紀的那些國家。近年來，佛教徒和科學家之間已經開始了成效卓著的對話，我非常有興趣看這種對話如何發展，以及它將對眾生的安身立命做出的積極貢獻。

此系列中的每一個主題都跟心有關。我們將從許多面向來審視心：它的性質、原因、潛能、功能、層次等等。我們將探討是什麼在障礙心的潛能，以及如何培養這些障礙的對治，以便心在我們稱之為「圓滿覺醒」（full awakening）或「成佛」（buddhahood）這種令人歎為觀止的榮耀中釋放其潛能。

被譯成「心智」的那個梵語[1]也許還可以譯作「心腸／心地」。從佛教的觀點來看，「他有善良的心腸／心地」或「她的心智聰明」指的都是同一個東西，即眾生能感知、經驗的那個部分。雖然我們的心與我們相即同在，而且我們一直在使用它，但是我們對它並不是很瞭解。在佛法中，心被定義為「明晰和認知」（clarity and cognizance）。明晰表明，心不同於身體，它不是物質。明晰也顯示，當因緣具足時，心如明鏡般能反映諸事物。由於它有認知的性質，因此它可以聯繫或認識該對境。

據我們自己的經驗，我們知道我們的心是刹那生滅。這樣的可變化特質表明它是受因和緣所影響。心的每一剎那皆依其本身的獨特原因，即心的前一剎那而起。心是一個相續體，一系列的「心剎那」（mind moments）稱為心續（mindstream）。每個人都有他或她自己的心續；眾多心續或個別心續的諸多部分是互不相混的。因為心會受到其他因素影響且剎那變化，因此當適切的眾緣具足，心智就會發生轉變。充滿躁動情緒的心，能轉為平靜與喜悅。

心有兩種性質：它的世俗性（它如何運作並與其他事物發生關連）和它的勝義性（它真正的存在模式）。世俗性是它的明晰和認知，也許可以比喻為毫無污染的純水。當這純水中被攙入塵垢時，它的純淨性質被遮蔽了，儘管它仍然存在。有時攪動塵垢，純水變得前所未有地污濁。但不管水當中有多少塵垢，它都不是水的本性，水可以被淨化，塵垢可以被移除。同樣，即使心被煩惱所遮蔽，心依然是清淨的。有時我們的心相對平靜，而有些時候則被憤怒（anger）[2]或貪著[3]所困擾。但這些煩惱是暫時的，早上可能感到不安，下午卻覺得很放鬆。雖然心續持續不斷，但憤怒並非一直存在於其中。這是因為憤怒和其他煩惱並沒有進入心的本質。

心續在不同的時間會受不同情緒所左右。憤怒和慈愛是相反的，它們不能同時在我們的心中顯現，儘管它們可能在不同的時間出現。即使是像希特勒或史達林這樣非常兇狠的人，他們仍會感受到自己對家人和孩子的愛。心可以在某個時候被憤怒所支配，也可以在其他時候被比如像慈愛這樣的相反情感所支配，這個事實說明情緒並非心的本性。心本身是清淨的，它就像無色的水，可以著上各種顏色或不上任何顏色。

我們的身體就像一棟房子，而心是它的居民 。只要身體存在，心就是一個長期固定的居民。但是包括情緒和態度等各種心所（mental factor）都是訪客。時而憤恨蒞臨，時而悲心蒞臨，但兩者都不會待太長久。雖然這兩者都是訪客，但一者受尊重、有用、令人愉快，就像一個我們可以信任的可靠之人，並希望其成為家庭中的一員。我們邀請那位客人，並創造條件讓她願意久留。同時，另一個訪客既粗魯且擾亂我們自己和他人的平靜。我們不想邀請他來訪，遑論讓他住下，所以如果他偷偷溜進來，我們就將他逐出門外。同樣的，我們要消除憤怒，無限地培養我們的悲心，讓其成為我們永遠的夥伴。

心的勝義性是「獨立或自性存在皆空的狀態」[4]（無自性）。自性存在（自性有）是我們強加於所有現象的一種虛妄的存在模式，我們相信可以找得到它們獨立存在於諸如原因與部分等所有其他因素之外，並使它之所以如此的本質。事實上，所有這種虛構的存在樣態都是子虛烏有，因為它們的存在皆依待其他因素。在《八千頌般若波羅蜜多經》（*Aṣṭasāhasrikā Prajñāpāramitā Sūtra*），佛陀說：

> 此心非心，因為心的本質是清淨光明的。[5]

「此心非心」這促使我們去探究心事實上是什麼，即其勝義的存在樣態，它實際上是如何存在的。「此心」（The mind）是指心的明晰和認知的世俗性。當我們尋找明晰和認知的自性時，我們找不到可以為心的東西。在明晰和認知中，沒有任何東西我們可以精確指出那就是心的自性。如果我們能夠找到實在的心，則心應該是依其獨立本質而自性地存在著。然而，當我們尋找心的時候，我們在心當中找不到心；我們找不到自性地存在的心。這就是為什麼說此心「非心」（is devoid of mind）的原因。心的究竟本質，或其勝義的存在樣態，就是它的自性存在皆空的狀態。

因為此心非心，我們可能認為心根本就不存在。但事實並非如此。「此心」這個詞表明心是存在的；它是我們分析的所依（基礎）。心的存在通過以下事實得以證明：我能夠解釋這些敘述是因為我的心在運作（思惟），而你們能夠理解它們，是因為你們的心在運作（思惟）。說心不住於心，這是說自性存在的心並非心的究竟存在樣態，但這並不意味著心根本不存在。

心是存在，但它是自性存在皆空。這就是「心的本質是清淨光明」（the nature of mind is clear light）的意思。心的勝義性是清淨的，因為它不是自性存在。但光是「心是自性存在皆空」的這個事實，並不意味著諸如無明、憤怒和貪著等這些煩惱會自動消失。這些煩惱也無自性存在，但我們不能說它們本質上是清淨的。

無明（ignorance）就是把現象執為自性存在、有其獨立本質的心所。它是諸如憤怒、渴望、嫉妒和自負等所有其他躁動情緒產生的根源。心及所有世間萬象都非自性存在的這個事實，意味著無明把心執為自性存在是與事實牴觸的。如果心確實自性存在，那麼無明將會是看見實相的心，若是如此，豈非不應消除無明。然而，由於無明所見的與實相相反，因此可以通過能正確洞見實相的智慧，即證悟空性的智慧，來消除它。因為無明和其他煩惱等都是錯誤的心所，欠缺自性存在的基礎，它們不是鑲嵌在心的性質內，所以方能被徹底滅除。就像雲朵雖暫時遮蔽了晴朗的天空，但他們並非天空的實相，同樣的，無明和其他煩惱只是暫時遮蔽了心的清淨本性。但是，不像曾經消失的雲彩會重新出現那樣，無明和煩惱一旦被智慧從根源上滅除後，就不能再遮蔽心。同時，其他如慈愛、悲心和堅毅等心所，並非依附於無明而存在，因此它們可以成為我們心續的一部分。

反思

一、心的世俗性是明晰和認知，意思是心可以反映和認知對境。

二、心的世俗性是清淨的：煩惱沒有進入它的本性，雖然它們可能會暫時粉飾或遮蔽心識。

三、身體在本質上是物質的，它就像一棟房子，心是它的非物質（無形）的居民。

四、心的勝義性是自性存在皆空（空性），當我們尋找心是如何勝義地存在時，它欠缺任何可以尋得的實體。

身體、心、輪迴及自我

我們活著的時候，我們的身心會相互影響，雖然它們有不同的性質與不同的相續。身體是物質的，有賴於身體的因，例如我們父母的精子和卵子而形成。6 我們所吃的食物本質上也是物質，是我們身體賴以生存和成長的條件。然而心並非物質，無法用設計來測量物質的科學儀器去感知或測量它。

擁護科學化約論者認為，心就只是大腦。然而，其他科學家認為，心是大腦運作過程的一個功能，而且其精神運作過程和情緒經驗與大腦中的生化過程相關或由它所引起。但是，這種神經科學觀點並不能解釋我們心的許多面向。比如，僅僅簡單觀察大腦中的化學過程，我們並不能確定一個思想是否正確，即它是否能作為知識或煩惱的實例。通過研究大腦活動，我們不能辨別某一心理活動是對感官對境的直接知覺或是概念作用（憶及或思及某事）。

在經驗層面上，我們因自己的遭遇所經驗到的痛苦與同情他人遭受不幸而經驗到的痛苦，有很大的差別。我們自已所生的痛苦經驗是非自願且強烈，我們通常會用恐懼和憤怒來回應它。同情他人不幸遭遇伴隨而來的痛苦，含有一種特意分擔和擁抱該苦的成分，我們會以勇氣來回應它。然而，就大腦中的生化過程而言，這兩種類型的疼痛是難以區分的。

當我們非常快樂或非常悲傷的時候，我們的眼淚會奪眶而出。在物理層面上，我們的眼睛沒法區分這兩者。但是在心理層面上，流淚的原因和流淚時的感受（我們如何經驗它們）是很不一樣的。基於這些原因，我們很難說：單靠大腦的生物學活動便能解釋我們能經驗苦樂之識的所有面向。

能產生結果的一切具作用的事物，皆是依因和緣而生。追溯我們此世身體的因和緣，我們是沿著能溯及我們雙親和歷代祖先的物質因果序列而來。科學家在追溯人類起源的時候，假定了進化論（theory of evolution）。地球上還沒有生命之前，後來成為我們身體的物質元素已經存在，它們的相續可以上溯到大爆炸（Big Bang）的時候。既然不管是粗顯的或精細的物質，在大爆炸的時候或者甚至在它發生之前就存在，那麼其因也必須是物質或是能轉化為物質的能量。儘管宇宙開始形成的時候，我們的身體尚未存在，但其前身（先前相續）則是以物質因和物理元素的形式存在。

根據《時輪密續》（*Kālacakra Tantra*），身體的究竟來源是存在於先前宇宙消失和隨後宇宙產生之間的空間粒子（space particle）。在這段期間，它們把潛能的延續體（continuum of potential）提供給物質。它們包含每個較粗顯元素粒子的線索，它們是新宇宙發展時形成所有其他物質的基礎物料。

心的本質特徵難以辨識。在日常生活的層面，我們經驗到感官知覺和追逐感官對境的思想。感官認知——我們的視覺、聽覺、嗅覺、味覺和觸覺諸識——關注外部世界，並認定它們所知覺到的對境行相。[7] 思考這些對境的概念思惟，也認定了這些外在對境的行相，甚至當我們的心是指向我們自己內在的感受時，它也認定感受是有其行相的。我們很難把心的明晰和認知分開，而且很難只知道心而不知道它的對境。然而，通過禪觀，有可能體驗到心的本質。

果是由有能力生果的隨順因（concordant cause）[8] 所生，它們不能由不順因（discordant causes）[9] 所生。由於心是非物質，因此它的直接因（substantial cause，親因）[10] ——即轉變為特定心剎那的主要事物——也必須是非物質。這（直接因）即是前一剎那的心。一剎那心的生起，是因為前一剎那的心，而它又有賴於其前的一剎那心。這可以追溯到受孕的時刻。而受孕時那個心剎那也是由因而生，如此一來，此世以前的心相續便得以建立。

受孕是精子、卵子和細微心（subtle mind）的結合。它創造了新的生命。這個新生命的物質面向是來自父母的精子和卵子。非物質、識性層面的心，則不是來自父母，它必須來自前一剎那心，它在受孕那一刻，即是前一世存有者的心。

在死亡那一刻，身心分離。同時，它們也有不同的相續。身體變成屍體，在自然界中再次被循環利用。心則從一剎那心生下一剎那心那樣持續下去。就一般眾生而言，心通常在獲得新身體的同時，便開始另一個生命。

佛經描述了不同層次和類型的心。就心的層次而言，有粗顯的識，比如我們的五根識（five sense consciousness）；較細微的識，如我們深思和做夢時的意識（mental consciousness）；以及極細微的心，一般眾生在臨終時才會顯現出來。這個從一個生命延續到下一個生命的極細微心，可以在不依賴包括大腦和神經系統等粗分物質身體的情況下持續存在。極細微心是持續剎那變化的心相續，它不是恆常的自我或靈魂。「極細微心」（subtlest mind）與「原始俱生光明心」（fundamental, innate mind of clear light）只不過是依一個極其細微、剎那變化的明晰與認知的相續來命名（施設）。

佛陀主要依據心的連續性解釋了生命的延續和再生。跨越生生世世的心相續並非依待物理身體那種粗顯層面的心。它是極細微心，是根本俱生光明心，它才是命名（施設）為「人」（person）[11]的最終所依，它將此生與來生聯繫起來。對心的這種詳細解釋僅見於佛教無上瑜伽密續的文本中。

再生[12]也可以通過個人的經驗來證實。我聽說有一位藏族男孩未經教導卻能閱讀。有些人可能會說這是由於他的遺傳基因使然，但對我而言，說這是由於從他前世的識延續而來會更加合理。我也聽說過有位印度女孩，她有很多關於她前世的回憶。她的前世父母和今生父母相遇並證實了這些細節。現在兩對父母都承認她是他們的女兒，所以她有四位父母！

一般說來，一旦心識與受精卵結合，新的生命就開始了。以身、心為依處，我們將之命名（施設）為「人」、「眾生」（living being）、「我」（I）或「自我」（self）。我們的人生觀、知覺、感受和情緒，都基於「自我」這個概念。我們說「我做了這個。我想到那個。我感到悲傷或快樂。」儘管這是我們的經驗，但我們很少停下來問自己「我們依它去描述一切事物的這個我到底是誰？」自我認同的問題很重要，因為想要趨樂避苦（趨吉避凶）的是自我，也就是「我」。如果自我獨立於其他現象而存在，我們就應該能夠把它區隔並指認出來。

佛陀教導人是由五蘊[13]即色、受、想、行、識聚合而成。其中，色蘊是我們的身體，另外四蘊構成我們的心。如果我們在這五蘊中尋找，我們無法指出與五蘊完全分離的人[14]；我們也不能指認與他或她的身心畫上等號（完全相同）的人[15]。身、心的集合也不是人。人是依賴於其身心而存在，但這個人既不與身心完全相同，也不與身心完全分離[16]。

自我依待於身體：當我們的身體病了，我們會說：「我生病了。」如果自我與身體是異體，我們不會這樣說。自我也依待於心，當內心感到快樂時，我們會說：「我很快樂。」如果自我與心是分離的，我們便不能這樣說。當依心而賞花時，我們說具有該心的那個人在賞花，除此之外，我們找不到任何正在看什麼的人。

簡言之，「我」是依待我們的身心而施設的，然而當我們去尋找一個可以指認為那就是「我」的東西時，我們無法在或身、或心、或身心組合，或與身心分離中找到這個「我」。這表明人是依賴〔身心〕而存在的，我們沒有一個固有的、可被指認的、不變的本質。因為我們沒有這樣一個獨立的自我，所以我們才可以改變與成長，並由迷惑而進展到覺悟。

人或自我能創造快樂和痛苦的因，人也會經驗到這些行為帶來的樂果和苦果。雖然我們無法指認出任何事物就是這個「自我」，但無可否認，創造因與體驗果的人[17]是存在的。

無數眾生都有這種自我的感覺，雖然很難指認自我是什麼。然而，每位有情眾生都想要拔苦予樂則是不爭的事實，沒有必要去證明這一點。出生、享受生活、忍受痛苦、瀕死，都是受〔前因所〕制約的現象，都是前因所生的果。如果沒有人去經歷這一切，這些全都說不通〔站不住腳〕。同樣地，我們基於人是否已獲得證悟，來區分雜染的流轉三有[18]與涅槃的覺醒狀態。如果沒有人存在的話，輪迴和涅槃之間的區分就變得無關緊要了。

自我雖然存在，但從實相性質的更深層面向來看，我們對自我的觀點卻是錯誤的。「自我實際上如何存在」及「我們如何理解它」之間的不一致，正是造成我們一切困惑和痛苦的根源。當我們培養正見時，我們的心力會增強；這讓我們通往平靜，進而帶來歡喜與成就感。能如實看待這個世界的心態，將免於恐懼和焦慮。

反思

一、身體本質上是物質的，心是非物質的。雖然大腦和心相互作用，但它們並不相同。

二、我們的身體及其直接因（親因）——我們父母的精子和卵子——都是物質性的。我們的心及其直接因（親因）——前剎那心——則是非物質的，它們唯有明晰和認知（唯明唯知）。在受孕之時，它們[19]相遇而形成一個新生命。

三、臨終之時，身體的相續是一個會分解成物質元素的屍體，心的相續則是以極細微心形態延續到來世。

四聖諦

佛陀覺悟後第一次說法的主題，即諸聖者的四個真理，以「四聖諦」著稱，這是佛教之道的基礎和架構（總綱）。他在一開始宣說四諦是為了特定的目的。每一位眾生天生有著追求持久平靜、幸福及免於痛苦的渴望。這種渴望促使我們從事許多活動以獲得它們。然而，直到現在，我們所做的一切都沒有帶來相應的平靜與喜悅，因為我們生活在輪迴——即有著受煩惱心所和業所影響的身心狀態——當中。在輪迴中我們所遭遇的只有苦——各種無法令人滿意的處境和痛苦。[20]我們無從選擇地帶著老、病、死的身體，以及有一顆變得焦慮、恐懼和憤怒的心。我——唯依於身心而施設的人——在輪迴中流轉。我們的身心五蘊在本質上無法令人滿意，這就構成第一個聖諦「苦諦」（truth of duḥkha）。這五蘊的因是煩惱心所——即扭曲的態度和負面情緒所，其中最主要的是無明——和染污的業（polluted action）。[21]這構成第二聖諦，苦的真正來源「集諦」（true origins of duḥkha）。

究竟「滅諦」（true cessation）——第三聖諦——是解脫和涅槃，即我們尋求的和平、喜悅和充實的狀態。在這裡，無明、煩惱、染污業，以及它們所造成的無法令人滿意的經驗，從根本上被滅除而不再出現。

滅諦有賴於根除無明的一個方法來證得，這就是第四聖諦「道諦」（true paths），它主要是由瞭解勝義性——即一切人（補特伽羅）和法的無自性——的智慧，以及該智慧所支持的那些善識所構成。

這些道需要我們自己花時間和精進努力去開發，我們不能像僱一個機械師來修理我們的汽車那樣，聘僱別人為我們完成這些道。如何開發這些道並證得涅槃，正是這個系列的主題。

臻達涅槃的過程始於理解第一聖諦，即苦的本質、各種形態無法令人滿意的環境，以及在輪迴中折磨眾生的苦。當一些人聽到這個，他們擔心反思他們的苦只會使他們的情況變得更糟，因而認定學習佛法沒什麼好處。如果我們不可能擺脫苦因（causes of duḥkha），情況確實如此。然而，苦的根本原因，即無明——誤解實相並執諸法為自性存在——是錯謬的，它可以被如實見到事物為自性空的智慧所滅除。通過逐漸根除無明和其他煩惱，可以給我們的生活帶來更大的滿足和自由。當所有因緣均已累積之後，我們便能證得苦及苦因的究竟寂滅，也就是涅槃（nirvāṇa）。雖然涅槃聽起來也許像是一個遙遠的目標，但我們很容易看到朝那個方向前進的步驟，我們愈對治瞋恚，我們便能經驗更大的和諧；我們消除愈多貪婪，我們就愈能滿足。當我們運用智慧逐漸減少無明與煩惱時，平靜與充實（成就）便對應地增長，而於涅槃達到頂點。

因此，辨認並反思我們的苦，有其特殊、有益的目的：它會激勵我們去發掘其根源及附屬的因，並透過修習道諦根除它們，達到通向涅槃這種真正解脫的平靜。

佛陀講到三類的「苦」。第一是「苦苦」（duḥkha of pain）22：這是所有眾生皆不希望發生的身、心痛苦。世界上所有的宗教都認為種種惡行如殺人、偷竊和說謊等會帶來身體和（或）精神上的痛苦。為了消除這種痛苦和導致它的惡業，所有宗教都教導某種形式的道德行為。科學家們也尋求治療身體和精神痛苦的方法，他們藉由開發改變外在原因的方法達成此目的，這些外在原因存在於我們的環境中，或者由於我們的身體、大腦和神經系統或我們的基因的功能失調所致。

第二類型苦是「壞苦」（duḥkha of change）23，它指的是世俗的幸福。佛陀為什麼把世俗眼中認為的幸福——例如樂受 24——也看做是苦呢？世俗幸福無法令人滿足，因為最初帶給我們快樂的活動、人和事物，不會持續帶給我們快樂。儘管享受美食、同朋友相聚、接受讚美，以及聽好聽的音樂，這些最初或許可以減輕痛苦或無聊，帶來快樂，但如果我們持續這樣做，這些最終會帶來不快與疲乏。

大多數人無法辨認世俗享樂在本質上是無法令人滿足的，但是許多宗教則看出這點。一些印度教徒理解世間快樂無法令人滿足，而尋求能讓內心更加愉悅的心一境性的甚深禪定狀態。有些基督徒放棄世俗享樂而擁護「被提」（rapture）[25]與「恩典」（grace）[26]的狀態。

第三類型的苦是「周遍行苦」（pervasive duḥkha of conditioning）[27]，即我們有一個不受我們掌控的身、心的這個事實。我們無從選擇地接受一個會經歷生、老、病、死的身體。在生死之間，我們會遭遇許多問題，即使我們試圖去迴避它們。我們不能得到我們想要的一切，即使我們努力去爭取，甚至當我們的欲望得到滿足時，那種幸福也不持久：我們的幻想破滅或與我們的所愛分離。

對第三類苦「周遍行苦」的描述，是佛法獨特不共之處。其他宗教和科學都不認為得到一個被無明、煩惱和染污業力所宰制的身心是有問題的。他們不會去尋求周遍行苦的諸多起因，更何況去滅除這些苦因。相反，他們只會把努力的重點擺在消除「苦苦」以試圖讓情況變得更好。

在確認周遍行苦是我們眾生所遭受的無法令人滿意的基本情況後，佛陀找出其根本原因。他確認周遍行苦的根本原因即是執著自性存在的無明，並且觀察到只有透過勤修無明的相反，即現觀自性空的智慧，無明才能完全滅除。在此，佛陀關於無我（anātman）[28][29]的教法就變得很重要。他解釋說，當我們尋找無明所執取的東西——人和法的獨立或自性存在——時，我們是找不到的。而瞭解這點——道聖諦——的智慧則有能力逐漸根除心中所有無明，趨入涅槃而達到究竟寂滅。在這裡，我們看到佛陀關於苦的起源、實相的究竟本質、瞭解實相的智慧及證得涅槃的闡釋皆是獨一無二的。

如此一來，「佛法」（法）——滅諦和道諦——是獨特（不共）的歸依處。宣說佛法的「佛陀」（佛）是獨特（不共）的導師，而「僧伽」（僧）——已現觀自性空的那些追隨者——都是道上獨特（不共）的法侶。佛教中所描述的這三種歸依對象是無與倫比的，而且在別處是找不到的。

四聖諦所描述的狀況並非佛陀所創造。他只是如實描繪事物的原貌。如果沒有苦、集、滅及道，也就沒必要去實踐佛法了。當然，它有賴於我們每個人親自去檢驗這四諦的真實性。藉著觀察我們自己的經驗，我們將會知道苦及苦因是存在的。雖然此時此刻我們或許尚未能直接認識滅、道二聖諦，但它們也是存在的。藉著理解苦（苦諦）及苦因（集諦）能被滅除，我們會明白滅諦（真正的寂滅）是能夠臻達的。這會使我們確信道諦是能在我們心中帶來平靜的方法。

反思

一、四聖諦中前二種聖諦揭示了我們目前的經驗。我們受到三種無法令人滿意的情況（苦諦）——苦苦、壞苦、行苦——所限制。它們根植於對實相究竟本質的無明（集諦）。

二、四聖諦的後二諦描述了一些可能性：有解脫無明和苦的狀態（滅諦），以及有通往該狀態的道（道諦）。

三、要對上述道理獲得信念，以及修習智慧以獲得解脫，取決於我們是否去學習並思考這些道理。

緣起和空性

上述關於四諦的闡釋中，幾個主題反覆出現：無明，它執取自性存在；自性空，它是一切人和現象（法）的究竟本質；能夠對治無明的觀空智；「涅槃」是通過如此對治所達到的平靜狀態。另一個關鍵主題——緣起——則將所有這些串連起來。

中觀宗義體系，如印度聖哲龍樹所解釋的，提出了三種層次的緣起：第一種「因果的緣起」（causal dependence），共通於所有佛教宗義體系，即「果（受因制約的事物）依賴因」的這個事實。一張桌子依待於木頭，「木頭」是生產桌子的親因，即實際轉為結果者，而桌子的製造者，則是將木頭變成桌子的助緣（cooperative condition）[30]。同理，我們的身、心及此生皆依待於各自的因與緣。這種依待關係排除了事物是無因而偶然生起的這種可能性。同時也排除了事物是由不順因[31]——即沒有能力生前述事物者——所生的可能性。比如大麥不能從稻種生出，以及快樂不能來自於惡行。

除了化學、生物和物理的因果緣起外，業及其結果是因果緣起的另一個體系，業是透過身、語、意所作的有意志的行為。這些業所帶來的結果有：我們所感的投生[32]，我們生活中的經驗[33]，我們身處的環境[34]。

第二種類型的緣起是「依賴而立的緣起」（dependent designation），它有兩個分支：「互相依待的緣起」（mutual dependence）和「唯以名稱及概念施設的緣起」（mere designation by term and concept）。「互相依待的緣起」是指事物之間是以相互關連的方式存在。如長和短、親和子、整體和部分，以及主體、客體及行為。我們的身體依賴於它的組成部分——手臂、雙腳、皮膚和內臟——而成為「整體」，而器官和肢體唯有在依賴於作為整體的身體時，才成為其「部分」。

一個堅硬、像蘋果般大小的球狀物之所以變成棒球，只因為有棒球賽、投手、打擊手及球棒。離開這些條件和場景，這個球狀物既不能稱為棒球，也沒有棒球的功能。唯有關係到自己的兒子（或女兒）時，某人才會被認為是父親（或母親），而唯有關係到自己的父親（或母親）時，某人才成為兒子（或女兒），親子雙方皆無法獨立於彼此而存在。

在日常生活中，我們會使用一些約定與術語並且基於語言行事，但這並不意味著每一個術語都有一個直接、一對一、客觀指涉的對境。更確切地說，每一個術語是依關係而被定義，只有在相互依存關係的脈絡下才衍生其義。

「依賴而立的緣起」的第二個分支是「唯以名稱及概念施設的緣起」。依賴於身體、手臂、腿、軀幹及頭等的集合，心構思和命名出「身體」一詞。依賴於身、心的集合，心構思和命名出「人」一詞。如此一來，一切現象（諸法）都依賴於心而存在。無論對境具有什麼性質，它都是有賴於「命名的基礎（basis of designation）」和「根據該基礎來構思與命名一個對境的心智」之間的互動關係。

這種相互依待性構成一切現象，如果現象有一個與其他事物無關的獨立實體，則當我們去尋找它時，我們理應能找到該術語所指涉的實物，然而我們在任何現象中皆找不到這樣一個獨立本質。這表明一切存在的對境，皆唯以術語及概念施設而存在。由於依待，所以一切現象皆獨立存在皆空，這就是緣起的最深義涵。

緣起與三寶

佛陀在《稻稈經》（*ālistamba Sūtra*）指出了悟緣起的重要性：

> 比丘們，凡見緣起者即見法，凡見法者即見如來（tathāgata）〔佛〕。[35]

見緣起如何通向見法，乃至見佛？這需依次第的過程來理解。當我們瞭解因果緣起——我們所感知和經歷的一切都是由其因緣所生的結果——我們對外在世界及內在經驗的看法便會改變。理解到這些事物存在只因為其因緣存在，於是我們知道我們的世界、我們的經驗，甚至我們自己，都不再看似固定與實有。

當我們對「相互依待的緣起」和「唯以名稱及概念施設的緣起」理解加深，我們將更能體會「事物顯現方式」和「其存在方式」之間的落差。雖然事物「在那裡」（out there）顯現為自主、客觀及獨立的實體，但事實上它們並非這樣存在。如果我們反覆地把注意力聚焦在以特定方式配置的樹枝、樹幹、小枝和樹葉上，並詢問「是什麼使這些東西集合成為一棵樹？」我們將開始明白，樹既不是這棵樹的個別部分，也不是這些部分的集合，而樹只是依於其部分施設而存的。依賴於「一棵樹各部分的集合」（即命名「樹」的基礎）和「構思與命名『樹』的心」，樹方存在。因為樹依賴於所有這些因素，因此它空去客觀、獨立或自性存在。它不是以孤立的方式——從它自己方面或靠自己的力量——存在，因為它有賴於諸因、諸緣、諸部分，以及構思和命名的心。

雖然我們通過分析找不到有自性地存在的樹，但樹依然存在。它如何存在？它是以緣起的方式存在。因此，我們見到緣起和空性並不牴觸，而事實上，它們是相輔相成。一切事物都空去自性存在，而與此同時一切事物都存在，但不是以它所顯現的那種獨立的樣態。它依其他因素而存在。

潛藏在執著、憤怒和嫉妒等強烈情緒之下的，是一種「我們是自性存在、以固有本質存在的獨立之我」的預設。同樣地，世界上的這些人和事物看起來也是客觀存在的獨立實體。藉著辨認出表象和實相之間的落差，我們逐漸明白我們對事物的感知和觀念是有所誇大的。探索我們的心是如何感知和解釋我們所遇到的事物，於是我們對於在我們身上運作的心的功能，以及不同類型和層次的心識開發洞見。我們也開始明白，儘管我們的一些情緒狀態看起來如此強烈，乃至其對境看似如此鮮活，但實際上它們類似於那些幻影，它們並非以顯現在我們面前那種方式存在。

緣起是修持一切佛法的基礎。緣起的兩種層次——因果緣起和依賴而立——是心靈修持者藉以成就其本願的主要因素。通過深入理解因果緣起的真實性質，我們逐漸重視業力的運作及其結果：我們的行為（業）會帶來其果報。痛苦由惡業而生，快樂和值得期待的經驗則是善業之果。理解這一點，我們選擇以良善的道德行為生活，這能讓我們在將來有更好的投生。

透過深思緣起，我們開始瞭解空性，即究竟的存在模式。這種智慧可以對治把我們困在輪迴裡的根本無明，讓我們實現解脫和圓滿覺悟這個心靈目標。

緣起也是四聖諦的基礎。通過這樣的反思和分析，我們理解到：誤解實相的我執無明引生我們內心的煩惱（集諦），而這些煩惱則依序帶來我們所經歷的苦患（苦諦）。而理解緣起也能讓我們能夠證悟到沒有獨立存在的人和現象（法），即它們的空性。這現觀空性的智慧（道諦）有能力去對治無明、顛倒見和煩惱，因為它們缺乏有效的依據；反過來，空性和緣起則可以藉由論理證成，甚至直接經驗。由此，我們將辨識所有無明和煩惱皆被去除後的狀態。這就是涅槃、滅諦及第三諦。因此法寶——滅諦與道諦——是存在的。

如果有涅槃這樣的境界存在，則每個人必定能夠實現它。這引導我們理解聖僧（僧寶）——即現觀空性的那些人——的存在。這也顯示了佛陀（佛寶）——已圓滿這種寂滅狀態的遍知一切者——的存在。這樣，對緣起的理解引導我們建立我們所歸依的佛、法、僧「三寶」的存在，基於這個理由，佛說：「見緣起者即見法，見法者即見如來。」

我相信佛陀的這段敘述也意味著，藉著看見世俗表象層面的緣起，我們見到因果關係，並理解業力、悲心、菩提心和道的方便面向。通過成就道的方便面向，我們能「看見」（see）——即現證——佛的色身（rūpakāya）。藉著理解與究竟存在模式聯繫的緣起，我們能經驗到空性——諸法真如（tathatā）——的意涵，而由此我們「看見」（現證）佛的法身（dharmakāya），佛心，特別是覺者的究竟實相慧。以此方式，佛陀的身、心皆得以現證。

反思

一、所有人與法皆依待於其他因素而存在。有三種緣起：因果緣起（僅適用於無常事物）、相互依待的緣起和唯以名稱及概念施設的緣起。

二、緣起與獨立有或自性有的可能性是相牴觸的，理解這個道理，就能根除自性執，它是我們在輪迴中受苦的根源。

三、能根除無明的慧（道諦），以及由它引生的從苦解脫（滅諦）即是法寶。

四、已在心中現證法寶者是僧寶和佛寶。因此有歸依的三寶。

終結苦的可能性

如果苦有可能被終結，那麼追求這個目標便是值得的。但如果苦是既定的，則除苦只是徒費精力。依佛教的觀點，有兩個因素讓解脫成為可能：心的清淨光明本質和染污[36]的外來偶發[37]本質。心的清淨光明是指心去認知對境的基本能力，即其清淨和認知的性質。[38]心未能認知其對境，則必然是由於障礙的因素所致[39]。在一些情況下，障礙的因素也許是物理性的；如果把我們的手放在我們的眼睛上，我們就沒法看見。但從更深層的意義來說，是兩類障礙使我們所見受阻：煩惱障[40]妨礙我們解脫輪迴，而所知障[41]則障礙證得遍智。

每個佛教宗義體系皆有各自不同的方式來確認這二障由什麼構成。此處的描述是依據第二世紀偉大的印度聖哲龍樹的著作。他在《七十性空論》（*Śūnyatāsaptati*）指出，無明將因、緣所生的事物視為憑其自身能力存在。清淨光明心雖有能力認知一切對境，但卻被無明及其習氣所阻礙。無明是由心所起的一切虛妄之依處，而隨無明而來的是十二因緣，即生生世世流轉的過程。龍樹的上首弟子聖提婆（Āryadeva）主張（CŚ 350）：

> 識是存在[42]的種子，它以各種對境作為其活動範圍。當在對境裡見到無我時，即已摧破存在的種子。〔37〕

什麼是「識是輪迴存在的種子」呢？如果識整體而言都是流轉三有的根源，則將無從斷除流轉三有，因為識具有清淨及認知的性質，沒有東西能反制其性質或切斷其延續性。聖提婆在此所指的識不是一般意義的識，而是專指無明這種特殊類型的識。他的論點是：流轉不是無因生，不是相違因所生，也不是由常住創世者所生。流轉三有是由未被調伏的無明心所生。

聖提婆說「識是以其對境作為其活動範圍」，指的是心具有瞭解對境的潛能。他強調藉由現證無我，可以去除我執無明。因為無明執著自性存在（我），因此能被現證其對立面——即無我或自性空——的智慧所對治。藉著消除障礙我們認識現象的無明（所知障），瞭知一切對境的能力是可能的。

龍樹在《根本中論頌》（*Mūlamadhyamakakārikā, 24.18*）中說道：「眾因緣生法，我說即是空。」但當對境顯現在我們面前時，它們並不會顯現出依賴或與其他因素有關。反倒是呈現為獨立、憑自己的勢力——即其固有本質、由自己方面——存在的個別對境。對境這種憑自力而存在的顯現是錯謬的，視對境能以這種方式存在的想法也是錯的，而且它能被正理所駁斥。藉著探索和分析，我們自己便能證成自性空。自性存在被稱為「所破境」（object of negation），也稱為「由其自己方面存在」；它是通過分析和推理來破除或否定的。一旦分析完成，瞭解人和一切現象（法）都不是由它們自己方面存在的識，便會在我們的心續中產生。有這種智慧的識會削弱且終將完全斷除對境是自性存在的觀念和執著。

法稱（Dharmakīrti）在其《〈集量論〉注釋》（*Pramāṇavārttika*，《釋量論》）[43]說：「受無明影響的心態，就像其他錯誤概念或錯謬心識一樣，均缺乏一個有效（正確）的基礎；而受智慧所影響的心態，則和任何其他正確心識一樣，皆具一個有效基礎。」因此，我們愈習慣於正確心識，錯謬心識將會愈少。智慧的認知模式與無明直接相違，因此藉由嫻熟智慧，我們的無明得以減少且終將滅除。

在此我們看到佛教修持的特質：錯誤心態可以藉著開發與其相違的正確心態而予以根除。而這些並不是簡單地通過祈禱、祈求佛陀或本尊的加持或禪定（samādhi）便能去除的。

有對治無明的方法，因此它能被去除。這就是「無明是外來偶發」的意思。因此，由於前面提到的兩個因素——心的清淨光明性質和煩惱是外來偶發性質——所以解脫是有可能可以臻達的。《寶性論》（I.62）說：

> 心的這種清淨光明的性質彷若虛空般不變。它不受源自於錯謬概念的欲望等外來污垢所染污。

各種佛教宗義皆有它們各自對涅槃或解脫稍有不同的解釋。但他們全都同意心的一個特質，就是「透過對那些煩惱進行對治，心便可以永遠擺脫造成流轉的煩惱」的這個特質。

當我們檢視心從煩惱脫離時，我們發現這就是擺脫煩惱之心的究竟本質。心的究竟本質無始時來即已存在；只要心在，其究竟本質亦並駕齊驅。在眾生的相續中，心的究竟本質被稱為「佛性」[44]或「覺悟的潛能」[45]。當它具有脫離煩惱的這個特質時，則被稱為「涅槃」[46]。因此，涅槃的最終所依是一直與我們相伴的「心的空性」[47]。它既不是什麼創新發明，亦不假外求。

3 心和情緒

我們是情緒的動物，我們感受到的快樂或痛苦會引發不同情緒，這些情緒會帶動我們的行為。我們有些情緒帶有煩惱且不切實際；有些情緒務實而且有益。因此，我們有些行為會帶來更多的痛苦，而有些行為則會帶來幸福。學會區分有害情緒和有益情緒，我們便能夠克服前者並培育後者，這對於個人及社會層面都是值得去努力的。

諸佛已經消除了所有煩惱情緒，但這不是說他們沒有情緒起伏、冷漠及不接受人際交往。事實上，正好相反：通過逐步克服貪、瞋等有害的情緒，佛陀建立並開展了慈愛與悲心等有益的情緒。由於這種內在轉化，他們的世間行事更顯明智且更有效益。本章將介紹佛教的情緒觀，並將此觀點與西方的範式（paradigms，典型）進行對照比較。我們還將觀察特定情緒如何影響我們的日常生活，以及如何面對麻煩情緒並培育正向情緒。

佛教、科學與情緒

佛教徒和科學家對情緒的看法有一些是類似的，但另一些卻是大相逕庭。一般來說，科學家將情緒描述為三個組成部分：生理成分、經驗成分和行為成分。生理成分包括大腦中的化學和電流變化，以及電流引起的皮膚反應，心率以及身體中的其他變化。經驗成分是主觀經驗，即某種情緒的心理樣態或感受層面。行為成分包括一個人由這種情緒所發動的言語和行為。

從佛教的觀點來看，情緒是一種心理狀態和主觀經驗。它們可能伴隨著身體的生理變化，但是大腦活動不是情緒本身。例如，如果我們能把一些活的腦細胞放在我們面前的培養皿中，我們不會說它們的化學和電流的交互作用是憤怒或喜愛，因為憤怒和喜愛是生命體的內在心理經驗。這種經驗可能與大腦某一特定區域的活動有關，但這個神經活動不是憤怒的經驗。同樣地，一種情緒可能導致一種行為，但這個行為是情緒的結果，而非情緒本身。因此，在上面提到的三種成分中，佛教徒只根據第二種成分——即我們的經驗、感受和思惟——來談論情緒。

佛教並不否認心與身體會相互影響與作用。當我們的膝蓋撞到桌子時，我們會感到疼痛，我們會變得煩躁。當我們的內心平靜時，我們的身體健康會獲得改善。在《釋量論》（*Commentary on Reliable Cognition*）中，法稱說：「當身體健康時，對於性欲快感的貪著會在心中增加，但當身體虛弱時，較容易產生憤怒。」[1]

在更細微的層面上，某些情緒與大腦中的特定化學和電流變化相關。這種相關性是在表明一種因果關係嗎？科學已有動人發現，將特定認知和情緒狀態與大腦內特定區域和特定的神經元活動聯繫起來了，但我們必須要謹慎，不能因為僅僅只是互相關連，就把它歸為因果關係。儘管一些科學家認為大腦中的生理活動會引起各種情緒，但佛教徒認為，一般來說，心理狀態先於生理變化。這是一個尚待研究的重要領域，近年來許多科學家已經開始在探索。但是不管大腦的細微變化是大腦引起、由情緒引起的，還是僅僅只是與情緒相關，佛教都強調情緒和感受是生命體的心理狀態。沒有心，就沒有經驗：一具屍體當然沒有愛或恨，一堆神經元或一組基因不會感到愉悅或痛苦。生命體才會。感受、情緒、思想、觀點、態度等都發生在我們心中——它們是生命體所經驗到的心理狀態。

〔41〕

這些心理狀態帶動了我們的身體和言語的行為。「我的生物組成使我傷害他人」的說法是不合理，甚至是危險的。將原因歸咎於我們無法控制的物理因素的這種態度，會導致我們傾向於對自己的行為卸責。這除了在我們身上引起一種無力感之外，它還會被用來支持因某種基因或神經組成而淘汰個體是合法的。

我們絕大多數的行為和言語都是由我們起心動念（intention，或意圖）所引起的，這些起念受到我們的感受、情緒和觀點的影響。雖然我們的許多起念非常細微，有些看起來更像是原始的衝動而不是刻意的籌謀，但它們仍然存在。事實上，我們的起念和情緒是我們言行背後的力量，這意味著通過改變它們，我們可以改變我們的行為和生活。我們未必註定要過一種我們幾乎無法選擇或控制，受基因、神經通路和生物運作的限制所束縛的生活。雖然我們仍然需要處理遺傳和生理運作的影響，但我們不需要對它們抱有失敗主義的態度。我們內在擁有人類的智力，還有慈愛、悲心、智慧和其他高尚特質的種子。這些都是可以用心培養，各種不同文明和精神傳統中的偉大聖人都已經做到了這一點。

許多年前，我請教過參與我們「心智與生活」（Mind and Life）對話的一位科學家以大腦為著眼點，研究培養幸福（well-being）和正面情緒的效果。經過幾年的調查研究，他報告說，由於腦神經的可塑性和禪修的結合，修持被挑選的適應力、正向觀點、專注和慷慨四個品質的人，其腦部迴路確實有所變化。每一個品質都有相應的佛教修行來培養它們。適應力是我們從逆境中恢復的速度；正向觀點是看到他人的基本美德，並讓它影響我們的行為；專注是聚焦於對象的能力，它能使我們能夠完成我們從事的一切；慷慨是一種給予和分享的態度。所有這些都會活化與幸福感相關的腦部迴路。研究人員的結論是，幸福可以藉修學而養成，所以他們一直在發展傳授禪修和正念的課程，並用之於學校、醫院等而取得巨大成功。

幸福與不幸、德性和缺德

雖然佛教和心理學都試圖幫助人們獲得更多的幸福和滿足，減少其不幸和痛苦，但二者對於什麼是正面情緒和負面情緒的看法是不同的。跟我交流過的一些心理學家和科學家說，負面情緒是一種當它在心中顯現時明顯感到糟糕並且讓人不開心的情緒。

而正面情緒是當它顯現時會讓人感到快樂。

在佛教看來，所區分的正面情緒和負面情緒，不是指我們當下幸福或不適的感覺，而是長期苦樂的結果。這是由於我們行為的長期作用被視為比其短期影響來得重要，因為相比之下後者往往是瞬間即逝。如果一種情緒帶來長期不快經驗，它被認為是負面的；反之，如果它帶來長期的安樂，則它是正面的。佛教認為德性（正面的、建設性的、有益的）的情緒[2]會帶來長期幸福，而缺德（負面的、破壞性的、無益的）的情緒[3]則帶來長期痛苦。

佛陀提出了當下安樂／痛苦和德性／缺德在起作用的四種情形（MN 70.7）：

> 在此，當某人感受到一種缺德增長而德性減弱的愉悅感覺時；反之，當某人感受到一種缺德減弱而德性增長的愉悅感覺時。在此，當某人感受到一種缺德增長而德性減弱的痛苦感覺時；反之，當某人感受到一種缺德減弱而德性增長的痛苦感覺時。

這發人深省的引文值得舉例說明。如其所述，感受和道德價值之間有四個可能的排列組合。首先是伴隨缺德滋長而德性減弱的愉悅感覺。比如，當我們用卑鄙的行為成功地欺騙別人的樂受。即使它可能伴隨著樂受，但我們的行為並不是善的，因為它是將來痛苦的因。

第二，當缺德日減而德性日增的一類樂受。例如向慈善機構慷慨捐贈，幫助難民或窮人和饑餓者時的愉悅感。這種快樂是雙贏的：當下我們感到快樂，並且我們的行為為自己和他人帶來未來幸福的因。

第三種情況是，伴隨缺德增加而德性減弱的不快感受。例如當某人被判貪污罪後憤怒拒絕判刑入獄時感受的痛苦。他不僅沒有為自己的缺德行為負責，而且憤怒地指責別人，製造更多的惡行。如果他對自己的行為承擔責任，並感到後悔的話，那他的德性就會增加，這種痛苦就會改變他的走向。

在第四種情形中，我們雖感受到痛苦，但我們的缺德在減少而德性增加。舉個例子，雖從事低收入的工作卻避免向客戶或顧客撒謊。在這種情況下，這種善行帶來將來的幸福和當下心靈的平靜，同時也帶來了收入匱乏的不愉快。但從長遠來看，這無疑是值得的。

從你自己的經驗中找一些當例子是有用的。這樣的練習幫助我們更加重視我們的道德操守，而不是只顧眼前短暫的幸福。因為我們的自尊心和自我價值感更多取決於我們的道德操守，而不是感官享受，所以值得在衝動行事前花時間提醒自己這些價值，當面臨這類處境時，我們將會做出明智的決定。

反思

一、當你的行為違背你的道德價值時，你做這個行為當下的感覺是如何?事後當你反思你的行為時，你會有什麼感想?

二、當你因為個人的操守觀念，或為了長遠的幸福而放棄眼前的快樂時，你當時感覺如何?事後當你反思你的行為時，你會有什麼感受?

三、道德行為對你的幸福有多麼必要?根據你在這裡的結論，做一些關於你想如何生活的決定。

情緒和煩惱

在深入討論情緒之前，我們必須澄清一些術語。雖然在西方每個人都理解「情緒」（emotion）這個詞的含義，但是在藏語中卻沒有一個與之對應的平行詞。當我（此指卻准）正在和尊者回顧這一章時，他和他的翻譯人員就情緒的含義以及如何將其翻譯成藏語進行了長時間的討論。一些藏人建議以西藏詞語 myong tshor（領受）作為它的譯詞，儘管這個單詞並沒有被廣泛使用。依詞源學來說，myong 是「經驗」，tshor 是「感受」。這兩種品質都與其他非情緒的心理狀態有關。其他藏人提出了 gyer bag 這個詞，見於賈曹仁波切（Gyaltsab Rinpoche）對法稱《釋量論》的注疏中。然而，它是個古老的詞語，而且沒有包含英語中我們所考慮的正面情緒。

我們討論得出的結論是，目前還沒有一個被廣泛使用的西藏詞語可以直接翻譯英語單詞「情緒」的含義。然而，藏語中包含了西方語言中表達各種情緒的詞彙。缺乏有關情緒的術語和概念激起了我的興趣，因為我們這些西方人不斷地談論我們的情緒。我努力想像在一個不注重「我的情緒」的文化中成長會是什麼樣子。

英語詞典將情緒定義為「對某人或某事的強烈感受」（strong feeling about somebody or something）。受（vedanā）這詞語也很模糊，在佛教翻譯中已經被用來表示愉快（快樂）、不愉快（不愉快、痛苦）或中性經驗[4]的總和。此一總和並不包括我們在英語所說的感受，比如憤怒或愛。

梵文 kleśa（煩惱）一詞是佛教文獻中常用的辭彙，它指的是「苦惱內心且不讓它平靜安住的心所」（mental factors that afflict the mind and do not allow it to abide peacfully）[5]。這些擾人的煩惱和觀點奴役著心，將它局限於狹隘的視角，並發動阻礙自他雙方幸福的行為。因此，煩惱是解脫道上的障礙，佛教典籍講述了它們的壞處和對治它們的方法。然而，英語中沒有與kleśa這個詞語對應的詞，它包含各式各樣的心所，如情緒、態度、哲學觀點以及對自己和世界的與生俱來、不容置疑的認定[6]。為了簡化這一系列的研究，我們把 kleśa 翻譯作「煩惱」（affliction）[7]，有時擴展成「煩惱情緒和錯誤的看法」（disturbing emotion and wrong view）。有些煩惱，如人我見[8]，在英語中被稱為「見」（view）[9]，而另一些煩惱，如憤怒和嫉妒，則稱為「情緒」。諸如不相信覺悟是可能的心理狀態也被稱為「見」。

所有人對於他們和世界的存在方式都具有相同的情緒，和類似的態度、看法，其中一些有利於長期的幸福與平靜，而另一些則是障礙。然而，我們用來談論它們的詞語，和影響我們如何聯繫它們的概念，各不相同。同樣地，由某些情緒引發的行為在某些文化中可以被它的社會所接受，但在其他文化中則不能接受。例如，伸出舌頭，在藏族文化中表示友好和尊重，在西方文化中卻不大欣賞。同樣，鼓掌這個舉動，在西方文化中表示感到滿意，在藏族文化卻表示厭惡。

用來標示情緒的那些詞語有許多細微差別。此外，梵語或西藏詞語，以及用來翻譯它的英語單詞之間，在意義上並非總是完全一致。在閱讀英文佛教作品時，我們必須注意，不要把一個詞語的一般意義套用在佛教脈絡中具有特定意義的術語上。

建設性情緒和破壞性情緒

當談到正面和負面的情緒時，佛教徒對用來表達某些情緒的詞語區分其多重含義。例如，貪欲、畏懼、憤怒和幻滅這些詞語依據其語境而有多重含義，區分這些情緒的不同形式以避免混淆它們，這點是重要的。

依戀或貪欲

在「依戀」（attachment）一詞的多重含義中，有一類依戀對我們身心健康而言是必需的。另一種是所謂的「三毒」（three poisons）——即毒害自他幸福的三種煩惱——之一。

第一種依戀是心理學所講的，指的是人際間的親近感或聯繫感。例如，心理學家談及嬰兒對母親的依戀。對母親或母親形象的這種依戀或連結，對孩子的心理健康是必需的。

家人之間的親近感或依戀感，使他們能夠團結一致地一起運作，以利益每一位成員。一個和諧家庭中的健康依戀感是對其他家庭成員的能力有確實的理解，並相互尊重。同樣，依戀感使國家的公民團結起來，促進他們的合作，以造福社會。這種形式的依戀感會產生良好的結果。

佛教徒也會正面使用這個詞。菩薩（bodhisattva）被說為「心繫」（attached）眾生，是因為他們對一切眾生皆有強烈的緊密感和為他們帶來幸福的責任感，而策勵他們去實踐。菩薩對眾生的慈愛鼓舞他們盡其所能讓眾生離苦得樂。他們投身於此，比我們一般人為了利益自己所作的努力更加起勁及喜悅。

然而，在佛教中更常見的貪欲（attachment, tṛṣṇā 及 raga），是指三毒[10]之一和六根本煩惱[11]之一。貪欲是一個心所，基於對優良品質的誇大（增益）或投射，而貪著於它所欲求的對象。由於貪欲，我們追逐、渴求、執取及著迷於一個對象、人、觀念及地方等。當我們成功地獲得我們貪欲的對象時，我們感到快樂；但是當這種欲望受挫時，我們會變得憤怒、怨恨和嫉妒。而這些情緒依序會驅使破壞性的行為來取得或保護這珍愛的對象。我們可以清楚地看到，執行長對金錢的貪婪，體育或電影明星對名利的渴望，都會導致他對自己和他人做出有害和痛苦的行為。

當貪著是適度的時候，社會一般認為它是一種正面的情緒。當遇到一個意想不到的人，得到了想要的財物，或者被我們所看重的人讚揚時，我們有一種幸福或興奮的感覺。然而，從佛教的觀點來看，這種貪著是以浮誇為基礎，雖然在一段新的關係開始時它可能很迷人，但從長遠來看，它會阻礙這種關係的和諧和互利。這是因為貪著會導致不切實際的期望。當我們發現我們貪著的對象不具備我們認為它應有的所有美好特質時，爭執和失望自然就會隨之而來。

這種貪著是暗藏的。例如，當家人之間的感情變得苛索和佔有時，會導致基於不切實際的期望而起的要求，它會變成病態的貪著。如果有人因對國家的情感，導致他只因國籍或種族便對外國人心懷狐疑，那麼貪著就開始了。這種情緒會引起偏見和歧視，而且這個人甚至可能否定他人的人權。

有一次，我遇到一位智利科學家，他談到科學家們執著於其研究領域。他說任何過分貪著於自己的研究領域、政治信仰或宗教都是有害的。這個人不是佛教徒，但是他明白，引起問題的是貪著的心理，而不是所貪著的對象。對於科學家來說，這種貪著可能導致忽視反面證據，甚至操控實驗結果或謊報他們收集的資料。一個貪著於自己的宗教或政治觀點的人也會有類似的缺點。

有些人會問，是否可能對涅槃或佛陀生起貪著。希求涅槃或具有覺者功德的願力並非貪著。因為心是清淨的，雖然它被其對象所吸引，但沒有誇張存在，因為覺者和涅槃確實具有那些卓越的特質。然而，根據應成派（Prāsaṅgika）[12]的見解，只要有深細的我執——在這種情況，即執著涅槃或覺者是自性存在——就有可能生起深細的貪著。如果有人執著涅槃，彷若它是一個外在對象，並拚命想要證得它，其心中即有誇張的成分存在。當這個人研習和修行佛法時，扭曲的面向終將被驅散，而她將對於解脫貪著的涅槃具備真正的希求。

反思

一、英語單詞「依戀」的一些常見含義是什麼？

二、煩惱形態的貪著有什麼缺點（過患）？

三、當親情和尊重意義下的依戀滑向誇大和有所期待時，容易區分出來嗎？

畏懼

畏懼（fear）是另一個可以用兩種方式表達的情緒。一般來說，畏懼通常與恐慌、焦慮、擔憂和苦惱有關；它被認為是一種負面情緒，因為它令人感覺很不舒服，並且常常基於不切實際的想法。從佛教的觀點來看，這種畏懼是帶有煩惱的，因為它是以誇大和成見為基礎，而且會導致一個人做出不明智的行為或決定。

另一種畏懼帶有智慧的成分；它是對潛在危險的一種覺察，能讓我們謹慎行事。雖然這種畏懼有時會讓我們感到不快，但它是有用的，而且它沒有一般畏懼的情緒困擾。例如，意識到自己住在一個容易發生地震的地區，這會鼓勵人們制定並留意建築法規，保護建築物免於倒塌。人們制定周密的計畫，採取預防措施而不會陷入於無法控制的恐慌當中。當我們開上高速公路時，這種有智慧的畏懼也在運作。當意識到其他車輛高速行駛的危險，我們會小心駕駛。父母灌輸小孩對火柴的戒慎恐懼。在上面的例子中，畏懼是有用的，而且不會帶來煩惱。煩惱的畏懼（afflictive fear）與智慧的畏懼（wisdom-fear）之間的區別，在於是否有誇大的成分。當我們理解實情時，畏

〔49〕

懼不會被扭曲，但當我們誇大情況的某些面向時，畏懼則是不切實際，而且會導致痛苦。

道次第當中的某些禪觀，便是設計來喚醒我們內在這種有智慧的畏懼。當我們觀想輪迴的缺點（過患）時，有智慧的畏懼會激勵我們去修行讓自己脫離輪迴苦之道。觀修死亡並不是要激起對死亡情緒化、恐慌的畏懼，這毫無益處，而是要喚起我們對死亡的明智覺察，它引導我們設定生命中適切的優先順序，斷捨有害的行為，並以道德和慈悲的方式生活。

在泰國，一些來自森林傳統的僧侶在恐怖的地方禪修，比如墓地、叢林、有猛獸的森林。一九五九年以前，西藏的禪修者也是如此。如果在他們心中生起驚慌的畏懼，而由這種畏懼所生的苦所驅使，他們會盡其全力生起三摩地（samādhi）[13]或現觀空性的智慧去克服它。阿姜曼（Ajahn Mun），一位著名的泰國苦行僧，生活在十九世紀末及二十世紀初，他的弟子們以這種方式修行，並且有許多關於他們在叢林中遇到老虎時進入甚深禪定的故事。偉大的西藏瑜伽士密勒日巴（Milarepa）也以同樣的方式修行，而斷法傳承（Chod lineage）[14]的禪修者則會特意召喚精靈和鬼魂來激勵他們生起甚深菩提心和智慧。

如果有人觀修較低界（lower realm）[15]的苦難，生起的不是智慧的畏懼，卻是恐慌的畏懼（panicky fear）時，她該怎麼辦？首先，她應該提醒自己，恐慌並非觀修所要的結果。其次，瞭解到她自己有能力去避免那些造成輪迴的因，她應該把心轉向三寶並歸依他們。一位訓練有素的修行者不會讓自己被這種不切實際的畏懼所擊倒，而是會用它來再次肯定她與三寶之間的聯繫。

有些經典提到，以有無恐慌的畏懼做為檢視一個人是否為阿羅漢的方法。當這個人正在禪修或隨意地坐著時，有人發出急速、尖銳、響亮的聲音。如果這個人沒有被嚇得跳起來或透不過氣，據說他已證得高階的道。根據這個例子，當一個普通人經歷畏懼時，似乎存在某種程度的我執，但當他們從輪迴中解脫出來時，這種我執就消失了。

有時據說：「菩薩既害怕輪迴，也害怕阿羅漢的涅槃的個人寂靜。」[16]「畏懼」一詞是用來表示他們不願意留在這兩者當中的任何一個，但它並不是我們普通人經歷的畏懼。我們的畏懼通常建立在我執[17]和自我中心[18]的基礎上，而菩薩的畏懼則是以「想要成就佛果以便能盡快地饒益他人」的慈悲和智慧為基礎。

憤怒

一般來說，我們大多數人都會同意，憤怒是一種破壞性的情緒。在其影響下，我們會講出破壞與我們在意的人之間信任關係的話語。當憤怒壓倒我們，我們的行為方式對我們自己和他人的幸福是危險和有破壞性的。雖然我們經常相信我們的憤怒是合理的——「任何理智的人在這種情況下都會生氣」——但這並不能減輕憤怒帶來的負面影響。當我們後來冷靜下來時，我們可以看到，我們的心在誇大一個人或處境的負面品質，甚至投射出不存在的負面品質。

有些人認為某些形式的憤怒是有建設性的。例如，如果一個學生在浪費時間，沒有發揮她的潛力，她的老師可能會生氣。一些人說，這種憤怒源於老師希望學生成功的願望，從這個角度來看，可以被認為是一種正向的憤怒形式。然而，我們需要細察每個人的情況並仔細檢查我們的動機。我們很容易以「我這樣做是為了你好」為藉口而濫用。

對世界上不公正的義憤填膺是另一種形式的憤怒，有人說它是有益的，因為它導致社會的建設性變化。但在這裡，我們也需要細察它有否誇大。幾年前，我卻准在一個反戰抗議活動中，看到另一個抗議者拿起一塊磚頭扔向員警。他的行為讓我震驚，使我意識到他的心理狀態，已經變成了與要為戰爭負責的那些人的心理狀態類似。他偏袒自己的一方，對另一方懷有敵意。他保護那些與他見解一致的人，但試圖傷害那些與他見解相左的人。在衝突的情況下，我們很容易忘記「另一邊」的人，也像我們一樣想要幸福和自由。把他們描繪成徹頭徹尾的邪惡並且永遠不被信任，這絕對是誇大其詞的。

憤怒並非唯一能夠激勵我們處理社會不公不義的情緒。慈悲也是一個強有力的激勵因素。因為有慈悲心的人會關心衝突各方的利益，所以更可能達成有利於每個人的結果。當我們沒有憤怒時，我們能夠更清楚地思考。從輪迴中解脫出來的聖者菩薩，沒有任何憤怒。如果他們看到一個人傷害了另一個人，他們同情雙方，加以調解以避免傷害。悲心並不意味著被動和無能為力。相反，它促使我們在適當的時候採取果斷的行動，但不帶有憤怒或仇恨。

如果我們對他人沒有某種程度的敵意，便很難體會到與憤怒——仇恨、怨恨、復仇等——相關的情緒。當我們仔細研究這些情緒時，我們會發現它們都是以自我為中心。因此，從佛教的觀點來看，落在憤怒傘下的情緒是扭曲的，有害的心理狀態將被拋棄。話雖如此，但我們必須小心，不要把憤怒和果斷混為一談。就像一個生氣的人可以消極和退縮一樣，一個人也可以堅定有力地說話或行動而不生氣。

經乘（Sūtrayāna）——基於經典之道——將所有憤怒實例視為基於扭曲，因此具有破壞性。密乘（Tantrayāna）——基於密續之道——論及用憤怒修道。在我們的討論中，尊者推測，當一位修習密法的菩薩以嚴厲語氣對他人說話時，因動機（causal motivation）[19]——採取行動的原初想法——是悲心，但在行動當下的動機（immediate motivation at the time of the act）[20]則是憤怒。這種憤怒和普通的憤怒之間的分別是，普通的憤怒想要傷害或懲罰人，而已經轉化為道的憤怒旨在阻止他人的有害行為。菩薩對人有極大的關心和同情，並利用猛烈的行動來阻止他傷害別人，並阻止他作出會在他自己身上滋長為痛苦的惡業。

此外，菩薩有深邃的智慧，它現證主體、行動及其對象皆無自性。[21]

在談到將憤怒用之於道的可能性時，指引是需經授權的。22 由於我們初學者缺乏必要的慈悲、智慧和善巧來把負面情緒轉化為道，因此我們最好還是依經乘中所教導的對治法，來修習克制。

幻滅

我們通常說幻滅（disillusionment）是一種負面的情緒，因為它帶來不快樂。當我們因為某人不是我們想像的那樣而感到幻想破滅時，我們會覺得不舒服，這可能會導致沮喪、憂鬱，在某些情況下還會憤世嫉俗。它之所以會發生，是因為我們以前對別人抱有不切實際的期待，堅持認為那是真的，而現在我們看到它的虛假。

但並非所有的幻滅都是不好的。當我們深思輪迴的壞處、流轉生死的缺點，以及短暫快樂的虛妄本質時，我們便會對追逐一種永遠無法確保的幸福感到幻滅。從佛教的觀點來看，這種幻滅是正面的，因為它將引導我們希求解脫，並開創證得解脫的因。由於對輪迴的幻想破滅，修行者會樂於放棄對輪迴的執著。雖然幻想破滅使我們頭腦清醒，但我們不必灰心喪志或不知所措，因為有對治輪迴之苦的方法。這種幻滅會讓心平靜下來，有利於培養甚深的禪定狀態，因為它使我們的心擺脫只關注此生的無謂擔憂。

情緒與生存

科學告訴我們，情緒——煩惱的情緒和有益的情緒二者——是有生物學基礎的。我們有一種本能，就是會更靠近任何支持我們生存的東西，而驅趕任何傷害我們的事物。對食物、居住和友誼的需要，促使我們尋求和滿足人類生活的這些條件。根據這個理論，某些依生物因素而產生的情緒，是有利於我們生存的。例如，嫉妒和傲慢都鼓勵競爭，這導致我們傳給後代的會是表現較佳及較多相似的基因。憤怒和畏懼對於避免及摧毀那些威脅我們的生命和幸福的事情是有用的。科學家們說，從進化論的觀點來看，如果不是有用途的目的，這些情緒就不會出現在我們身上。當我們生氣時，血液會流到我們的手臂肌肉，以便我們戰鬥，但是當畏懼來臨時，血液會流到我們的腿上，這樣我們就可以逃跑。在純粹的生物學層面上，諸如貪著、憤怒和畏懼等情緒或許可以幫助動物和人類維持存活，從這個角度來看，它們會被視為是有益的。

那佛陀為什麼要把諸如貪著、憤怒、嫉妒、傲慢和畏懼之類的情緒稱為「煩惱」呢？他為什麼說它們會造成痛苦，並建議對治它們？同樣的，這些情緒的問題在於，它們被誇大和執著（grasping）所助長，因此無法以理性的方式發揮它們的功能。他們可能誇大了情勢的潛在危險、個人一己利益至上或可能獲得的利益。當這些煩惱現行時，我們的心被蒙蔽，我們無法清楚地思考。無法明智地對一個情況做出良好回應，而是跟隨衝動，在沒有充分考慮這樣做的可能後果之下，衝動地做出反應。結果時常是災難性的。在一些衝突中，透過讓我們採取非理性的行動，憤怒使我們曝露在更大的危險中，這會促使對方以更加暴力的方式反擊。畏懼也會危及我們的生存，因為當我們誇大危險時，哪怕威脅已消退或減弱，我們可能還在猛烈攻擊。而當採取行動才是更明智之舉時，我們卻被嚇得無法動彈，或者我們會在恐慌中魯莽行事。當一個政府或其公民集體陷入這些扭曲情緒時尤其悲慘。

有些心理學家指出，令人不安的情緒百分之九十是誇大和投射。雖然可能有生物學的成分，但誇大和投射來自於心，我們通常不知道他們何時介入。在某種情況下，原本理性的危機感後來可能被誇大並投射到許多其他情況中，使人不必要地焦慮。憤怒情緒使腎上腺素激增、幫助我們保護自己，已成為一種習慣，而且我們在生活中製造戲劇和衝突，因為由此產生的腎上腺素讓我們覺得自己還活著（有存在感）。

把我們人類的智慧運用到我們的情緒生活中，使我們能夠辨識出哪些情緒導致幸福，哪些情緒導致苦難。在此，我們看到——而且心理學和社會學研究證實這點——在關懷中成長的孩子通常更有安全感而情緒也更平穩，而生活在充滿憤怒和身體或語言暴力家庭中的那些孩子則更焦慮。憤怒、怨恨和報復性的想法也使我們不開心和緊張。這些情緒影響我們的身體健康，傷害我們的免疫系統，而同情心（悲心）則有助於健康的改善。

建設性情緒和破壞性情緒之間有著天壤之別。在一般人身上，煩惱的情緒很容易產生，它們是衝動和立即反應的。真正的建設性情緒，如同情心和慷慨，則是通過檢視和努力而來。破壞性情緒扭曲了我們對形勢的看法，而建設性情緒則有助於準確評估。破壞性的情緒使我們對自己的行為感到懊悔，而建設性的情緒則不會。

經由考察這些煩惱的缺點和不切實際的觀點，我們終有一天將會下定決心，不再讓它們繼續支配我們的生活。看到切合實際和有益情緒的好處，我們會有意識地培養它們。佛陀在他的教法中講述了以思惟和禪觀來產生正向情緒的方法。藉著反覆熟悉這些正向情緒和這些煩惱的對治，我們的習慣性情緒將會改變，情況會是：只要憤怒滋長，悲心就會散發出來。

例如，當遭受他人傷害時，我們可以這樣想：「雖然這個人的行為是有害的，而且我必須採取行動阻止它，但他和我一樣希望快樂。」我們以這樣的方式養成關心他人的感受，這不僅會緩解我們心中的緊張和焦慮，而且會幫助我們伸出手來改善他的處境。這還會使對方回應我們的善意。這類善意與悲心只有通過推理和訓練才得以發展，而無法以本能的方式產生。當我們誠心關懷他人利益時，我們是不會去做傷害他人行為的。

雖然偏袒的悲心與慈愛——我們對孩子或父母會有的那種關愛——可能有生物學基礎，但我們必須有意識地淨化對他們的愛著和貪婪。與其盲目跟隨憤怒，我們必須評估它是否對我們有利。在很多情況下，寬容和仁慈的回應比敵意更能保護我們自己的利益和福祉。憤怒可以摧毀侵略者或對手，但這也可能有毀滅性的反彈。悲心關切施暴者與受害者雙方，因此讓我們以平衡、關懷的方式去介入濫用暴力的處境，使我們能以最不傷害自他的方式來改善這種情況。

我們不傷害別人的理由，其發展是循序漸進的。那些沒有考慮到仁慈的好處，也沒有想過憤怒與貪婪的缺點的人，還是能夠為著避免受罰，而克制自己去殺人、偷竊、邪淫和撒謊。雖然這種約束是有益的，但其背後的動機卻跟道德沒有多大關係。然而，它仍然有助於人們與他人相處得更好，這點很重要。

在這之後，進一步要思考的是：「殺人、偷竊等都是不道德的行為。如果我這樣做，我將必須面對死後的果報，而這些果報可能是悲慘的。」雖然這種約束是以自我為考量，但在其動機裡還是有道德在，因為她正在考慮她行為的道德範圍。

第三步是思考「這個眾生想要快樂。他或她的生命和我的一樣神聖。」因此，我們避免傷害這個人。或者我們認為「如果這個人失去她的財物，她將會遭受痛苦。因此，我將尊重並保護她的財物。」這樣，我們才不會去偷竊。外在的行為與前兩種情況相同，但是我們的內在動機是不同的，而且極有道德，因為它考慮了我們的行為對他人的影響。

克制自己不傷害他人的一個更加卓越的動機，是因為它不僅使他們痛苦，而且會障礙我們獲得最能饒益眾生的圓滿覺悟的能力。在這裡，我們看到了擁有菩提心——為著饒益眾生而希願圓滿覺悟的利他意向——的影響。以這種寶貴的動機克制自己從事缺德的行為，才是最有道德及最有利益的。

與煩惱共事

雖然惱人的情緒在我們一般人身上生起是很自然的，但它們可以被滅除。它們並非心中固有的部分，它們沒有滲透到心的清淨和認知的本質中。煩惱根植於無明和其他扭曲的觀念，因此它們是脆弱的，禁不起理解真實的強而有力心態的考驗。我們的智慧更加成長茁壯，煩惱則日益減弱，而終至完全被根除。

相反的，建設性的心態可以無限開展。心的本性是清淨而穩固的。與生俱來、細微的光明心是培養正面心態的基礎，它是穩固的，因為它恆常持續無有間斷。有強而有力的對治法可以摧毀煩惱，卻沒有相反的勢力可以永滅建設性的情緒和態度。它們基於精確的認知，因此可以持續增強。此外，心的本質是一旦我們完全習慣了這些德性的狀態，我們就不需要反覆地努力培養它們。它們會無限地持續下去。

人們通常把情緒看作是不同於思想或其他認知過程的原始感覺；它們似乎是自發產生的，而不是通過有意識的努力。我們相信，發生在我們身上的情緒，在相同情況下，任何有理性的人也會跟我們一樣感同身受。

然而，透過「正念」（mindfulness）去學習破壞性情緒是如何產生並觀察其過程，能使我們看到它們並不是既定的。我們可以學會在有害情緒還在萌芽時即能覺察它們，並迅速作出對治。例如，當我們回想別人對我們造成的傷害時，我們的怨恨就會增加；當我們想到別人的善意時，感激之情便會湧上心頭。

此外，有意識地培養正確的觀點能增強建設性的情緒。由於習慣的力量，這些新的觀點逐漸變得自然，有益情緒的培養也是如此。

對我們身體和身體感受（physical sensations，體感）的察覺，尤其有助於察覺擾人情緒何時開始生起。我們的呼吸、心率、體溫和肌肉張力的變化，是伴隨擾人情緒出現的一些實體徵兆（physical signs，體徵）。養成定期檢查身體的習慣是非常有幫助的。

對某些人來說，觀察他們的心情或心境，能使他們在擾人情緒還很微小時即察覺到它。不管我們如何做，我們對自己的思想和情緒愈有覺知，我們就能更快地評估它們，並決定是培養還是對治它。定期參與禪觀的修習，有助於我們有意識地從事培養建設性情緒和對治負面情緒的修行。藉此訓練，我們可以建立新的情緒習慣，假以時日，它們會在我們的日常生活中自然流露出來。

智慧（intelligence）——精確辨別或分析事物特徵的能力——是另一個能增強或減弱情緒力量的心所。當被污染時，智慧會誤解事物如何存在[23]，而給我們帶來更多的問題。當運用得當時，我們人類的智慧和分析能力幫助我們克服破壞性情緒。這種智慧可能是一個想法，例如對憤怒的缺點有清晰的理解，或者它可以直接認知到事物更深層的特徵，例如它們持續不斷變化的性質。

有些煩惱是「染污慧」（藏 shes rab nyon mong chen, corrupted intelligence）[24]。它們之所以被稱為「慧」，是因為他們涉及一個分析過程，但是因為這個過程存在嚴重缺陷，所以得出的結論是錯誤的。即考慮兩個極端的哲學觀點：絕對主義（把人和現象執為自性存在）和虛無主義（相信傳統認為的存在現象是不存在的）。簡單地對自己說「這是錯誤見解」並不會使這兩個見解的任何一個消失；祈禱和善願也不足以戰勝它們。我們必須通過培養理解實相的智慧或般若（prajñā）來直接對抗它們。絕對主義和虛無主義都是通過思惟過程產生的，所以必須通過粉碎我們先前定見的正確推理來反制它們。隨著我們理解的加深，我們的智慧將形成對實相本質直接、非概念的現觀。

瞭解情緒背後的心理過程是有用的。我們可能有各種習慣性的方式，去解釋各種事件，使它們看起來具有威脅或值得期待，雖然實際上並非如此。如果是這樣，我們可以有意識地開始改變我們的解釋，從而改變由此所生的情緒。這是「思惟訓練教學」（thought-training teaching）[25]背後的理論，例如那些描述如何將逆境轉化為覺悟之道的教學。

例如，一位同事提議要幫助我們完成一項計畫，而我們想「為什麼他突然間想要加入？他想要邀功嗎？或者他可能想拖慢我的工作，讓老闆對我不滿。」雖然我們不是訓練有素的心理學家，但我們可能甚至把他歸咎為精神障礙：「這傢伙是被動攻擊型（passive-aggressive）[26]，他操縱我，因為他想要我的工作。」我們在「讀心」（mind reading），亦即在幾乎沒有什麼證據的情況下，對某人的行為作動機投射（projecting a motivation）[27]。當我們變得懷疑和帶有敵意時，我們會以冷嘲熱諷的口吻回應，於是衝突就爆發了。不幸的是，許多人、團體和國家當中的誤解和爭執，均以這種方式發生。

除了開發我們人類的智力和學習正確使用我們的邏輯能力之外，我們還需要讓我們的心具有容受能力，以便建設性情緒和態度的種子能夠成長其中。我們通過投入精神修持來減少並淨化我們心續當中有害行為的種子。此外，積累福德（merit）——善業的種子（seed of constructive karma）——的實踐則提升我們傾向於善的勢力。這包括慷慨（布施）、合乎道德的生活（持戒）和培養慈愛。

學習如何以更正向的方式有意識地引導我們的思想，對於對治煩惱心態來說，是不可或缺的。重複說「憤怒可怕；但願它能消失。悲心如此美妙；希望我能擁有它」並不足以轉化我們的心思。祈願「佛陀，請加持我生起悲心」或「佛陀，請盡除我的煩惱」卻沒有培養其因，也行不通。為了擺脫我們的憤怒，我們必須觀想他人的仁慈，通過修習能引發這些德性的情緒的禪觀，來訓練我們的心處在寬恕和慈愛中。我們思惟悲心的價值，並尋求發展它的熱忱雖然有用，但是真正要做的工作是，去觀想悲心的好處，然後修習一系列禪觀來生起它。在日常生活中，當我們與他人交往時，也必須反覆地將悲心帶入我們心中，這樣才能養成習慣。

悲心拓寬了我們的心量，使它更能接受並包容他人。諸如貪著和憤怒這類的破壞性情緒通常僅聚焦於某個人或某類人，而悲心則可以擴展到一切眾生。我們生起悲心的對象未必是我們見過的人，因為我們已經知道每個人都想擺脫痛苦並尋求幸福。

當我們心情不愉快時，慈和悲會使我們振作。獻給一切佛陀最好的供養就是斷絕以身體、語言或心理去傷害他人。不同於煩惱情緒，德性的心態沒有我執無明為其撐腰，因此培養對治無明的智慧，不會傷害我們的德性情緒。即使有任何被煩惱情緒傷害的德性情緒，智慧也會去除障礙來生起德性情緒。如果我們真的關心我們自己，我們會產生無私的意向，因為它給了我們鼓勵、熱情、韌性和一顆善良的心。所以一位明智的本位主義者是無私的！

使自己習慣於建設性的觀點，是修心所用之偈頌或短句的目的之一。比如，在洗盤子或洗車的時候，我們會想：「我正在消除我的染污和其他所有眾生的染污。」[28]

上樓時想著：「我要帶領眾生覺悟。」[29] 下樓時想著：「我願赴苦難處饒益眾生。」這樣，即使是中性的日常行為也會成為覺悟之道。

有些煩惱是破壞性的情緒，可借助生起對立的情緒來反制。例如，為了對治憤怒和仇恨，我們觀想慈愛。其他扭曲心態和錯誤見解的煩惱，則藉由看到他們所理解的對象是錯誤的而去對治。例如，執著實有的無明（ignorance that grasps true existence）被現證實有之空性[30]的智慧（wisdom realizing the emptiness of true existence）所對治。[31]

想像力可以用來做為對治有害情緒的一個善巧方便（skillful means）。例如為了對治性欲（lust），阿毘達磨（Abhidharma）[32] 陳述了觀想整個世界充滿白骨。雖然這個世界實際上並沒有充斥著白骨，但是經由我們思考身體的內臟，此技巧可以消除對性的著迷。在培養慈愛以對治憤怒時，我們可以想像其他人是幸福快樂，而在培養悲心時，我們可以反思其痛苦。科學家已注意到，當我們想像某一情景時，就像我們實際經歷那情景一樣，大腦的同一區域也是在活動的。這支持佛教的觀念，即想像力對於發展有益及平穩心態是有用的。

剛開始應用對治法也許使我們感到氣餒，但這並無大礙。例如當我們傲慢時，使心清醒是有益的。然而如果我們憂鬱，壓抑心情是沒有用的。我們必須評估我們的心態，首先確定是否存在破壞性情緒，如果有的話，就選擇適當的對治。簡言之，我們學習成為自己的心靈醫師，診斷我們的心理疾病，選擇正確的法藥，然後善巧地服用那帖藥。

處理煩惱情緒需要雙管齊下的方法。管理有害的情緒和停止由它們引起的行為是重要的一環，但它們並不能解決所有問題。我們還需要培養有益的情緒。雖然我們最初可能無法在盛怒之際喚起這些正面的情緒，但是在我們的觀修練習中漸次而勤勉地養成它們，會影響我們的性格和情緒模式。我們對這些有益的情緒愈熟悉，我們就愈不容易受到有害情緒的影響。培養建設性的情緒類似於增強我們的免疫系統。培養慈愛可以增強我們對憤怒情緒的免疫力。發展悲心可以防止殘忍，欣喜可以防止嫉妒，而一視同仁可以避免由貪著、憤怒和冷漠所生的偏私。

深思具有特定益處的情緒，可以激勵我們盡力去發展它。例如，假設我們深思眾生可愛悅意，並設想由此生起美好感受的好處，我們將樂於觀修他們的善良。這會使我們心中自然生起對他人感激和感恩的覺受。若想看到某些修行的優點，我們可以反問自己「是什麼破壞了我內在的滿足？」於是我們理解到負面情緒才是頭號罪犯，也才會去對治它們。有了這種決心，我們將尋求對治這些惱人情緒的方法，並努力修持這些方法。

反思

一、你如何區分破壞性情緒和建設性情緒？
二、調伏惱人情緒和培養有益情緒有什麼好處？
三、回顧調伏每種煩惱情緒和培養每種有益情緒的方法。

培養愛與慈悲

為了生起如慈愛和悲心等能利益所有眾生的情緒，我們對於這些情緒必須先有正確的理解。我們在修行中所培育的慈愛和悲心，不應該和我們對親人那種一般愛憐混為一談，因為這些通常是基於跟自己有關來考量的：「這個人是我的朋友、我的配偶、我的孩子、我的父母……」等等。雖然這種愛可能非常強烈，但是它被貪著所染污，因為它偏愛那些使我愉快的人，而對那些使我們不快的人懷有偏見。正如我們所看到的，一旦我們貪著某人，可以預見的是，日後若他們不能滿足我們的期望、滿足我們的需求，或者做我們想要他們做的事時，我們就會對他們生氣。我們在佛法修行中尋求培育的慈愛和悲心，是基於平等看待一切眾生的關懷感，只因為他們存在，以及他們就像我們一樣想要幸福而不想要痛苦。

即使我們理解了建設性情緒的真正含義，我們也許會懷疑是否有可能培養它們。我們必須記住，建設性情緒的種子原本就在我們心中，一旦培養，它們就會增加。熟悉會使諸事變得容易，[33] 正面的情緒也不例外。

當我們對於「培養正面的情緒是有可能的」有信心時，我們就會努力去做。關於這點，我們在真正培養慈愛（love）[34] 與悲心（compassion）[35] 之前，先進行培養一視同仁（equanimity）以及將他人視為友善（kind）的觀修。[36] 觀修一視同仁能使我們超越把人們劃分為朋友、敵人和陌生人，並引發對他們執著、敵意和冷漠等情緒的這種評斷態度的侷限。看到每個人都像我們一樣渴望幸福而不欲痛苦，不論他們相信什麼或他們如何對待我們，一視同仁已為「對所有眾生培養慈愛和悲心」做好準備。

我們接著要培養的是，對他人生起悅意（loveable）的感受，這要由記得他們仁慈對待我們來完成。在此，我們不僅要深思朋友和家人的仁慈，還要深思在社會中從事各行各業的所有人的仁慈，他們使我們能夠獲得一切所需。我們也要深思以破壞性行為來挑釁我們的那些人，因為他們的仁慈，我們才有機會發展寬恕、耐心和堅毅。

現在，我們將注意力轉移到我們在精神修持中所尋求發展的廣大慈愛心。慈愛是單純希望別人擁有幸福及其因。觀想各式各樣的人，把這個願望傳達給他們，並想像他們擁有幸福及其因。完成這個之後，接著培養希望他們脫離苦難及其因的悲心。先從幾個人身上開始，然後把它擴展為成群的人，最後是一切有情。

最初，在我們內心深處生起的無私慈愛或悲心的感覺，只會持續很短的時間。在這個層次上，它仍然是刻意的，即必須盡力才能經驗到。然而經由串習，這一刻終將來臨，亦即當我們看到即使是一隻小昆蟲，也能自然而然且毫不費力地生起對牠的慈愛和悲心的感受時。這種新的體驗是長期努力的結果。這種心理轉化會在我們的心境和情緒中帶來持久的改變。

科學家和佛教徒都認為習慣對於我們思想、情緒和行為的長期改變是必要的。當我們反覆練習某事時，它就成為我們性格的一部分。佛教徒將此描述為「使自己習於新的情緒反應的過程」。科學家們把這解釋為「在大腦中建立新的神經通路」。當某種與情緒相關的特定途徑被很好地潤滑時，這種情緒就更容易產生。

雖然佛教強調培養對他人的慈悲，但我們不能忽視自己。別人的幸福是我們的目標之一，所以我們必須照顧好自己，這樣我們才能有足夠的體能和精神來饒益他人。如果我們輕忽自己的健康，我們不僅會無法造福他人，還要他們照顧我們！

反思

一、按照上面解釋的步驟來培養慈悲。針對你個人來做觀修。

二、當你釋放憤怒和評斷，並生起無私的情感時，享受你心中開闊的感覺。

良好的心態

我們的心愈平靜，問題就愈容易處理。與其等待危機來臨，然後尋找處理危機的方法，不如每天修習開闊心量和仁慈。然後，當問題或令人不快的事件發生時，它們的影響就不那麼嚴重了，我們將能夠更快地恢復到平穩的心態。另一方面，如果我們沉溺於惡劣的心情，即使發生很小的不快事情，我們也會感到不知所措。

藏族有一個座右銘：「抱最好的希望，做最壞的打算。」（Hope for the best and prepare for the worst）主要的準備是：捨棄放大我們自己的問題這種自我中心的態度，並培養對自己和他人的慈悲。當困難出現時，從寬廣的視角來看是很有用的。如果專注在「我」的問題上只會帶來更多的挫折和不快，但如果把自己的問題放在宏觀的視角來看，便會想起每個人都會面臨困難而不是只有自己。此外，如果我們把困難的環境看成是激發我們潛力的挑戰，是喚起我們慈悲的機會，我們就能更有效地管理有壓力的環境，並為之做出一些實用的貢獻。這樣，我們的生命將會是有價值的，我們的心將會是從容而開放的。

在接下來的幾節，我們將討論人們經常看到的一些心理狀態和情況——畏懼、憂鬱、接受、自他的比較、分歧和衝突——以及如何訓練我們的心來有效地處理它們。

與畏懼共處，培養勇氣

上面我們簡要地討論了兩種類型的畏懼，一種是基於智慧，另一種是屈服於恐慌。第一種畏懼源於理性，是健康的。當我們生火時，我們意識到危險並注意避免它。這種畏懼保護著我們。同樣地，當我們正確地分析輪迴的原因時，我們對輪迴有明智的畏懼，這讓我們對自己的情緒和行為負責。這種基於智慧的畏懼在日常生活中和在修行道上都很重要。

驚慌的畏懼是有問題的，因為它阻止我們看清實況。例如，當我還是個孩子的時候，穿過布達拉宮一些黑暗的房間，我害怕有人藏在那裡。如果一隻小老鼠跑過來，我會嚇得跳了起來。這種畏懼是由於我們的想像力造成的，是心理造成的。獲得準確的資訊並改變我們對情勢的看法，則可以克服它。例如，當我們感到不安、畏懼和孤獨時，我們可以觀想從別人那裡接受到的善意，這樣我們心中就會產生聯繫感與感激之意，我們知道有人支持我們。如果我們對某人有所猜忌和懷疑，那麼把他視作像我們一樣是有幫助的。這樣一來，我們的態度將更能接受，我們能以更大的明晰和智慧來評估局勢。

另一種不切實際的畏懼可能發生在我們面臨失業的威脅時。我們的腦海裡想像著，我們馬上就會無家可歸，我們和饑餓的孩子們一起坐在街上。運用我們的智力，我們應該調查我們有否準確觀察形勢，還是在誇大某些方面。我們可能會發現，這種情況不太可能像我們想像的那樣發生，即使發生了，我們也有處理它的技能。社會資源和親朋好友的網路能幫助我們，所以我們不必描繪出目前不存在的可怕情景。

有些人關注世界的政治、經濟、社會和環境狀況，並發展一種有智慧的畏懼感啟發他們致力於防止傷害地球及其生物。看到同樣的情況，其他人就會產生沮喪的畏懼。這種沮喪的心理狀態使他們動彈不得，他們助人的願望在絕望的浪潮中迷失了。為了應對這種情況，我們必須不斷保持慈悲，敞開心扉，這樣不管別人的反應是什麼，我們都會保持真誠。

勇氣來自於從我們看問題的角度。例如，從某個角度看西藏的現狀是悲慘的，從另一個角度看是有希望的。關注積極的一面，同時意識到消極的一面，但不會灰心，使我們能夠盡一切努力改善條件。

單靠一種修行或方法無法培養勇氣；它需要在一段時間內深思幾個主題。這些議題包括我們人類生命的珍貴；我們自己和所有其他人成為圓滿覺悟者的潛能；佛菩薩的慈悲、覺悟行誼；大師們的人生故事；我們從一切眾生那裡得到的善意；以及慈愛，悲心，為他人拔苦予樂。這些將提升和平衡心靈以使我們從更廣闊的角度看待情況。

除了勇氣，我們還需要信心。為發展這點，我在心中謹記一些基本的信念：人性是和善而且有同情心的。我們每個人都不希望遭受痛苦，我們有權利去克服它。一切眾生皆有潛能成為睿智、利他的覺悟者。深思這些，給予我內在力量和決心。慈悲的動機和明確、有益的目標，給予我自信並消除疑慮。換句話說，信心不是來自於我們計畫的成功，而是來自於以一種明智和慈悲的動機參與其中。

人類擁有非凡的智力，如果運用得當，能夠解決問題和衝突。宿命論的態度是無益的。我們有能力避免困境並往好的方面改善；我們必須盡最大努力以建設性的方式運用我們的能力。如果我們盡了一切努力但仍然失敗，我們不必後悔。我們能夠接受所發生的一切。然而，如果由於缺乏關心或希望，而讓負面的事情發生，則非常令人遺憾。

希望、欲望和接納

正如畏懼有兩個面向，一個要拋棄而另一個要培養，希望、欲望和接納也是如此。例如，當我們希望自己擁有新房子、好工作、美好家庭、金錢和物質財富等美好事物時，我們棄精神關注於不顧，而根深蒂固地陷於執著中。佛典說要捨棄一切希望指的便是這些與世俗利益有關的希望，因為這些希望不可避免地讓我們失望。

另一方面，我們必須對更美好的未來抱有希望，如此我們將致力於創造其成因。此處，我們希望的未來不是基於世間欲望的自我中心，而是考慮到他人並希望眾人幸福的未來。後面這種類型的希望將激勵我們實踐佛法，並參與直接饒益他人的計畫。

無論我們處於什麼情況，我們都不應該失去希望。失去希望和陷入失敗心態才是失敗的真正原因。他們是扭曲的心理狀態。我們擁有具備獨特人類智慧的生命，這些智慧給予我們克服問題的能力。因此，我們應該冷靜而明智地研究各種替代方案，而不是絕望地雙手一攤，使問題變得更糟。

負面的欲望與貪著有關，它使我們繫縛於輪迴。相比之下，欲望也可以指正面的願力（positive aspiration），例如意欲修止或意欲成佛。這種意欲不是基於我執（self-grasping）或以自我為優先（self-preoccupation）。他們有正面的目標和日增的喜悅以悉力臻達所願。

接受也有兩個方面。無奈的接受（disempowering kind of acceptance，直譯為喪失權力的接受）即是默許，亦即以鬱悶的心情去接受不愉快的事。這種接受導致我們沮喪並毀掉我們對生活和修道的熱情。

正向的接受，即承認和接受我們自己和他人的錯誤和失敗，同時希望在未來將其改善。與此刻的現實糾纏是沒有用的，我們知道我們在未來會有改變和改進。我們接受目前的苦，因為苦的原因已經造成並且已成熟。然而，未來的苦仍然可以避免，所以我們的心保持樂觀。接受了現狀，我們的時間和精力不會被憤怒或悲傷所消耗，相反，我們可以引導自己淨化未來痛苦的成因，避免創造更多這樣的因，並創造未來幸福的因緣。

比較自他與自我價值

雖然所有眾生都一樣求樂避苦，但我們每個人都有不同的天賦和弱點。我們可以承認別人在教育、健康、外表、社會地位、財富等方面都比我們強，但這未必會導致嫉妒。這是對事實的簡單承認。

如果我們開始思考「既然我比別人差，所以我沒希望了」，問題就開始了，並且會感到自卑。把自己與他人比較並感到絕望，是狹隘觀點的結果，因為我們只看到自己的弱點，而忽視自己的潛力。在此，我們應該記住，雖然那個人比我們更成功，但是她也是一個人，就像我們一樣，我們同樣都有成功的潛力。

要記住，我們每個人都有自己獨特的優異資質和才能。比較自己和別人就像比較蘋果和汽車。它們兩者可能都是紅色的，但是在不同的情況下它們都是有用的，所以欣賞兩者是很好的。同樣，人們有不同的興趣、天賦和能力也是好的。將這些結合在一起，我們大家都會受益。我們可以為他人的優異資質而高興，也可以為自己的優異資質而高興，即使它們可能有些不同。

有些人經常做出非黑即白的區分，沒有中間地帶。如果發生好事，他們會變得太嗨和過於興奮，如果發生壞事，則變得沮喪和洩氣。生活是複雜的：痛苦必然會發生，美好的事物也會隨之而來。當好事發生時，有些人仍然不滿足，強迫自己擁有更多更好的東西直到崩潰。有了這種態度，如果他們看到鄰居更成功，他們就會陷於嫉妒和絕望。從更寬闊的人生視角來看，所有這些都是可避免的。

克服憂鬱

一些嚴重的臨床憂鬱症顯示在大腦中有一種化學成分，但是這裡我們將研究憂鬱症的心理面向。和我談過的心理學家告訴我，憂鬱症在很大程度上是由於家庭和社區缺乏親情、愛情和同情。我相信我們人類天生就是社會動物。我們的基本天性就是我們欣賞別人的愛，當我們接受到的愛不夠充足，或者愛被完全剝奪時，我們就會變得不快樂、了無生機。

克服憂鬱的技巧很大程度上取決於個人，無論他或她是否遵循精神傳統，如果有，也不論是哪個傳統。一個不信教的人也能反映出人性是友善的。從我們出生以來，我們經歷了來自許多人若干形式的慈愛和悲心。我們一生中從別人那裡得到了很多善意。有時我們對周圍的善良視若無睹，有時我們對它感到不滿，希望它更多或者更好。在此，培養我們對於接受到的親情和善意知足，並為此感到欣喜，是件好事。看看它對我們生活的正面影響。從我們出生到現在，我們所有的幸福都有賴於他人以各種方式善待我們。事實上，我們之所以能活著，正是因為受到如此多的其他眾生的仁慈對待。

為了對治憂鬱，佛教徒能以兩種方式思考。首先，我們通過深思佛性（buddha nature）來發展我們自己的潛能。無論表層的我們有時多麼困惑或軟弱，但我們深層的佛性就在那裡。在最基本的思想層面上，佛陀與我們之間沒有區別。每個人都有「本具的佛性」[37]（natural buddha nature，心的自性空）以及「開展的佛性」[38]（evolving buddha nature，那些可以增長而且其相續將延續至覺悟的因素）。因此，每個人都有可能圓滿覺悟。

其次，考慮輪迴的本質（nature of cyclic existence）。現在我們處於煩惱和業力的控制之下。只要這種情況存在，就會出現某種問題。例如，當我們的身體生病時，我們經歷痛苦。我們必須有心理準備並接受它。擔心疼痛是沒有用的。如果我們不想要痛苦，我們就必須消除其因。如果有可能消除病因，我們應該試著去做。如果不可能，擔心也沒有什麼好處。

我們可以類似的方式思考輪迴的本質。只要我們的身心受到無明的影響，問題就會出現。這是事實。在輪迴中也難免如此，我們必須接受它。如果我們不喜歡這些問題，我們就應該設法消除它們的根源——煩惱和污染業[39]——並獲得解脫。這給了我們修行佛法、尋求涅槃的熱忱。

憂鬱也是由於過分關注我們自己的情況和問題所產生的。環顧四周，看看別人，每個人都會以某種方式受苦。對此進行深刻反思，我們的心就會敞開，我們對他人的慈悲力量就會增強。

分歧與衝突

眾生之間總有分歧。觀點和意見上的差異可能是正向的，而且可以是進步的根源。然而，當我們執著於我們的思想、財產和地位時，這些分歧可能導致暴力或壓迫。因此，切記我們都是人類社會的一部分。我們需要彼此；我們相互依賴。

就個人而言，我自己本身每天都有分歧。早晨的時候，我確信這件事是對的，經過進一步檢視，到晚上我發現採取別的辦法更好。但這不會引起我的困惑，我可以自行處理這種分歧。同樣，如果我們把我們自己看作一個人類共同體，一個有機體，那麼我們就可以容忍不同的意見還可以共同學習。我們應該聽取別人的意見，研究其原因，並分享我們的經驗和知識。

當一個群體處於不利地位時，會在經濟問題上產生一些分歧。這個群體試圖通過理性和談判來改變現狀，但是當談判失敗時，他們會感到沮喪，而且可能會變得暴力。如果我們從狹隘的角度來看待局勢，那麼暴力似乎很有用。但是，從更寬廣的角度來看，我們看到這種暴力可能解決了一個問題，但同時會製造其他問題。例如，民族衝突中的每一方都有支持他們行動的理由，但在世界其他地區看來，他們的戰鬥是愚蠢的，因為它造成了比以往更多的痛苦。因此，我們必須避免任何形式的暴力。正如通過教育可以減少無知，我們可以通過非暴力、調解和仲裁等方面的教育減少人類的暴力傾向。學會以開放的心胸傾聽別人也同樣有效；當人們感受到別人傾聽他們的難處並理解它們的時候，他們的憤怒就會平息下來。

有時，我們可能會認為局勢是不公的，而想要罷工或反叛。但是，從更開闊的角度來看，我們知道挑釁只會讓問題變得更棘手，其實還有其他方法可以處理這些難題。這些方法可能需要更長的時間，但是考慮到它們最終更有利益，我們採用它們並且保持耐心。我認為這種耐心和寬容是一種堅強而非怯弱的表現。這是我在處理西藏被不公不義佔領的問題時所採取的策略。

暴力不僅造成新的問題，而且違背人性。我的一個基本信念是人性是溫和的。從我們出生起，當我們看到一個人被另一個人虐待時會感到不快。但是，當我們看到悲心和慈愛的時候自然會感到喜悅。即使是嬰兒也是如此。教育體制應該教導人類生命的價值和暴力的弊端。我們必須教導兒童控制憤怒和調解衝突的方法，身為成年人最重要的是，我們必須為他們樹立寬容、同理心及善於傾聽的典範。目前，大多數國家的教育體制都強調「資訊的傳遞」，而忽視了培養「對彼此有責任感」的善良人類。我們必須改變這種狀況。

佛陀揭示了引起爭執的根源：（AN 6.36）

僧侶啊！有六種爭執的根源。哪六種呢？即僧侶是（1）憤怒和報復，（2）蔑視和霸道，（3）嫉妒和吝嗇，（4）欺騙和偽善，（5）邪惡的欲望和錯誤的知見，或者（6）他固執己見，頑強地堅持並難以放棄它們。

因為佛陀是對一群僧侶開示，所以他以僧侶為例。但是對任何團體中的人都可以這樣講，這可以是上班族、俱樂部、家庭、運動團隊中的某個人，也可以是社運或環保運動的一員。只要有一個人內心失控，他就能把一個團體搞得一團糟，並且妨礙團體實現其目標。

在上面這段經文中，佛陀勾勒出我們的心可能會失控的幾種情況。首先，我們感到憤怒而且想要報復。我們背後說別人的壞話，想要報復任何一種感受到的侮辱，並且歪曲和不公不義地指責別人。我們一直跟這樣的人相處時，自然就會想到許多〈會讓自己憤怒並且想報復的〉實例，但是這裡的重點不在於他人是否做了什麼，而是我們自己的行為和情緒。我們必須審視我們爆發的憤怒和報復的行為，並要往我們內在尋找其根源。我們如何看待這種情況？我們的情緒和行為模式是什麼？簡言之，在考慮說什麼或做什麼之前，最好先讓我們的心平靜下來，讓它們回到一個更加平穩的狀態。

此處結合上述對爭執原因的解釋，是一個有用的練習。深思一下，當你已經以〈前述憤怒及報復的〉這些方式行動時，不妨考慮以其他方式去觀察情況及方法，將你的動機調整為有益自他而非傷害自他。

爭端的第二個根源是蔑視和霸道。一個人試圖領導一個團體，不管她是否有本事或被授予權力。而如果別人領導，她便會鄙視別人且不合作，只有事情按照她的方式發展，她才會參與。領導者和追隨者必須合作。雙方都有特定的職責，需要不同的人才和能力，沒有對方，便不能很好地發揮作用。

第三個根源是嫉妒和吝嗇。沒有安全感，因此一個人會嫉妒別人，見不得別人比他成功。他對資訊、時間和精力都很小氣，並且不願意幫助團隊中的其他人。

第四是欺騙和虛偽。說謊和不誠實的人很難讓人信任，因此很難一起工作和生活。他們嘴上說的是一回事，但心裡想的又是另一回事；他們說的話是為了他們自己的利益，不考慮別人的處境和感受。

引起爭端的第五個根源是邪惡的欲望和錯誤的知見。一個人抱著壞的意圖和錯誤的知見，提出錯誤的學說，把別人引入歧途。這尤其有害，因為它會障礙自己和他人在未來多生接觸佛陀教誨的能力。

最後一點，有人固執己見，非常執著且緊握不放。這樣的人頑固又爭論不休。他匆忙下結論，固執地為自己的觀點辯護。即便他思考過一個問題，但一旦他形成了自己的觀點，他的心就會關閉任何新的資訊或其他觀點。

把持爭執的根源不放會有什麼結果呢？佛陀繼續說：

這樣的僧侶不尊重三寶，而且不會依循佛、法、僧三寶，他也不會實踐學處。這樣的出家人會在僧團中製造爭端，導致大眾受到傷害和不幸，導致天眾（deva）和人類的毀滅、傷害和痛苦。

這個人缺乏對三寶的尊重，不能真心修行或獲得修行的好處。她會給家庭、工作場所、工廠、學校、俱樂部或團體帶來不和諧。這種不和諧不僅傷害了她自己，而且分裂他人的關係，阻礙了他們的活動，分散精力，擾亂了許多人。當我們發現自己內心有爭執的根源時，反思它的不利之處很重要，這樣我們就有動力去改變這種心理習慣或行為。當我們發現自己內心有任何一種或所有爭執的根源時，我們要如何處理這種情況呢？佛陀繼續說：

> 比丘們，如果你們覺察到自己或別人有任何這類爭執的根源時，你們應該努力棄絕這種邪惡的爭執根源。如果你們沒看到自己身上或別人有這樣的爭執根源，你們應

該修習以便這種根源在將來也不出現。

當我們發現自己內心有爭執的根源時，我們首先應該克制我們的行為和言語，不讓它們爆發出來。然後我們應協同我們的心，來對治煩惱情緒。當我們看到別人身上有爭執的根源時，我們可以提醒自己：「當煩惱宰制我的心時，我就會像這樣。這樣的行為是我的煩惱讓我強加於他人的。由於這些情緒和行為並不值得我尊重，而且沒有好處，所以我必須格外謹慎不讓它們出現。」換句話說，我們可以把別人的行為作為借鑑，並下定決心不那樣做。

一旦情緒煩惱已經減輕，並且我們能夠以更平穩的方式再次評估這種情況，我們就可以走近其他人，並且以平穩的方式討論要解決的各種問題。[40]

如果我們在自己或他人身上看不到這些不和諧的根源，那麼我們要確保我們能善待他人並留心自己，這樣它們就不會再次冒出。向同事、家人、朋友、同伴或團隊中的其他人表達我們的感激之情，告訴他們我們是多麼欣賞他們的親切的態度和理性的行為，也是值得去做的。人們時常只有在不快樂的時候才會去表達他們的感受和想法。這是一個訓練自己培養並表達對別人讚賞的很好機會。讚美他人的優秀特質使他們內心愉悅，這進一步加強了團隊的和諧，也讓我們感到非常舒服。

互助生存

「適者生存」被引用來支持和促進許多跨領域努力的競爭性。取而代之的，我們可能要思考以「互助生存」作為人類進步和繁榮的原則。蜜蜂或螞蟻互相合作和相互支援的方式保持了整個蜂巢或山丘的活力和繁榮。想像一下，如果工蟻說：「我們已經受夠了服侍蟻后！」並收拾行囊離開後會有什麼結果。試想，如果蟻皇說：「我討厭這些麻煩的工蟻，他們一直來煩我！」並辭職的話，結果會是什麼？這些小昆蟲本能地知道，當牠們為了共同的目標而和諧地合作時，牠們整個族群將生存和繁榮。牠們知道，只跟隨自己個體的需要和需求，不僅讓個體會滅亡，還讓整個族群也遭受痛苦。

歷史上，當人們互相幫助、為共同利益而努力時，世界偉大的文明就繁榮起來了。當競爭型領袖為權力和名譽而戰，自私地忽視他人的利益，只顧自己的利益時，就會發生沉淪。我們人類相互依賴就是為了生存，現在這一點比人類歷史上任何時候都更加真實。我們中的大多數人不知道如何種植食物、製作衣服、建造房屋、或製作治療疾病的藥物。我們依靠別人，我們每個人都以自己的方式為共同利益而作出貢獻。經濟全球化意味著我們對彼此的影響是巨大的。如果我們人類使用適者生存的模式，試圖為自己或只為我們自己的族群爭取更多更好的資源，我們將破壞我們的個人幸福，並危及人類在這個星球上的存在。

以自我為中心（self-centeredness）的關注不僅傷害別人，也傷害我們自己。我們是相互依賴的存在：我們依賴於許多其他因素而存在，其中大部分因素皆源自別人的努力。過分的自給自足感是虛幻的，它可以而且應該被明智接受相互依存所取代。

慈愛和悲心是基於對相互依存的理解。悉願圓滿覺悟的菩薩，觀想相互依存，以增進對實相的理解以及饒益眾生。藉此他們建立起能夠為他人福祉做出積極貢獻的振奮自信。我們愈有真正的自信，畏懼和憤怒對我們心靈的折磨就會愈少。尤其當我們經歷困難時，慈悲和利他態度將支撐我們度過難關。

處在一個人的行為能夠對許多人產生無遠弗屆影響的世界裡，自我中心和無明會帶來巨大的損害，而利他的態度則能澤被蒼生。當我們以能夠清晰分析各種情況的智慧培養對他人的關心和關懷時，我們內心會更加平靜，我們利益他人的行為會更加有效。如果我們人類堅持「適者生存」這種自我關注的哲學，它可能導致誰也生存不下去。而抱著「互助共存」的態度，則可以帶來更多的個人福祉，也更有利我們族群的生存。

反思

一、設想去理解曾經傷害或威脅過你，或者你認為是敵人的那個人的觀點。

二、設想以悲心而非憐憫，來看待此人在生活中曾經和將要經歷的身心困境。

三、用他人希望從痛苦中解脫出來並獲得幸福的眼光來看待自己的境遇。畢竟，如果他們快樂，他們就不會做讓你覺得痛苦的事情。

四、想像自己以友好、清晰及平穩的方式跟那個人談話。

4 佛法和佛典的傳播

並非每個人的想法都一樣。每個人在生活的各個領域幾乎都有不同的需求、興趣和習性，包括宗教也是如此。因此佛陀，一位極為善巧的老師，便依眾生不同的根器而運用各種不同的教法。當佛法橫跨印度次大陸（南亞）傳播至其他地區時，人們採用了不同的佛教經典，並發現其中某些特定教法較其他經典裡的教法更適合他們內心。

如此一來，多種佛教傳統便應運而生。這些傳統的發展及其教法的呈現也都受到各地的經濟、政治狀況，甚至各地氣候、社會結構、語言和文化所影響。儘管所有佛教教法皆提及四聖諦，但對典籍的選擇、塑像、儀式、文本闡釋、強調的重點和宗教制度等，則會受到各自所在的社會影響而有所不同。

為了避免吸收到已流傳數世紀的派別成見，瞭解佛法的歷史是很重要的。這也有助於我們理解為什麼佛教會以這種方式在不同的地方發展。這會促使我們逐一揭開文化的面紗去辨識出真正的佛法，讓我們能在沒有夾雜文化傳統的情況下實踐真正的佛法。

學習佛教歷史有助於我們理解佛教是一個鮮活的傳統，它影響著各式各樣的社會，反過來它也受它們所影響。於是我們便能區分「完美歸依對象的三寶」與「僅由少數人類所建立的宗教制度」二者之間的差別。法寶超越時空，但佛教制度並非我們歸依的對象，儘管它們盡其所能地護持佛法。所有佛教傳統都有各自對佛教歷史、各自傳統所在之地，以及它們自己傳統的經典與其他傳統的經典真偽與否的記載。一般而言，這些是基於口述傳統，而數世紀後才書寫成文字。現代學術界，使用那些在傳統佛教歷史陳述中不被採用的歷史研究工具和方法，也有他們自己的觀點。傳統的解釋並不會與時俱進，但學術界的觀點卻會隨著新的發現而有所改變。

至於佛教的各種傳統和教法，只能用一般的方式去處理。就我們所知，人們並非總是能被劃分到界定明確的族群當中。如同在《達賴喇嘛說佛教》，我們將依據所書寫的語言來談論兩個主要的佛教傳統，即巴利語傳統和梵語傳統（Sanskrit tradition）。佛陀本身也使用某種形式的俗語（Prakrit）來教導弟子；這類語言是佛陀當時所處時代，印度一般大眾所說的語言。佛陀滅度後，他所開示過的內容被整理成幾類並以口述方式流傳了數個世紀。我們手邊最早的書寫文本，標註的日期大約在西元前一世紀，此時巴利語和梵語兩者開始成為傳遞佛陀教言最主要的語言。我們在此描述的梵語傳統也包括了以犍陀羅語（Gāndhārī）等古代中亞語言所書寫的典籍。

但在探索這些傳統的歷史發展之前，熟悉這些傳統所教導的「心靈之乘」（spiritual vehicles）對我們會有幫助。

諸乘和諸道

「乘」和「道」是同義詞。雖然這些佛教術語常被用來指涉一套循序漸進的心靈修持，但嚴格來說，則是指與「無造作想從輪迴解脫的決心」（無造作出離心）相聯繫的聖「智」（exalted knowers）或智慧之識（wisdom consciousnesses）。當本師釋迦牟尼佛（Śākyamuni Buddha）在印度住世時，他藉著教授適合三乘，即「聲聞」（Śrāvaka）、「獨覺」（solitary realizer; Pratyekabuddha）及「菩薩」（Bodhisattva）有情的教法來轉法輪[1]。這些教法被稱為「乘」（yāna），是因為它們可以運載它們各自的修行者到達不同的心靈成就。

根據梵語傳統，此三乘是以獲得特定目標的動機、其主要的觀修對象、福德的累積和需要花多久的時間證得其目標來區分。每一乘都能引領修行者通往各乘自己的覺悟（菩提）。巴利語和梵語傳統，兩者都包含了所有三乘的教法，雖然巴利語傳統更強調聲聞乘而梵語傳統則較側重於菩薩乘。

有時候聲聞和獨覺二乘被歸於「根本乘」（Fundamental Vehicle，基乘）這個名稱底下。雖然巴利語和梵語這兩個傳統都有解釋菩薩乘（Bodhisattva Vehicle），但在梵語傳統稱之為「大乘佛教」（Universal Vehicle），並以後來廣為流傳的經典（sūtras）為依據。

菩薩乘根據「方便」[2]更進一步分為兩類：波羅蜜多乘（Perfection Vehicle）及密乘（Tantric Vehicle）。這兩者的修持皆以根本乘為基礎，而密乘的修持又以波羅蜜多乘為基礎。密乘又可以不同的方式來區分。其中一個方式就是在一部注釋續（explanatory tantra）《金剛帳續》（*Vajrapañjara Tantra*）中所描述的，它提及四類密續：事續、行續、瑜伽續和無上瑜伽續。

佛教傳統

巴利語傳統

- 聲聞乘（Śrāvaka Vehicle; P. Sāvakayāna）
- 獨覺乘（Solitary Realizer Vehicle; P. Paccekabuddhayāna）
- 菩薩乘（Bodhisattva Vehicle; P. Bodhisattayāna）

梵語傳統

- 聲聞乘（Śrāvaka Vehicle/Śrāvakayāna）
- 獨覺乘（Solitary Realizer Vehicle/Pratyekabuddhayāna）
- 菩薩乘或大乘（Bodhisattva Vehicle/Bodhisattvayāna or Universal Vehicle/Mahāyāna）

＊波羅蜜多乘（顯教大乘）（Perfection Vehicle/Pāramitāyāna）

＊密乘（密續大乘，金剛乘，密咒乘）（Tantric Vehicle/Tantrayāna, Vajrayāna, Mantrayāna)

如今聲聞乘和菩薩乘較為著名。在證得獨覺阿羅漢之前的最後幾世中，獨覺行者會在沒有佛轉法輪的時間和地點出現於世。[3] 基於這種情況，當我們說到聲聞時，它將包含獨覺，除非個別描述他們的修持的特殊理由。雖然巴利語及梵語傳統中有關菩薩乘的教法在某些方面是重疊的，但在梵語傳統中，「大乘」（Mahāyāna）這個名稱則專指〔不共於聲聞與獨覺的〕菩薩教法和經典。

佛陀的一生

所有佛教徒都一致認為，佛教在我們這世界上是始於釋迦牟尼佛，一位出身自釋迦族（Śākya clan）名為「悉達多．喬達摩」（Siddhārtha Gautama）的王子，很可能是在西元前五世紀誕生於靠近今日的印度與尼泊爾交界處。[4] 他的慈悲與睿智自小即已展露出來。儘管住在皇宮過著備受保護的生活，他仍冒險入城，在那裡他第一次看到病人、老人和屍體。這促使他深切思考著人們所經歷的痛苦，而在看過流浪的乞丐之後，他嚮往從所謂的「輪迴」——即問題持續叢生的循環——中解脫。由於對皇宮舒適的生活不再抱有幻想並想尋求解脫，於是在二十九歲那年，他離開家人、拋棄皇位，脫下他精美的華服，過著乞食的流浪生活。

他從當時的優秀老師們跟前研習並精通禪坐技巧，但他看到他們無法從生死輪迴中解脫出來。在實行嚴苛的六年苦行生活後，他瞭解到折磨身體並無法調伏自心，於是捨棄苦行，改採維持身體健康卻不躭溺於感官享受的中道之行。

坐在現今印度菩提迦耶的菩提樹下，他下定決心在未獲無上正等正覺（full awakening）之前絕不起座。在陰曆四月的月圓日，即佛教的「衛塞節」（Vesak）這天，佛陀完成了淨化自心所有障蔽並開展一切良善特質的過程而成為佛陀，一位圓滿覺醒者。佛陀當時三十五歲，接下來他花了四十五年的時間，把他自己親身體驗所得的發現，傳授給任何前來聽聞的人。

佛陀教導任何年齡層的男性及女性、種族，以及皇室、乞丐、流浪漢、商人、官員、小偷、農民、音樂家和娼妓等社會各階層的人。他的學生當中有許多選擇捨棄家庭生活而採取出家生活，由受戒僧眾所組成的僧團（saṅgha community）於是應運而生。當他的追隨者獲得證悟並且在教授佛法上變得極為善巧時，他便要求他們「為了大眾的利益，為了大眾的快樂，由於悲憫世間；為了天眾與人類的利益、福祉與安樂」（AN 1.170）而將他們所證分享給他人。因此，佛陀的教法傳遍了整個印度次大陸，並在隨後的幾世紀直至今日，傳播至斯里蘭卡、東南亞、印尼、中國、韓國、日本、中亞、西藏、蒙古、巴基斯坦和阿富汗。最近幾年，佛法中心已遍布世界各地。

就我個人而言，我覺得自己與釋迦牟尼佛有一種深刻的連結，對他的教法和他所樹立的「如何安住於清淨的僧伽戒律並無私地分享法教終其一生」的這個典範，也深覺感恩。佛陀完全洞悉心識的運作，而那是在這世上前所未聞的。他讓我們瞭解到：我們所經驗的苦與樂都和我們的心識及情緒有複雜的關聯。痛苦不是由別人強加在我們身上的；它是由我們自身無知的觀念和信仰所產生的。快樂不是上天賜予的禮物，它是我們培育自身智慧與悲心所得的結果。

佛陀的一生，本身就是一個身教：他質疑世俗生活的意義，以及雖然面對來自家庭及社會要他繼承王位的壓力，仍毅然決然地決定修持佛法。儘管遭逢困難，他仍勤奮修行且從未放棄，直到證得無上正等正覺為止。他慈悲地對待那些苛責他或批評其教法的人。他的弟子們偶爾會相處不睦而互相挑釁，有時必須嚴厲訓斥他們，但他從未放棄他們。經典顯示他以極大的善巧和悲心對待許多不同的人，對於名聲或讚譽完全不感興趣。想到佛陀的慈悲，順應各式各樣習性與興趣的有情眾生提供合適的教法，便令我深感敬重。我希望你們也能藉由學習和修持佛陀的教法，而開啟個人與我們的本師佛陀之間的這種連結感。

初期佛教派別

佛教歷史進程是個變動不居的過程，由此也帶來各種派別、傳統和宗義體系。當我們提到任何一個部派時，彷彿它們是帶有清楚界限的不同實體。然而，佛教「基本上」並沒有那麼清楚明確。甚至今天我們仍然可以看到這個情況：即使到現在，上座部佛教（Theravāda）出家僧眾接受菩薩戒（bodhisattva precept），西藏佛教修行者受持在台灣所遵循的法藏部〔四分律〕（Dharmaguptaka vinaya）傳承，中國僧眾修持巴利語傳統所教的內觀（insight meditation）等。

當談論到佛教歷史時，必須謹記在心的是：我們並不能確切地說明過去發生了什麼。即使在我們現下的人生中，我們對一個特殊事件的記憶也會與在場的旁人不同。歷史會根據我們的觀點而呈現不同的樣貌；每個人選擇特定的細節去聚焦，而那些細節的闡釋也會因人而異。縱然歷史有其主觀性，但對我們所研讀的佛法歷史背景具備一般常識，仍然有幫助。

在佛滅度後，大迦葉（Mahākāśyapa）阿羅漢召集五百位阿羅漢一起在王舍城（Rājagṛha），在所謂的「第一次結集」，會誦佛陀說法的內容。在初期的幾個世紀，這些經典主要是藉著「傳誦師」（bhāṇakas）[5]以口述方式傳下來，這群僧眾們的職責是記憶並背誦這些經文。每一組傳誦師被分派一批經典，傳誦師一代接著一代，記憶這些典籍並將這些內容傳授給其他人，長達數世紀之久。雖然佛陀並沒有一字不差的逐字重複他所開示的每個特定主題，但為了便於記憶而將有關特定重要主題的某些段落予以標準化。因此，在巴利聖典的「尼柯耶」（nikāyas）和漢傳聖典的「阿含」（āgamas）中，有一些慣用的片語及段落，甚至一些幾乎完全相同的經典。西元前一世紀，在現今的斯里蘭卡發生饑荒，經文的存續受到威脅，促使當時的僧眾們以書寫的形式將經典保存下來。在這段期間，其他群組的傳誦師則在印度的許多其他地方，持續用口述方式傳播佛陀的說法內容。

在西元前三八三年[6]第二次結集之後的幾世紀，出現種種不同的佛教派別，據說總共有十八個。十八個部派的清單不只一個，而且每個清單對於主要學派及其支派的分類也有所不同，但無論如何，在印度次大陸和其鄰近地區顯然也有大量的佛教傳承。有很多因素影響了這些不同聲聞學派的發展，包括：所在位置、氣候、語言、文化和可得的經典及教法等，不勝枚舉。因為經典是透過口述方式流傳下來，而不同族群又被遙遠的距離所分隔，於是每一派別便發展出稍微不同版本的律（Vinaya，毘奈耶）、經（修多羅）、論（Abhidharma texts，阿毘達磨典籍）三藏（Tripiṭaka）或三篋（three baskets），但主要的資料仍為大家所共享。

除了一些基本資訊之外，這些為數不止十八個的學派，很多都鮮為人知。儘管這些派別彼此無疑有過論辯，但佛教的各宗各派大體還維持友好的關係。十八個部派中的某些派別的名稱，至今仍保留在三個現存的出家戒律傳承中：〔晚期〕上座部（Theravāda）（從〔早期〕上座部〔Sthavira〕派和大寺派〔Mahāvihāra〕僧院傳承下來）、根本說一切有部（Mūlasarvāstivāda）（是說一切有部〔Sarvāstivāda〕的一個分支），[7]以及法藏部。古時候，上座部在南亞和東南亞很興盛，說一切有部則主要位於北印度和喀什米爾地區，而法藏部在犍陀羅國和中亞頗負盛名，並由此傳入中國。

印度和斯里蘭卡聖哲開始撰寫注疏，解釋說明佛陀在經中所說的意義。因而開啟了一個注疏的傳統。這十八個部派之間的某些差異來自於教義；其他差異則是因為人們住在不同氣候和文化所致。如同古代斯里蘭卡寫本所記載，雖然上座部目睹佛教學派如佛教僧團分裂般分為各種不同派別，但其他佛教傳統卻未見記載。

學術界的學者們先前認為巴利語大藏經資料較北印度那些部派的資料更古老。但是，他們現在修正他們的觀點，因為最近在阿富汗、巴基斯坦和中國發現了迄今未知的經文。一些初期部派的經文殘卷被發現，而現在正由理查·薩羅孟（Richard Salomon）和寇列特·考克斯（Collette Cox）等學者們在華盛頓大學「初期佛教寫本計畫」（Early Buddhist Manuscripts Project）底下進行研究。其中某些經文可以追溯至西元一、二世紀。有鑑於當時用來書寫的材質容易碎裂，而這些寫本竟可以留存下來，著實令人驚訝。其他學者，例如任教於香港大學的比丘法光法師（Bhikkhu K. L. Dhammajoti），確定說一切有部某些典籍標註的日期是在佛陀住世的兩、三世紀內。這些持續研究的成果，將帶給我們對初期部派及其經文有更清晰的概念。

回顧其先賢們，中世紀時期北印度佛教徒說，有四個包含所有十八個部派的主要聲聞學派：（1）使用梵語的說一切有部；（2）使用俗語方言的大眾部（Mahāsāṃghika）；（3）使用另一個俗語方言，即訛誤語（Apabhraṃśa）[8] 的正量部（Saṃmitīya）；以及（4）使用顛鬼語（Paiśācī）的〔早期〕上座部。[9] 有趣的是，大部分初期經典並沒有定位自己是這十八部派中的哪一派，所以現代學者必須對新發現的寫本來自哪個派別，做明智的揣測。

我們無法確切知道這些每一個古老部派存在多久，且為什麼終止。這些部派在今天的伊朗、阿富汗、巴基斯坦和中亞共和國等地區，率先消失了。可能是因為經濟、政治、社會變遷、侵略或當地發生天然災害所致。某些殘存的部派可能和其他部派合併。因為佛教重心很大程度上集中在寺院而不在村落家庭裡，所以一旦十三世紀突厥人（Turkic）入侵印度，寺院被破壞後，佛教在印度幾乎就全部消失殆盡了。

雖然如清辨（Bhāvaviveka）的一些印度大師及大部分西藏人，認為這十八個部派是毘婆沙宗（分別說部）哲學體系 [10]（Vaibhāṣika philosophical system）的分支，但在別處對此卻不太認同。毘婆沙宗在南亞和東南亞不為人知，上座部也不認為自己是毘婆沙宗的一支。

初期佛教在斯里蘭卡

佛教在西元前三世紀由印度阿育王的兒子和女兒傳至斯里蘭卡。一些印度的注釋也跟著傳入；由僧伽羅僧侶保存並增補在古僧伽羅語裡。西元五世紀時，印度僧人覺音（Buddhaghosa）旅行至斯里蘭卡，在那裡蒐羅及編輯這些古代注釋的內容，並用巴利語寫下他自己的許多注釋。儘管覺音的著作直至今日仍被廣泛地研讀，但不幸地，古代聖哲的僧迦羅語經文已不復存在。由於覺音的翻譯作品，巴利語成為所有上座部佛教徒的經文用語。

佛教在斯里蘭卡蓬勃發展，並形成三個主要的派別：大寺派、無畏山寺派（Abhayagiri）及祇陀林寺派（Jetavana），每一派都有自己的寺院。中國朝聖者記載：無畏山寺派，是最大也是最富裕的寺院，兼循初期經典和大乘經典；中文大藏經（Chinese Tripiṭaka）中的某些大乘經典正是從斯里蘭卡取得的。這個島上也有很多菩薩塑像和大乘藝術，且有證據顯示該處過去也存在某些密續教法。

當無畏山寺派和祇陀林寺派——這兩派都有一些大乘的元素——與主張大乘經典是偽經的大寺派起爭執時，摩訶仙那（大軍）王（King Mahāsena, 271-301）支持無畏山寺派和祇陀林寺派。然而當他過世時，大寺派卻獲得皇室的支持。當書寫經典的合輯增加，大寺派以身為「純正」佛教的持有者自居，沒有在無畏山寺派和祇陀林寺派所見的異端（非正統）思想及經文，因而獲得更多正統性。

《島史》（*Island Chronicle*）和《大史》（*Great Chronicle*）是根據大寺派的敍事編寫的佛教歷史。《島史》大概是大寺派的僧眾在第三或四世紀編寫的，而《大史》則是在第五世紀下半葉。這些作者聲稱自己是真正的上座部諸師，是第一次結集的那些阿羅漢的精神傳承者。這兩部史書也提到斯里蘭卡王族世系，以及發生在他們統治時期的種種事件、神話和傳說。他們把斯里蘭卡描繪成佛陀授記（預言）他的教法會被純粹地保存的島嶼，因而也鼓舞了當地的民族主義精神。宣稱其他寺院信奉的經典並非原本傳播到斯里蘭卡的經典，因此不是佛語。大寺派僧眾強調他們持有真正唯一完整佛語（Buddhavacana, Buddha's word）的藏經，沒有存在於無畏山和祇陀林二寺的大乘墮落成分。

隨著書寫經典和注釋的出現、一套封閉大藏經的形成、權威性注釋的建立，以及在兩部編年史裡官方歷史的創作，佛法在斯里蘭卡發展超過數世紀。在協助保存斯里蘭卡的佛法的同時，這些因素也使大寺派的權威性合法化並得以強化，而成為以真實可信的經典保存正法的唯一教派。[11]

雖然大寺派得勢，但直到十世紀才躍升主導地位。十二世紀時，巴喇甘瑪巴護王（King Parakkamabāhu）藉由鎮壓無畏山寺派和祇陀林寺派這兩座寺院，「統一」所有的僧眾及其典籍，並且要求兩派的僧眾脫下僧袍，或者加入大寺派。

「上座部」一詞在歷史上是指什麼或何時被普遍使用，這點並不清楚。雖然現今它常被視為指涉「原始佛教」，但事實上「上座部」一詞在巴利語文獻上卻很少見，而且在佛陀正法住世的第一個千禧年時期，它也很少被用在東南亞的碑銘、歷史的編年記事或其他古代典籍上。有趣的是，「上座部」一詞第一次出現似乎是在印度東南部（東南印）的龍樹山（Nāgārjunakoṇḍa），在那裡傳播了「原始大乘」（proto-

Mahāyāna）的見解。中國朝聖者將住在該處的斯里蘭卡僧眾稱為「大乘上座部諸師」（Mahāyāna Theravādins）。[12]「上座部」一詞，似乎不是指佛教傳到斯里蘭卡之前的印度一個部派，而是指起源於斯里蘭卡的一個部派。

歷史上，南亞和東南亞的上座部佛教並非一個單一龐大的宗教或有制度的團體。雖然前述地區的人們最初在斯里蘭卡接受出家戒，但在這些地方逐漸成長茁壯的僧團則各自獨立運作。十一世紀初期，當出家戒傳承在朱羅王朝（Chola，珠利耶國）[13]入侵斯里蘭卡期間消失時，歷任斯里蘭卡諸王由緬甸迎請僧侶前來並重新恢復出家戒。在南亞和東南亞所開啟的這個趨勢一直延續至今。每當出家眾被認為腐敗時，國王便會從其他上座部佛教國家迎請修行很好的僧眾前來並再次授戒。儘管如此，斯里蘭卡戒律傳承依然博得極大敬重，往後的數世紀，來自其他國家的僧眾們持續旅行至斯里蘭卡受戒。

近幾年，學術界已經修正他們對於上座部佛教傳統涵括了十八部派最古老和最真實經典的這個觀點。有些學者說「上座部」是個現代術語，而且是一個從〔早期〕上座部衍生而來，卻跟它並不完全相同的近代部派。其他學者則說「上座部」是從大寺派[14]傳承下來，或從印度學派「分別說部」（Vibhajyavāda）衍生而來。

大多數巴利語文獻，是由始於五世紀匯編和書寫下來的注釋和注疏所組成。巴利語經典隨著國別而以不同的書寫文字傳播，詞句的發音和念誦也各自不同，即使到今天仍是如此。在每一個國家發展了不同的傳承和尼柯耶（傳統）。僧眾也不是統一的整體：住在城市和森林的那些僧眾過著截然不同的生活。將自己視為上座部諸師（Theravādins）的這種一致共同的身分認同，或許直到二十世紀尚未發展起來，但大多數南亞和東南亞的佛教徒仍認為他們彼此在許多方面都有關聯。例如，以往在泰國將斯里蘭卡的佛教稱為「僧伽羅教法」（Sinhala-śāsana），即以僧伽羅文所寫的教義。史基林（Skilling）說，「把『上座部』置於巴利語大藏經，尤其是在『四部主要尼柯耶』的居中位置，是十九世紀晚期和二十世紀的產物。它已發展成我們所謂的『新上座部』，雖然大多以英語為主，但對國際的影響與拓展則與日俱增。」[15]

有些學者[16]聲稱斯里蘭卡佛教歷史的標準解釋並非由斯里蘭卡人寫成，而是由十九世紀初期至中期的英國學者所寫成，他們誤解歷史的編年記事並欠缺佛教和斯里蘭卡的歷史知識，而此知識現在則是唾手可得。閱讀這些注釋和編年史書，因此這些學者認為它們是對事實的客觀描述，殊不知大寺派所解釋的佛教歷史受到當時無畏山寺和祇陀林寺兩派的質疑。

儘管僧伽羅語的歷史文件將巴利語大藏經描述為等同初期佛教，而將上座部佛教描述為初期佛教唯一持有者，但學者現在質疑這點。17 巴利語大藏經通常被上座部佛教徒視為是代表佛陀親身教言（佛語）的一套封閉合輯。然而，「巴利語」、「三藏」、「佛語」這些語詞，最初並非指涉一套封閉的藏經。

除了在阿育王碑文（Aśokas inscriptions）裡所提及的一些特定典籍外，我們對於在各種結集和集體傳誦期間背誦什麼典籍尚無清楚的概念，因此只能從這群僧侶背誦師去證實其存在。巴利語大藏經直到五世紀以前都不是封閉和固定不變的，因此佛陀之後大約一千年，經典的匯集其實是開放的。雖然傳誦師對於他們認為什麼才是佛陀的教法有其嚴格標準，但這套合輯的內容仍有某種變動性，若無其他因素，那應該是地理位置的差異所致。

簡言之，某些學術界學者現在質疑大寺派文獻裡所提的三個「事實」：上座部源於第一次結集、斯里蘭卡的上座部一直都是初期佛教的唯一傳承者、大寺派是這些教法的原始且真正的持有者。[18] 無論歷史真相為何，上座部是一個尊貴的佛教傳統，它鼓舞了數百萬人對佛教的信仰，引導他們個人變得更好並改善社會，也孕育了許多證量極高的聖者。

大乘的發展

強調菩薩道的大乘經典，西元前一世紀開始於印度公諸於世。有些經典傳入中亞，佛教在西元前三世紀開始傳播至此，之後在此蓬勃發展數世紀，接著在西元二世紀下半葉傳到漢地並被譯成漢文。保存在漢文大藏經的阿含經（Āgamas），和巴利語尼柯耶極為類似，是非常早期的經典。隨著新發現的更早期律典和其他經典，巴利語大藏經不再被視為是初期佛教的唯一文獻，即使它是唯一用印度語系保存的藏經。

學界學者及巴利語傳統的修行者，均質疑大乘經典的真實性，堅稱它們不是佛陀所說，而是之後橫跨數世紀時間書寫成的。這種說法的主要原因之一，是巴利語經典較大乘經典更為大眾所知，且比大乘經典更早幾個世紀廣為流傳。過去數十年裡，在巴基斯坦和阿富汗發現了日期標註為西元前一世紀末的許多佛教寫本，改變了學界學者們對大乘的觀點。這些新發現的寫本是用犍陀羅俗語寫成，比先前發現的任何寫本更為古老。其中大部分是來自於法藏部這個學派，而有些則是大乘經典。[19] 雖然其中一些典籍被稱為「初期大乘」，但關於菩薩道的觀點和陳述則是成熟的。隨著修正佛陀住世的時間比先前認為的更後期，以及發現更古老的大乘佛典，現代學者正重新思考他們對於大乘經典的看法。

當先前不為人知的菩薩經典首次公諸於世，而且在數世紀之後，大乘在佛教中一直未被認定是獨立的傳統。「大乘」一詞最初是指佛果（buddhahood）這個修道目標，而不是證得初期經典中強調的阿羅漢果。隨著時間推移，「大乘」一詞開始用來指涉大量文獻，四世紀時，無著（Asanga）[20] 用它（大乘）來指涉解釋菩薩道的經典。到了六世紀，人們自稱大乘行者，顯示他們將自己視為一個與眾不同的佛教團體。然而，由於大乘經典數量龐大且傳播距離廣泛，以致於它們的追隨者在印度似乎並未形成一個單獨統一的團體，而據我們所知也沒有任何大乘大藏經曾在印度編纂。

大乘不是一個宗教，也沒有獨特的制度。它沒有階級制度所主導的特定地理位置。遵循聲聞乘和菩薩乘的僧眾生活在一起，或許也一起背誦出家的「別解脫」（prātimokṣa）戒。在五世紀到十二世紀，佛教興盛的那爛陀寺（Nālandā）、超戒寺和歐丹大布利寺等聲譽卓著的佛教大學，住著來自不同佛教分支、部派和學派的僧眾及在家修行者。他們研讀和辯論佛陀的教法，彼此互相學習。

大乘經典包含許多哲學立場和修持；雖然那些自許為大乘者分享他們的信念，例如菩薩道和修行內容，但大乘從未成為一個單一的龐大學說。初期大乘經典並不侷限於一種語言，它們也以「佛教混合梵語」（Buddhist Hybrid Sanskrit）、「佛教梵語」（Buddhist Sanskrit）、「古典梵語」（classical Sanskrit）和「犍陀羅語」的面貌出現。儘管許多大乘經典是使用梵語，但並不是所有的梵語經典都是大乘；有些梵語經典則是教導聲聞乘。

大乘並沒有把聲聞乘典籍或教法摒棄在外；事實上，它教導菩薩的修行是以徹底瞭解四聖諦、三十七道品（thirty-seven aids to awakening）、三增上學（three higher trainings）、四無量心（four immeasurables）、寂止（serenity，止或奢摩他）和勝觀（insight，觀或毘鉢舍那）為基礎。在聲聞乘和大乘之間持有許多共同的觀點，而且所有的佛教徒，無論他們屬於什麼傳統，都歸依三寶。

儘管大部分的大乘經典在巴利語經典之後才公諸於世，但有些大乘經典卻在巴利語大藏經中的某些經典之前出現。巴利語大藏經包含許多時期的典籍，範圍從佛陀時期直到十個世紀後形成一個封閉的大藏經為止。巴利語大藏經當中的注釋，比起一些例如龍樹、世親（Vasubandhu）和佛護（Buddhapālita）所著的大乘論典和注釋更晚寫成。近來在巴基斯坦和阿富汗發現的最早期經典，皆是來自於聲聞乘和大乘兩者。要言之，許多佛教學派的發展已經歷一段很長的時間。他們在宗義和經典上既有重疊的部分，但也各具獨特之處。佛法從以前到現在一直都是鮮活、動態的傳統。

大乘不是一個授戒的團體或傳承。沒有像「大乘律」或「大乘出家戒」這樣的東西。從早期到現在，大乘修行者均在十八部派的律部傳統中受戒：無著在「說一切有部」、解脫軍（Vimuktisena）在「正量部」、阿底峽尊者（Atiśa）在「大眾部」等等。中國朝聖者將他們當時的某些寺院稱為「大乘上座部」。雖然我們不確定這個語詞的意思，但它可能是指在〔早期〕上座部律藏——即今天的〔後期〕上座部傳承——受戒並兼修大乘的僧侶。大乘出家眾住在寺院，依循律藏所規定的道德行為，並實施合乎律藏的寺院儀式。修持菩薩乘並不會使人道德鬆懈；事實上，除了在家五戒、出家戒等各種不同的七眾別解脫戒之外，大乘修行者也受持菩薩戒。

將上座部稱為「主流佛教」並不正確，且會造成混淆。在每一個地方、每一個時期，不論什麼部派都有可能建立得更加完善。至少有十八個部派於他們各自所處的地區，皆視自己是佛教的主流。大乘在整個印度和中亞受到歡迎並蓬勃發展，並傳播到東亞、斯里蘭卡、東南亞和印尼。它並非少數，而是主流。

大乘和聲聞乘兩者都包含了儀軌、唱誦、真言（短咒）、陀羅尼（dhāraṇi）（長咒）[21]。兩者也把對佛法的尊崇展現在佛塔（stūpas）、塑像、繪畫和聖物上。雖然很多大乘經典強調抄寫經典的重要性，但兩乘的修行者皆致力於抄寫經典的活動。

在十二世紀之前，在印度、有時候在斯里蘭卡，聲聞乘和大乘同時蓬勃發展。兩乘的修行者通常住在同一座寺院，接受相同傳承的出家戒，一起舉行律藏儀式（誦戒儀式）。他們分享許多共通的典籍和宗義，並辯論其中獨特不共之處。兩乘皆發展注釋的傳統，雖然這些闡釋有時候並不相同。在他們研讀的主要經典、修行意圖、勝義本質（究竟本質）、道及果的看法等領域方面，兩乘也有些許差異。在印度的大部分聲聞乘傳承，隨著時間、由於各種因緣條件——例如婆羅門在政治上的崛起、政府結構的改變、印度教（Hinduism）的盛行、出家眾較少參與在家人的生活——而消失。其後，很多這些相同的因素也影響到大乘團體。十三世紀初期，雖然佛教在印度大幅消失，但梵語和巴利語兩傳統卻廣泛地傳遍整個亞洲

密續的發展

直到六世紀為止，佛教密乘的教法是以一種慎重和私密的方式修持並傳承下來，接著便開始廣泛傳播開來。在九世紀，密續研究被認為是一種學術訓練（高深的訓練）。在那爛陀寺大學（那爛陀大學問寺），般若波羅蜜多教法是結合密續來修持的，顯示密續具有波羅蜜多乘這樣一個堅實的基礎，並不是和佛陀傳授的其他教法無關的一個獨立教法。

佛教密續在北印度蓬勃發展並傳至斯里蘭卡、東南亞和印尼，在當地已發現許多密續的文物。後來，當斯里蘭卡王和泰王下令讓上座部佛教成為主要的傳統，以及穆

斯林（Muslims，伊斯蘭教徒、回教徒）佔據並迫使大部分的馬來半島和印尼改信伊斯蘭教，密續便在這些地區逐漸凋零。

密續後來傳播至中國和西藏，而空海大師（Kukai）則於西元九世紀將其引進至日本，在該地以「真言宗」（Shingon school）著稱。由於密續公開傳播，與此同時也有很多佛教經典被帶到西藏，因此密續在當地逐漸大受歡迎。然而，佛教當時在中國已建立得非常完善，所以中國密續學派（密宗）並未廣為流傳。

印度教和耆那教雖也有密續成就者，但他們的密續體系和佛教的密續差異極大，後者根植於四聖諦、歸依三寶、出離輪迴之心、菩提心和瞭悟空性之慧（wisdom realizing emptiness）。

不幸地，由於缺乏正確的資訊，因此對密續存在誤解。這些誤解未來將會在此系列中有關密續的卷冊中加以釐清。

佛教大藏經

考慮到經典的數量龐大和確定其真偽的複雜程度，我們便可以理解大藏經形成的理由和實際編纂時牽涉到的困難。目前現存的佛教大藏經有三部：巴利語、漢文、藏文大藏經。幾個世紀以來，每一部都被翻譯成其他語言或以不同文字書寫。例如，藏文大藏經被翻譯成蒙古文[22]，巴利語大藏經被翻譯成英文，漢文大藏經被翻譯成日文和越南文。每一部大藏經皆被分成三「藏」（piṭaka），或是教法的範疇（類型），據說是對應於三增上學。律藏主要是關於出家戒律（śīla），經藏強調禪定（三摩地），而論藏則是與智慧（prajñā）有關。

巴利語大藏經

巴利語大藏經是最早編纂的，但如我們前述所見，它直到五世紀前都不是一套封閉的大藏經。其律藏有三本書，內容不只包含出家戒規，也有佛陀弟子們的故事；分別是（1）《經分別》（*Suttavibhaṅga*），包含了別解脫戒（pāṭimokkha precepts）；（2）《犍度》（*Khandhaka*），由兩部分組成：《大品》（*Mahāvagga*）

和《小品》（*Cūlavagga*）；（3）《附隨》（*Parivāra*）是附錄。經藏有五部尼柯耶或經典的合輯，敍述於下；而阿毘達磨（論）藏（Abhidhamma Piṭaka）則包括七部學者的作品，是巴利語傳統特有的。經藏的五個合輯是：

一、《長部》（*Dīgha Nikāya*），有三十四部範圍最廣的經典。

二、《中部》（*Majjhima Nikāya*），有一百五十二部中等長度的各種經典。

三、《相應部》（*Saṃyutta Nikāya*），有五十六部依相關主題區分章節的簡短經典。

四、《增支部》（*Aṅguttara Nikāya*），有十一個章節，每個合輯的經典，都帶有相同數目的各種法類。

五、《小部》（*Khuddaka Nikāya*），十五部不同的著作除了像《經集》（*Suttanipāta*）一樣包含經典的合輯外，《小部》還包含如《法句經》（*Dhammapada*）和《優陀那經》（*Udāna*）等著名的格言（諺語）合輯，如《本生經》傳說（*Jātaka tales*）的佛陀前世故事合輯，早期僧眾和尼眾的偈頌（gāthā），早期的注釋著作，以及如《佛種姓經》（*Buddhavaṃsa*）的過去諸佛的歷史。[23]

漢文大藏經

佛教在西元一世紀來到中國，大約比西藏早七個世紀傳入。最初從中亞取道絲路進入，之後則從印度和斯里蘭卡經由海路傳入。如前所述，佛教典籍在二世紀開始被翻成漢文。很多早期的翻譯採用道教術語，導致對佛教思想有些誤解。在五世紀，翻譯用語更標準化，特別是隨著鳩摩羅什（Kumārajīva）的文言翻譯之後。更多戒律典籍的翻譯也是五世紀初期的特色，它進一步促進了僧團的發展。

在九八三年，第一部漢文大藏經出版，隨後也出現其他譯本。現在的《大正新脩大藏經》（*Taisho Shinshu Daizokyo*）在一九二〇年代於東京出版，這套藏經常用於中國、台灣、韓國、日本和部分越南地區。它由四個部分組成：前三部——經、律、論（*śāstras*）——是從梵語和中亞語言譯成漢文。第四個部分是原本就以漢文寫就的各類典籍。

漢文大藏經包羅萬象且非常廣泛，內含為數龐大的經典，包括阿含經，它們對應巴利語大藏經中五部尼柯耶的前四部。阿含經不是由巴利語而是從梵語經典——主要來自於說一切有部——翻譯而來，雖然其中有些是從其他印度佛教部派而來。漢文大藏經包含很多初期很受歡迎但在藏文大藏經看不到的根本乘經典。它也包括了豐富的大乘經典和印度的注釋，以及一些密續典籍。其中有許多也可見於藏文大藏經中。起初，大部分的印度經典是從犍陀羅語譯成中文，直到五、六世紀才有更多梵語典籍運抵中國。玄奘法師在七世紀踏上知名的取經之旅，經由犍陀羅至印度和那爛陀寺，並在十七年後帶著上百部的典籍，特別是瑜伽行派（Yogācāra）的典籍返國。他譯自梵語的典籍現在也是漢文大藏經的一部分。

儘管主要的華語翻譯發生在較初期的幾世紀，但直到宋代（960-1279）和明代（1368-1644），對於重要的佛教典籍仍有持續的興趣與翻譯。而在二十世紀初期，則譯自其他國家——包括西藏——的佛教典籍。

藏文大藏經

佛教從七世紀開始出現在西藏時，西藏人便持續蒐羅佛教典籍，而正如我們今天所知道的，藏文大藏經經過布頓仁波切（Buton Rinpoche, 1290-1364）和其他學者費心編纂，於十四世紀初期稍具雛形。最早的全譯本（北京版西藏大藏經）是在一四一一年於北京印行。後來的幾個版本都在西藏本土刊印，尤其是一七三一－一七三二年的那塘版（Narthang）和一七三三年的德格版（Derge）。雖然今天有多種版本的大藏經，但整體的內容均非常類似。

藏文佛教大藏經是由「甘珠爾」（Kangyur）——一百零八函的佛語——和「丹珠爾」（Tengyur）——兩百二十五函的印度注疏——所組成。寧瑪派傳統的大藏經包含佛教初次傳到西藏的密續，因而和其他西藏傳統的藏經有些許不同。西藏的翻譯體系，通常牽涉一位印度譯者和一位西藏譯者聯合共事，此舉大幅提高翻譯品質。一些研究這些典籍的現代學者，觀察到這些源自印度資料的藏文翻譯通常非常精確。

藏文大藏經中大約有二十四部經典對應於巴利尼柯耶經典，以及一些在巴利語和漢文大藏經中缺漏，而在藏文大藏經中才能見到的聲聞乘經典。在藏文大藏經中約有上百部經典的標題沒有「大乘」一詞，這些很可能是聲聞乘經典，主要是說一切有部這個學派的。

在藏文大藏經中，大約十或二十部經典是從漢文藏經翻譯過來。[24] 其中有《金光明最勝王經》（*Suvarṇaprabhāsottama Sūtra*）、《大般涅槃經》（*Mahāparinirvāṇa Sūtra*）、《入楞伽經》（*Laṅkāvatāra Sūtra*）和幾部譯自《寶積經》（*Ratnakūṭa*）合輯的經典，都是非常重要的大乘經典。藏文大藏經中某些注釋，尤其是窺基（Kuiji）關於《法華經》的注釋和圓測（Wonchuk）對《解深密經》（*Saṃdhinirmocana Sūtra*）的注釋，都是從中文翻譯而來。

被譯為中文的波羅蜜多系列經典（Prajñāpāramitā sūtras）比被譯成藏文的更多，而且巴利語大藏經中有許多初期經典在西藏並未見到。為了豐富西藏修行者的理解，將這些經典譯成藏文是很重要的。

西藏大師們所造的有關修道次第的典籍，包含許多在巴利語經典和漢文阿含經中也可見到的資料。試想如果這些早期數量龐大的經典沒有被翻譯成藏文，西藏人如何能利用這些資料著書立說呢？世親的《釋軌論》（*Vyākhyāyukti*）、他自己對《阿毘達磨俱舍論》撰寫的注釋（*Abhidharmakośabhāṣya*）及他的《與〈釋軌論〉相關的百段經文》（*Vyākhyāyuktisūtrakhaṇḍaśata*），內含引自不同部派——包括〔早期〕上座部和說一切有部——上百部初期經典的經文。此外，安止天（Śamathadeva）關於《阿毘達磨俱舍論》的注釋，也包含許多引自各種初期經典的經文段落。[25] 道次第文獻中引用經典來源最多的其中一部著作，是寂天（Śāntideva）的《學集論》（*Śikṣāsamuccaya*）。被認為是龍樹所撰的《經集論》（*Sūtrasamuccaya*）也有許多經典引文。

此外，一些大乘經典也像初期經典一樣涵蓋相同的資料。舉例來說，《十地經》（*Daśabhūmika Sūtra*）解釋三十七道品，而由無著、寂天和其他偉大的印度學者所撰寫的注釋和論著則包含許多引自初期經典的經文段落。龍樹的《寶鬘論》（*Ratnāvalī*）和《親友書》（*Suhṛllekha*）也分享許多類似於巴利語經典的說一切有部所傳的經典資料。以這種方式，引自巴利經典和漢文阿含經的許多經文段落，透過印度偉大聖哲們的注釋和論著而得以傳入西藏。

某位西藏君王頒布一項法令，建立一個能使讀者立即辨認一部典籍是隸屬於三藏中的哪一藏的常規（慣例）。譯師們撰寫一段禮敬文，置於典籍起始處。向遍知一切的佛陀的禮敬，顯示典籍來自於律藏，與增上戒學（道德行為的更高層訓練）有關；向諸佛、菩薩的禮敬，顯示典籍屬於經藏，與增上定學有關；向體現智慧的文殊師利（*Mañjuśrī*）的禮敬，說明典籍出自於跟知識與智慧（增上慧學）有關的論藏。

律藏

漢文大藏經包含了五部初期部派的律：法藏部、化地部、大眾部、說一切有部及根本說一切有部，它也包含了覺音對律藏的注釋《一切善見律》（*Samantapāsādikā*）。藏文大藏經包含了根本說一切有部律，而巴利語大藏經則有上座部律。

經藏

在印度之外，有關菩薩修持的經典主要是以漢語和藏語傳播。漢文大藏經和藏文大藏經包括了《般若波羅蜜多經》、《寶積經》、《華嚴經》（*Avataṃsaka Sūtra*）、《維摩詰所說經》（*Vimalakīrtinirdeśa*）和其他許多大乘經典。兩部大藏經都有龍樹的《中論》及他的其他許多典籍。因為佛教生根於中國是在十一世紀西藏佛教復興之前的數世紀，這段時期，有許多後期印度典籍被帶到西藏並譯成藏文，因此，藏文大藏經包含了月稱（Candrakīrti）和後期中觀學者（Mādhyamikas）的著作，此外還有陳那（Dignāga）和法稱的因明（邏輯）著作，而這些在漢文大藏經都看不到。然而在二十世紀，偉大的漢文譯師法尊（Fazun）法師，將前述許多典籍從藏文譯成漢文，他也翻譯了許多宗喀巴大師的著作。

兩部大藏經都包含了唯識（Cittamātra）和中觀（Madhyamaka）觀點的著作，然而，整體而言，漢人依循異於藏人的唯識和中觀著作。在藏人社會中廣被研讀的彌勒《現觀莊嚴論》（*Abhisamayālaṃkāra*），雖然在漢文大藏經[26]中沒有收錄，而法尊法師也在二十世紀將其翻譯出來。

以漢文大藏經為根基，佛法傳至日本、韓國和越南。有賴於藏文大藏經，因此佛教得以在蒙古、俄羅斯的四個地區——圖瓦共和國（Tuva）、阿金斯基區（Aginsky）、布里亞特共和國（Buryatia）和卡爾梅克共和國（Kalmykia）——及喜馬拉雅地區發展。今天，漢語和藏語是最豐富且仍在使用的語言，傳遞了所有菩薩乘的修行和教法。

阿毘達磨藏

巴利語、漢文和藏文大藏經對論藏的起源和它所包含的典籍，有著不同的觀點。根據上座部的一個解釋，佛陀花了一個雨季，大約三個月的時間，在三十三天[27]為數千提婆（天眾）——包括佛陀出生一個星期後便過世的佛母摩耶（Maya）夫人在內——的天界，教授七部阿毘達磨著作中的六部。佛陀每天都會回到人間並對其弟子舍利弗（Sāriputta）重複他當日在天界所教導的內容。舍利弗於是整理這些阿毘達磨文獻資料，這些資料在第一次結集時被背誦並用口述方式流傳下來，直到第三次結集（大約在西元前二五〇年），被收錄在後來形成的巴利語大藏經。

根據傳統上座部的解釋，七部阿毘達磨典籍的其中六部是佛陀親說之語，而且佛陀本身也概述第七部典籍《論事》（*Kathāvatthu*），但目犍連子帝須（Moggaliputta Tissa）在下一個世紀才將它撰寫完成。

並非所有當代的上座部諸師都同意上述的巴利語阿毘達磨的起源。有些說這七部阿毘達磨是阿羅漢所說；其他則和學界學者的看法一致，認為它們是經由數世紀逐漸發展，之後才被併入巴利語大藏經。大部分的其他學派[28]則將他們大藏經中的阿毘達磨藏（論藏）視為後代學者的作品。在巴利語大藏經[29]中的這七部阿毘達磨著作，異於說一切有部派所傳的七部阿毘達磨。這七部說一切有部的阿毘達磨幾乎都被收錄在漢文大藏經[30]內，諸如《舍利弗阿毘曇》（*Śāriputrābhidharma Śāstra*）[31]、《大毘婆沙論》（*Mahāvibhāṣā*），和其他初期論典，包括眾賢（Saṅghabhadra）的那些著作，以及《解脫道論》（*Vimuttimagga*）。

雖然藏人知道有這七部說一切有部的阿毘達磨著作，但卻不認為它們是佛陀所說。這七部僅其中一部的部分內容被收錄在藏文大藏經的「丹珠爾」。屬於論藏中的某些段落，散布在藏文大藏經「甘珠爾」的其他經典中。藏人研讀的兩部主要阿毘達磨典籍是：世親所著的《阿毘達磨俱舍論》[32]，此論對《大毘婆沙論》作了總結，以及無著所造的《阿毘達磨集論》（*Abhidharmasamuccaya*），他以唯識的觀點[33]來撰寫。隨後的印度諸師所造的一些阿毘達磨典籍也出現在丹珠爾中。在漢文大藏經和藏文大藏經中皆可見到《阿毘達磨俱舍論》，但在藏文大藏經中則沒有《大毘婆沙論》。法尊法師在二十世紀將其由漢文譯成藏文。

上座部行者之間對阿毘達磨的重視程度並不相同。在斯里蘭卡和緬甸認為它很重要，但在泰國則並不那麼強調。

密續

密續是由顯現金剛總持或密續本尊形象的佛陀所說，它描述金剛乘（密咒乘）的修行。藏文大藏經包含了內容最廣泛的佛教密續合輯，以及印度成就者所造的密續注釋。雖然漢文大藏經包含了一些瑜伽部密續，例如《大日經》（*Vairocana Tantra*）和《金剛頂經》（*Vajraśekhara Tantra*），卻沒有任何無上瑜伽部密續。密續典籍似乎是在社會動亂期間傳入中國，因而未被收錄在漢文大藏經中。漢文大藏經包含了《阿彌陀經》（*Sukhāvatīvyūha Sūtras*）、《藥師經》（*Bhaiṣajyaguru Sūtra*），以及有關其他已在中國社會廣泛閱讀並修持達數世紀之久的那些菩薩的經典。雖然這些在中國被視為經典，但在西藏，前述這些菩薩的修持卻被收錄在密乘（金剛乘）裡。[34]

由這三部佛教大藏經的總結來看，顯然沒有一部大藏經能涵括所有佛陀教導的每件事或所有重要的注釋。儘管如此，對我們而言已經非常足以去鑽研、深思和觀修。證悟所需的教法都在這三部藏經當中了。一位德高望重的泰國上座部大師告訴我（卻准）：「有上座部和大乘二者，佛陀的教法即已完備，」而「大乘只是個名稱，上座部也只是個名稱。當我們瞭解空性時，便無任何事物可以執取。」

各種佛教傳統分享著許多共同的經典和修持。雖然每一個傳統皆有其獨有的特質，但我們不該把這些傳統看作是分離且彼此無關的。所有這三部大藏經所包含的佛陀教法，都必須同樣尊重。它們都包含了所要修持的那些教法。

哲學體系

佛陀滅度後的最初幾世紀，阿毘達磨諸師（Abhidharmikas）崛起並以他們發展複雜精細的現象分類學和探索現象之間的關係而著稱。內容包括了物質和宇宙的現象，而對於心靈層面的探索尤其深入，例如苦惱的心理狀態，以及禪定和深觀時的狀態。他們把焦點放在辨明構築有情經驗的基本要素上，而不是擺在對佛教教義建構更具內在凝聚力的闡釋。

哲學體系在隨後的數世紀出現，當對於經典本身沒有闡釋的主題生起疑問時，聖哲們便開始去解釋多數人所不明瞭的教法意義。這些注釋者並不認為他們的著作是對佛陀教法的新詮釋，而是對佛陀真正含義的深入解釋。他們認為自己是用一種詳細的形式來闡明佛陀簡略表達的形式。

造成不同哲學宗義體系的另一個原因，是由非佛教的邏輯學家和學者們提出的挑戰所致。辯論在印度是廣為流傳的一個習俗，辯輸者會被要求改變信仰至贏者的門下。佛教聖哲必須發展邏輯論證以證明佛教教義的真確性，並轉移非佛教學者們在哲學上的攻擊。著名的佛教辯論者，同時也都是偉大的實修者。但並非所有佛教修行者都對這種方式感興趣；許多人寧可在僻靜處研讀經典或練習禪修。

從哲學的觀點來看，藏人把佛教宗義大致分為四個總的體系：（1）毘婆沙宗（Vaibhāṣika，《大毘婆沙論》的擁護者），（2）經部宗（Sautrāntika，經典的擁護者），（3）瑜伽行或唯識（Cittamātra[35]，唯心），以及（4）中觀[36]（中道）。在《喜金剛密續》（*Hevajra Tantra*）中提及此四個宗派，顯示所有這四派在傳來西藏前已存在於印度 37。每個體系皆有更進一步的細分。

並非所有印度典籍都被翻成藏文，但也不少。其中，我們發現這些典籍代表著所有這四個宗義系統的哲學觀點，這些典籍代表了所有三乘之道，這些典籍也代表了經乘和密（金剛）乘兩者的修持方法。

5 佛法自成一體

如同前一章所示，佛陀為不同根性和喜好的聽法者開示了豐富多樣的教法。他教導了人天二眾、鬼神以及其他類型的眾生。

這些教法可以用多種方式做系統化分類，它們揭示教法是如何自成一體並相輔相成，讓我們對佛法有更深入的認識。一種是根據修行者的三種資質[1]，這將在第九章來討論。另一種是四部宗義體系[2]，已在前一章約略提及，在未來的卷冊中會再詳述。三轉法輪[3]又是另一種方式。本章一開始的重點擺在三轉法輪，接著轉向大乘經典的真偽[4]這個主題。在前一章中，我們已經運用學術方法對此進行研究了。現在，我們將從佛教修行者的觀點來審視它。

三轉法輪

「轉法輪」（turning the Dharma wheel）指的是佛陀開示教法來引導眾生在輪迴中獲得暫時安樂[5]，以及獲得究竟解脫和圓滿覺悟[6]。從梵語傳統的觀點來看，一如《解深密經》（*Sūtra Unraveling the Thought*）中所描述的，佛陀轉了三次法輪，每一次都是為了滿足一群特定弟子的需求。

初轉所說的教法形成了佛教三乘的修行基礎。同時，它們滿足了追求個人解脫的聲聞眾（śrāvakas）的特殊需求。初轉始於佛陀在印度鹿野苑的鹿園所做的第一次開示，期間他於四聖諦中解釋修心的主要架構。在描述第四諦——即道諦——時，他教授了三十七菩提分法，它建立了實踐四諦的步驟。三十七菩提分法與兩大訓練方法有關，第一個是通往寂止（心一境性），第二個則是生起勝觀（深刻理解）。為了將這三十七菩提分法放進三增上學的脈絡中，我們開始修習增上戒學以消除身語的粗俗、負面行為。在此基礎之上，我們修習增上定學[7]和增上慧學。

三十七菩提分法[8]可分成七組主要的修行：四念住、四正勤、四神足、五根、五力、七覺支以及八正道。在世親的《俱舍論》（*Treasury of Knowledge*）以及無著的《集論》（*Compendium of Knowledge*）當中，都把這些完善的修行與五道次第聯繫起來。因此，它們都是按順序來闡明。以下是世親的陳述。

第一組是**四念住**：身念住、受念住、心念住和法念住。當我們深入修習這四念法，我們將獲得更大的熱情和活力去從事有益的活動。這樣做會引導我們努力實踐**四正勤**[9]：已生惡令永斷，未生惡令不生，已生善令增長，未生善令得生。

透過持守戒律，好比避免造作惡業以及增長、造作善業，我們將發展出一定程度的清明頭腦和專注力。這樣做會引導我們修習第三組的**四神足**：欲神足、勤神足、心神足以及觀神足，這些法門可以增強我們在禪修中對特定對象保持專注一心的能力。

當我們能夠持續很長一段時間專注一心時，其他所有的善根都將會增強。我們將提升信、勤、念、定、慧的**五根**以及強化這五根的**五力**。當這些力量發展完全之後，我們將進一步修習**七覺支**——正念、擇法、精進、喜悅、輕安、禪定與等捨。這樣做會引導我們完全趣入佛道的核心，即**八正道**——正見、正思惟、正語、正業[10]、正命[11]、正精進、正念與正定。透過修習三十七菩提分法，我們的內心將得以轉化，我們也將從輪迴中獲得解脫。

第二轉法輪包含般若波羅蜜多系列經典，即佛陀開示圓滿智慧的教法。在詳細說明初轉時所概述的無我觀時，佛陀在此解釋一切法的自性存在皆空。他也闡明滅諦的含義即是根除煩惱的心性本空[12]。在對六度——布施、持戒、安忍、精進、禪定與智慧——給予詳盡的解釋時，第二轉也詳細說明為菩薩而設的道諦。在第二轉法輪中，聽聞經典的主要及適合的對象是已熟稔初轉教法並且追求圓滿覺悟的胸懷大志者。至於那些尋求個人解脫者，儘管他們不是主要的聽眾，這些教法也同樣適用，因為空性的全面論述對所有修行者來說是不可或缺的。這些經典多數都是在印度王舍城附近的靈鷲山所宣說。

第三轉法輪包含了兩類經典。第一類對道諦提供進一步的解釋，並對般若波羅蜜多系列經典所陳述的「一切法的自性存在皆空」提出不同的詮釋。第三轉的這些經典主要是教導、利益那些志求菩薩道，但對於自性存在皆無的這類教法仍非適合法器的修學者。倘若他們按照般若波羅蜜多系列經典的字面意思而採納信奉，他們將落入斷見，誤以為空性就是意味一切法都不存在。為了利益他們，佛陀宣講與諸法的不同本質——依他起性、遍計所執性及圓成實性——相關的無自性（niḥsvabhāva）。[13] 佛陀教導這些修學者不同的法有不同的自性空，而非思惟諸法毫無例外都是自性存在皆空。此類含括的經典如《解深密經》。

第三類的經典概括了第三轉開示的我們具有圓滿覺悟的潛能。這些經典闡述並發展出心的清淨光明本質與佛性。此類含括的經典如《如來藏經》（*Tathāgata Essence Sūtra*），它是彌勒（Maitreya）《寶性論》（*Sublime Continuum*）以及龍樹《讚頌集》（*Collection of Praises*）的依據。第三轉法輪是在印度的毘舍離（Vaiśālī）和其他地方宣說；主要的聽法眾包括尋求解脫以及尋求圓滿覺悟的兩類人。

總之，初轉法輪展示了佛教覺悟之道的基本框架，即四聖諦。第二轉則是更深入地探究第三諦滅諦，它需要從心的勝義本質，即自性存在皆空這個脈絡來理解。除了對於第二轉提出的心的空性有正確的見解外，還需要一個甚深的主體，即終止染污的瑜伽心。由此導向對第三轉中的第四諦道諦進一步的討論：了悟實相本性並根除染污的心識。透過我們對第二轉法輪所描述的空性慧的理解，以及對第三轉法輪所描述的佛性與心的本質的理解，兩相結合之下我們能對證得滅諦的可能性獲得真正的信念。

有些第三轉法輪的經典宣說佛性與空性的主觀經驗，以此建立了金剛乘教法的基礎，強調運用極細心去了悟空性。如此一來，早期的佛陀教法為後來發展更完善的教法主題奠定了基礎，而三轉法輪的經典則彼此相輔相成。

強調根本乘修習的初轉法輪教法，構成了巴利語傳統的核心所在。基於這些教法，佛陀開示了第二、第三次的法輪，則形成了梵語傳統的核心。在西藏蓬勃發展的佛教形式則涵蓋了這些教法。基於上述理由，我們西藏人相信它是佛法的完整形式，因為它包括了根本乘、大乘和金剛乘的基本教法。在根本乘中，無我通常是指不存在恆常、單一及獨立之我或掌控身心的自成實質存在的人這種精神體。在這些教義的基礎之上，大乘描述了菩提心的發展及包羅萬象的菩薩修行。除了人無我之外，也詳盡教授了法無我。金剛乘經典描述的特殊技巧則提高了這些菩薩的實修。

若是沒有把根本乘的核心教法當成基礎，宣稱自己是大乘佛教徒是毫無意義的。我們必須對佛陀的教法有開闊、包容性的理解，以避免產生錯誤的認知。如果不這麼做，我們就會遭受貶低佛陀教義的風險，不是說它們的範圍有限，就是說它們不可信賴。重要的是去了解這些乘及其教法都是相輔相成的。我們應該將這些教法的精髓落實到我們個人的修行中。

反思

一、初轉法輪的重點集中在四聖諦，它形成了三乘佛教修行的基礎。此外，它也具體滿足了希求個人解脫的聲聞眾的需求。

二、包含般若波羅蜜多系列經典的第二轉，闡述滅諦和道諦的意義，並廣泛的解釋六度。主要的對象是熟稔初轉教法並希求圓滿覺悟的求道者。

三、第三轉包含了兩類教法。第一類是解釋諸法的三類範疇各自的無自性；它是專門教導傾向於菩薩道但尚未準備好接受自性存在皆空這類教法的弟子。第二類則是解釋佛性和心的清淨光明本質，並引導弟子進入金剛乘。

大乘經典的真偽

第一次結集在佛滅度後不久召開，無論是大乘經典或是密續都未被諷誦也未被收錄在經典合輯中。由於大乘經典和金剛乘密續在梵語傳統中最初並未廣為知悉，因此後來人們對它們的真實性產生疑慮。

就我個人而言，我完全相信佛陀開示過這些經典。在這些最卓越的經典當中，般若波羅蜜多系列經典明確講授空性並隱晦講授菩薩道和覺悟的次第。根據傳統的說法，這些經典是佛陀所宣說的，但有鑒於當時的人們不是能完全領悟該教法的合適法器，於是它們被妥善保存於那伽（nāgas）國度，那伽是形似龍的眾生，以湖泊或溪流附近為棲息地。後來偉大的佛教聖者龍樹從那伽處取出經典並帶回人世間，至此經典在印度廣泛傳播開來。

根據這個說法，龍樹在世超過六百年。但我不相信龍樹這麼長壽。畢竟釋迦牟尼佛已經圓滿覺悟，他肯定有能力延長他的壽命，他卻沒有這樣做。因此，龍樹會活得這麼久似乎很奇怪，更何況這不大可能發生。對於他去那伽國度取回般若波羅蜜多系列經典一事，我並非全然相信，但我也不能否認它。有些人說般若波羅蜜多系列經典和其他大乘經典是後來才編造而成並歸功於佛陀。對我來說，這兩種解釋都是極端的。

龍樹出生於南印度，遊歷至菩提迦耶並住在摩揭陀（Magadha）一處學習中心，兩地都位於北印度。周遊各地期間，他一定有接觸到般若波羅蜜多系列經典然後著手把它們收集起來。龍樹是一位梵語學者，也是一位傑出的佛教僧侶。因此，他絕不打誑語。他知道有些人懷疑大乘教法的真實性，便運用推理論證來探究它們是否真實。由於龍樹只比佛陀晚幾百年出世，因此由他去研究並建立梵語經典的正確性，會比將近兩千六百年之後的我們更加容易。經過徹底檢視後，他確信它們是佛語。

龍樹的著作包含許多引自般若波羅蜜多系列經典的內容。他知道爭議是出於認識不足，因此當他在撰寫《經集論》時大量引用這些經典，並特別在《寶鬘論》下一番功夫去解釋為什麼這些經典是真實的。如果他對它們的正確性有疑慮，他就不會這麼做了。看到這些重要非凡的教法瀕臨消失的邊緣，他滿懷悲心闡揚它們，因為他知道當時以及後代的人都能從經典的智慧中獲益匪淺。

佛陀對一群特定僧眾講授般若波羅蜜多系列經典，據稱與會者也有菩薩和其他眾生。這些教法是在靈鷲山所開示，但該處場地太小其實無法容納所謂的大量聽眾。因此，我們必須從不同的層面，而非一般的情形來理解那些經典的傳遞。儘管有一些人類的弟子在場，但有許多聽聞教法的眾生是凡夫肉眼所看不見的。有些是大菩薩，比如觀自在（Avalokiteśvara）、文殊師利和普賢（Samantabhadra）。

聽聞這些教法的這群人類相對較少，再者這些教法在闡述空性上過於偏激，因此數世紀以來那些教法都是私下由老師傳授給學生，不為普羅大眾所知。雖然一般認為律和經是經由口頭傳遞的，但我相信般若波羅蜜多系列經典可能早就被抄寫下來了。儘管識字率並不普及，但可以肯定的是有一些比丘眾（僧侶）知道如何讀和寫。[14] 因為很少有人知道這些教法，所以它們幾乎銷聲匿跡。直到龍樹才開始接觸、複寫並傳播般若波羅蜜多系列經典。

上述鮮為人知的經典後來曾在佛教史上有過數次傳播。在文化大革命期間，西藏的許多典籍被摧毀。後來有人發現一部典籍，再從中製成多冊複本。透過這個方式，教法得以保存下來。同樣地，年份橫跨第四至十二世紀的經典和佛教文物被藏在敦煌石窟當中，直到二十世紀初才被發現並帶到大英博物館，那時候人們才知道它們的存在。以犍陀羅文寫成的、可以追溯至一世紀的經典被藏在陶壺中，也是近幾年才發現的。我覺得古印度可能也有過類似的事；般若波羅蜜多系列經典可能數百年較不為人所知，由於龍樹對它們感興趣並對我們起悲心才重新流行起來。

佛陀並未公開教授般若波羅蜜多系列經典和其他的大乘經典，因為它們不適合某些弟子，也就是那些只專注於個人解脫而非全體解脫的人。此外，偏好觀修自成實質存在的人無我者是不會對諸法性空的教法感興趣的。佛陀從不會將成佛的目標或中觀的空性見解，強加於他人。他尊重人們，並根據他們當下的習性闡述適合他們的觀點、路徑和成果，以便他們修習三十七菩提分法，了悟四聖諦，並在邁向阿羅漢之道上取得進展。

其他有能力或業緣看得見諸如觀自在、彌勒、度母（Tārā）和文殊師利這些菩薩的人。佛陀便為他們及一些天眾、非人和菩薩眾開示大乘教法。對於極少數身為適合接受密續教法的法器的那些人，佛陀化現成金剛總持（Vajradhara）和曼荼羅[15]（密續本尊安住其中的清淨處所）開示密乘教法。

如果我們承認釋迦牟尼佛的圓滿覺悟是由於三大阿僧祇劫所累積的功德和智慧，

那麼這些不可思議的事情就可能發生。然而，倘若如同巴利語經典中所描繪的佛陀，佛陀生來是一個尚未開悟的人，即使他變得更聰明、更有慈悲心，仍然不是無所不知，而且還有一個由煩惱和業力所成的身體，我不認為他能夠提出如此高深的教法。除了主張斷滅見或是享樂主義的順世外道（Cārvākas）外，印度當時所有的修道者和智者都相信靈魂或自我（ātman）的存在。佛陀覺悟前跟隨兩位老師學習，當時他們的才智無人能出其右，也認可自我的存在。有鑒於此，一個普通人要靠自己去發現無我是極為困難的。

此外，在佛出世近兩千六百年後，數百萬人從他的教法中受益。許多人了悟空性並證得阿羅漢及佛果。我不認為有人以未開悟為始卻能在那一世對世界有這樣的影響力。同樣地，我不認為世界上其他偉大宗教的創始人都是普通人。他們也可能是佛陀的不同示現。佛陀的示現不一定要教授佛法；他或她會教授當時最適合聽聞者的內容。普通人對教法的看法，會隨創教者辭世而有所不同。大多數的學界學者則將宗教中的智慧視為人類的知識，亦即隨著時間推移而演化、每一世代會將所習得的知識往上一世代累積。而我的看法不同。我認為幾個世紀以來能夠造福人類的那些主要精神傳統，都是由具備非凡的精神智慧和慈悲心的某人開始，並且透過他們自己的精神體悟來教導其他人。

梵語傳統中所提出的無我觀和涅槃觀是非常複雜的。在巴利語經典中，佛陀主張涅槃是存在的，並且可以透過斷除導致投生於輪迴的煩惱和染污業而證得。但他並未深入分析無我觀的確切含義，特別是諸法無我，或者是所要否定的自我的細微特徵。這樣的分析有助於理解滅諦和涅槃的確切含義。為了利益他的弟子，他需要廣泛解釋自性空，因此他給予第二轉法輪的教法。此外，由於菩薩道只在初轉法輪時做了簡單說明，所以佛陀在第二轉和第三轉法輪時闡述這些教法。

有人可能會懷疑：「所謂無我的甚深教法以及菩薩道和最終成佛的廣大教法，或許不是佛陀傳授的，而是他的弟子後來才創作的。」如果我們說佛陀不曾演說大乘佛法，那他必然是開示了一個尚未發展的教法，而後由他的弟子完善它並深化它的見解。這就意味著他的弟子比佛陀本人更有卓見又更有智慧！對我來說，這令人難以接受。依我看來，佛陀住世時已經教導過成佛之道的所有要點了。印度和西藏的論師在此後的幾個世紀中揭示了這些要點的意義和弦外之音，並進一步詳述它們或將之體系化，以便為未來世代闡明其意義。

如果大乘經典不是佛語，那便意味菩薩道的完整教誨在我們的世界並不存在。少了這些教法，成佛就不可能實現，而過去兩千六百年來數百萬人努力實踐修道就會白費了。

然而，過去幾世紀以來人們生起菩提心，並了悟了一切現象的空性。許多精神高度發展的人——某些西藏和中國的禪修者以及阿姜曼——都有過親睹諸佛、菩薩顯現的可靠經歷。這些人都是有道德良知和智慧的人，他們不說妄語。[16] 因此，這些聖者必然存在，而闡明如何和他們一樣成就證悟的經典必然是佛陀所說。主張圓滿覺悟之道存在，卻又宣稱講授如何證悟的教法是由佛陀以外的人杜撰而成，豈非怪哉！

大乘的動機是希求利益一切眾生而成就圓滿覺悟，與六度的大乘之道、圓滿成佛的大乘目標都是不可思議並能利益一切眾生。它們有什麼可批評的呢？宣稱佛陀並未教授大乘又有什麼意義呢？

我不贊同西藏佛教文獻中有關佛法歷史的所有字面記載。其中一些顯然是偏見。我很感激西方歷史學家試圖秉公去分析歷史事件。話雖如此，我認為僅僅從學術界學者的觀點來審視佛教歷史將言過其實了，尤其他們當中的大多數人只承認這一世的存在。依他們的觀點，佛經中提到的許多事物是不可能發生的。然而，就一個包含輪迴信仰及心智能力得以完全淨化並變得無所不知的世界觀而言，我們的歷史觀也會隨著人類經驗範圍的大幅擴展而改變。就我個人而言，比起思考佛陀是誰及他的能力為何，我寧可去思考我所接受的見解中什麼才是看起來最合理的。

總之，由於釋迦牟尼佛已圓滿覺悟，他知道不同聽法眾的心性資質，因此能應機教授適合他們的法。但因為佛陀時代接受大乘教法的求道者人數甚少，於是佛陀只把這些教法傳授給一小撮人。這些教法保存在少數人手中，幾近消失。龍樹特別努力地蒐集教法並講授教法，因此他以「開轍師」17著稱。

就個人而言，我（卻准）是從與上述不同的觀點來看待真實性的爭議。我是歷史學系畢業的，我知道文字記載的歷史是很片面的，無論是從史料的不完整，還是撰史人憑一己之見詮釋的意義上來說都一樣。

多年來我有幸學習大乘經典和論著。儘管我的學識和理解力有限，當我用推理檢視這些教法時，它們對我來說是言之有理的。當我把它們運用到生活中時，它們也產生有益的功效。如此深入又有效的教法如果不是由佛陀這樣的圓滿覺悟者所開示，還有誰有能力這樣做呢？肯定不是能力受限的有情眾生。簡言之，我學習這些經典的經驗只會加深我確信它們是佛語。雖然我樂於學習佛教歷史的不同觀點，但是我的信仰並非以其為基礎。

龍樹論大乘經之真偽

龍樹提出論證分析來證明大乘經典的真實性。[18] 他主張如果圓滿覺悟之道僅由三十七菩提分法所組成、而不提及菩提心和菩薩行，則除了完成所需的時間不同外，通往阿羅漢果位的聲聞或緣覺之道和通往圓滿覺悟的佛道之間，將沒有多大差異。希求獲得阿羅漢果位的人只要幾世便可以達成目標，但依循通往佛果的菩薩道則需累積三大阿僧祇劫的福德和智慧。

此外，構成根本乘的早期契經主張：當一位證得般涅槃（parinirvāṇa）的阿羅漢示寂之時，此人即證得「無餘涅槃」。在那個時候，染污的身心諸蘊（aggregates）的相續據說都會停止。不過，如果我們仔細去分析，阿羅漢的心相續會在示寂時完全停止，這是毫無道理的。根本沒有一個主體或對治者可以讓意識的相續停止。根據事物的自然運作，如果對某物有一個強而有力的對治者存在，那麼它便能夠消滅該物，如同水能夠熄滅火一樣。既然煩惱不住於俱生光明心的相續中，因此當了悟無我的智慧消滅煩惱時，俱生光明心的相續依然會存在。

倘若一位阿羅漢的心相續在示寂時停止了，那麼累積三大阿僧祇劫的福德和智慧後才圓滿覺悟的釋迦牟尼佛將只能在很短的時間內利益眾生了。他在二十九歲放棄了皇室的生活，在三十五歲圓滿覺悟，而在八十一歲入滅。因此，他能夠圓滿誓願行利生事業的時間便只有四十五年。試想他為了利益眾生而在三大阿僧祇劫精進修行，成佛之後卻只有幾十年的時間去圓滿誓願，這是說不通的。

龍樹在《寶鬘論》（RA. 386–87）中解釋，巴利契經中提到的「盡」與大乘經典的「無生」含義相同。兩者皆是空性。「盡」指的是苦及有漏諸蘊的自性本空[19]，「無生」則是意味諸法並非以自性的方式生起。對於三乘修行者而言，對於盡的理解和對於無生的理解都是指證悟空性的智慧，皆是不可或缺的解脫之因。既然如此，為什麼還有人抨擊教授此法的經典呢？

龍樹感到詫異為什麼人們會懷疑大乘經典的真實性（RA 380–82）：

大乘主張的特質，

即是布施、持戒、安忍、精進、

禪定、智慧和悲心；

它怎會包含錯誤的說法呢？[20]

他人的目標是透過布施和持戒而達成；

自己的則是透過安忍和精進；

禪定和智慧則通往解脫，

此即總結了大乘教法。[21]

簡言之，佛陀的教法包括了

利益自他以及〔臻達〕解脫〔之法〕。

這些主題均包含在六度當中。
因此，它們也是佛語。[22]

六度作為大乘菩薩道的核心內容，是所有存在於大乘中的修行方法的延伸，是有益世界的價值及修行。佛陀在早期的契經中扼要說明這些主題，而在大乘的經典中則加以詳細說明，以便給予菩薩根器者所需的完整教誨。這些人也需要學習菩薩的恢弘誓願、廣大的菩薩行以及菩薩的功德迴向。如果佛陀不曾教過它們，有誰能夠呢？正如一個沒有開悟的人不可能教授大乘的精妙教法，更何況此人能杜撰出大乘的廣大及甚深教法。它們一定是佛語。

龍樹建議，那些對修行菩薩道需花費很長時間才能圓滿而感到不舒服的人，或者是質疑大乘經典中描述的佛陀具有善妙功德的人，不要妄下斷言而且不抱持成見。這樣做不會有任何損失，而且保持中立能保護人不遭受毀謗教法所產生的負面影響。

龍樹以這種方式證明了揭示成佛之道的大乘經典的價值和真實性。梵語傳統的教法不僅不會和巴利語傳統的核心教法有所牴觸，而且事實上，還對其中的主題加以詳盡闡述。彌勒的《大乘莊嚴經論》、寂天的《入菩薩行論》（*Bodhicaryāvatāra*）以及清辨的《中觀心論》（*Madhyamakahṛdaya*），也確認大乘經典的正當性。

反思

一、在梵語傳統中發現的大乘經典廣為人知的時間要比編成巴利聖典的契經要晚，因而人們對它們的真實性存有疑慮。

二、深思能讓尊者和龍樹確信這些教法是真實並且將導向無上覺悟的理由。

三、當你持續學習梵語傳統時，試想唯一能夠傳授如此廣大及甚深教法的人肯定是圓滿覺悟的佛。

佛經是否皆出自佛語？

在巴利聖典中，阿羅漢和其他的佛陀聖弟子傳講了一些契經。在梵語經典中也一樣，教法的主要講說者不是佛陀，而是其他的佛或是菩薩。據說在《心經》（*Heart Sūtra*）當中，佛陀鼓勵舍利子（Śāriputra）提問而後觀自在回答。他的回答被認為是佛語，即令人驚嘆的般若波羅蜜多系列經典的綜述，儘管並非是佛陀直接宣說。同樣的原則也可用來說明大乘經典就是佛語，即便它們是在佛陀住世後的數世紀才廣為人知。

在巴利傳統中，也可以找到在其他時代或由其他人所述的佛語概念。覺音在《殊勝義注》（*Aṭṭhasālinī*）中說，身為巴利聖典中七論之一的《論事》（*Kathāvatthu*）即是佛語，儘管它是由目犍連子帝須在西元前二五〇年左右編纂而成。覺音說道：

> 如今，當〔佛陀〕制定了綱目後，他預言在他入滅兩百一十八年後，目犍連之子帝須將坐在一千名比丘當中，詳細闡述《論事》到《長部》的分量（即分量與《長部》一致），其中匯集了五百部正統及五百部非正統的契經。所以，目犍連之子帝須並不是憑他自己的學識來闡述這本論，而是根據導師所制定的綱目以及所教授的法門。因此，這整本書便成了佛語。23

同樣地，在《增支部》（*Numerical Discourses*）（AN 8:8）中，據說鬱多羅比丘（Bhikkhu Uttara）告訴其同伴僧侶們：「朋友們啊！對比丘來說，時時刻刻省察自己的過失，真是太好了。對比丘來說，時時刻刻省察他人的過失，真是太好了。對比丘來說，時時刻刻省察自己的成就，真是太好了。對比丘來說，時時刻刻省察他人的成就，真是太好了。」

多聞天王（Vessavaṇa）無意中聽到此話，便向天界之主帝釋天（Sakka）請教此事。帝釋天找上鬱多羅比丘，詢問他這是他自己領悟出來的還是佛陀所說的。鬱多羅面帶笑容回答：「假設距離村莊或城鎮不遠處有一大堆糧食作物，有一大群人使用扁擔、竹簍、腰袋以及雙手捧著拿走它們。」如果有人走近那一大群人並問道：『你們從哪裡得到這些穀物？』他們該怎麼說呢？」

帝釋天答覆：「他們應當說：『我們是從那一大堆的糧食作物那裡拿到的。』」

鬱多羅繼續說道：「天界之主！同樣的道理，任何善說全都是世尊．應供．正遍知之語。我自己和其他人說的嘉言都是由他而來的。」

通達佛陀思想的佛弟子所說的皆是佛語。從這個觀點來看，由佛陀以外的聖者們所宣說的大乘經典也可以視為佛語。它們確實符合且不違背佛陀在巴利經典中所說。

四種真確性[24]

薩迦派的道果（Lamdre）教法講授四種真確的要素，幫助我們對佛陀的教法產生信心並於正法中成長：真確的佛經[25]、真確的注釋[26]、真確的教師[27]、真確的體驗[28]。

依歷史演進的觀點，佛所教導的真確經典首先出現。在此基礎之上，許多真確的注釋——由龍樹和其他偉大智者撰寫、解釋佛陀密意的許多論典——被撰寫出來。基於對這些真確注釋的研究，領悟真確注釋要旨的真確教師應運而生。在真確教師教學的基礎上，修行者心中的真確體驗會增強。

從以這四種真確要素來培養堅定信念來說，順序則相反。我們從我們自己的體驗開始，從中推論出教師的真確性、注釋的真確性，以及最後佛語的真確性。以我為例，理解這點對於培養佛陀及其教法的信仰和信心非常有用。

我在佛法上的些許體悟，對我的生活很有幫助並讓我內心平靜，是來自於聽聞了我的老師的教誨；有的時候則是出於學習注釋，好比龍樹和無著的著作。如果我受了一個沒有提及這些老師和注釋的教育，這些經歷便永遠不會發生。因此，我自然而然讚嘆並敬重這些老師和注釋，而透過自身經驗，我知道宗喀巴大師以及跟隨他的偉大禪修者的教法確實非常棒。宗喀巴大師對龍樹及其著述非常敬重和讚嘆，加上我自己研習龍樹的著作，這激勵我去敬重龍樹及其論典。而龍樹則對佛陀高度讚揚，因此，最終我的敬重和讚嘆必定會歸於佛陀，他是我們真正的老師。他是覺悟之道上真正值得信賴的嚮導。因此，當我碰到佛陀的教法中有關極隱蔽的主題 29 時，我都相信它們。

雖然我們可能沒有任何超乎尋常的精神體驗，但我們每個人都有過普通的經驗。深思菩提心的教法會強烈影響我們的內心與心智，禪修空性的教法會引發我們洞察力的改變。雖然這些並非圓滿的證悟，但它們卻是能給予我們些許證悟滋味的精神體驗。

根據這些初步的體驗，我們對偉大修行者傳記中描述的禪修開悟會有一個概念，並用這種方式對這些偉大教師的真確性增長信念。這引導我們對這些教師所仰賴的、由過去賢哲所撰的注釋建立信任並感到敬佩。讚嘆這些闡述教法的注釋，會驅使我們相信佛陀的經教本身的真確性。龍樹在《中論》（*Treatise on the Middle Way*）中頂禮佛陀，稱讚他是一位透過揭示緣起而教授諸法實相本質是自性存在皆空的人。此論快結束時，龍樹再度頂禮佛陀，稱他是為了一切眾生而展現悲心者，正因為如此，他揭示了佛道來幫助我們克服所有的哲理謬見。深思這些禮敬能讓我們運用聖教比量[30]，這是一種能讓我們對無法以其他可信認知方式理解的隱蔽教法其真確性生起信心的比量。在佛教認識論中，比量終歸必須建立並回溯到現量[31]之上。既然如此，根據我們初步的精神體驗，我們便可以推斷這些大師們的精神體驗、他們所仰賴的注釋，以及最終的佛語的範圍和內涵。

反思

一、思考佛法的發展要按順序進行，從佛陀傳授的真確經典開始，進而得出印度大師所撰的真確注釋。接著，再引導出真確師長的出現，透過他們講授教法，讓他們的弟子有望實現真確的禪修經驗。

二、為了在這四個要素中建立起信念，要逆向思考。從你曾有過的任何佛法小體驗開始，然後去推斷存在於大禪師心相續中的真確禪修經驗。這將引導你對這些注釋的真確性有信心，進而將激勵你對佛陀的經教有信心。

四種佛身

如果我們有一定程度的禪修經驗，我們就能夠把禪修體悟的故事和大禪修者的傳記聯繫起來。這些故事會給我們些許感受，那就是高階的禪修經驗也許是可能達成的。接著，這引發我們去讚嘆佛陀不可思議的善妙功德。如果我們只用一般用語去思考佛陀的覺悟，要理解他的殊勝德行是困難的。按照通俗的史觀，悉達多・喬達摩出生時是個凡人。六年的時間裡，直到他開始在菩提樹下禪定以求覺悟起，他經歷了覺悟之道，從加行道到無學道。[32] 雖然看到佛陀身為凡人在此生證悟十分鼓舞人心，但從另一個觀點來看這似乎受到了限制。

從大乘的四種佛身教義架構中來審視佛陀的覺悟，則提供了不同看法。在這個語境中，「身」不是指肉身，而是諸種特質的聚集。四身就是應化身（nirmāṇakāya）[33]、受用身（saṃbhogakāya）[34]、智慧法身（jñāna dharmakāya）以及自性法身（svabhāvika dharmakāya）。應化身是佛依特定弟子的根器和需求所示現的凡夫之身。應化身來自一個更微細之身，即受用身，它是佛為了在淨土中教授聖位菩薩而示現的形態。受用身進而源自於佛的一切智心，即智慧法身。智慧法身則基於實相的本質，即佛的自性法身而生。這就是佛心的空性及佛所證悟的究竟滅諦。佛心及其空性合稱「法身」，因為佛智是究竟道諦，而佛心的空性是究竟滅諦。

依逆序的方式來思考這點，會讓我們對釋迦牟尼佛有更深層的認識。被視為是空性和滅諦的自性法身是勝義諦，它與智慧法身，亦即清楚直接了知所有勝義和世俗現象的佛的一切智心，是無二無別的。在悲心的驅動下，從自性法身和智慧法身二者的結合出現了更細微的色身，即受用身，他能教導高度證悟的菩薩。為了教導其他心念更受蒙蔽的眾生，應化身便從受用身中顯現而生。這便是佛陀的外貌，化現為凡人而能夠與普通人溝通和互動。釋迦牟尼佛就是這樣的應化身。由於他從受用身出現且最終來自於法身，因此他入滅後並不會不復存在。他覺悟的心相續依然存在。這表示如果我們內在的禪定經驗達到一定程度，我們將能夠見到佛陀並與之交談。從佛陀的角度來看，他總是有求必應，只不過由於我們欠缺功德和禪定經驗，因此我們無法見到他。舉例來說，微生物存在已久，但直到發明了顯微鏡我們才得以看到它們。當我們往內心發展，我們也能夠看見迄今為止無法用我們有限思惟方式解釋的事物。

最初，大師傳記中描述的經驗，好比在淨觀中接受佛陀所開示的教法，似乎超出我們的想像。雖然我們用理性的思考方式很難理解它們，但這些特殊禪定經驗確實在我的生命中發生過幾次。大禪修者達隆夏仲法王（Taklung Shabdrung Rinpoche, 1918-94）曾經告訴我，當他將達隆噶舉傳承的修法灌頂傳給頂果欽哲仁波切（Dilgo Khyentse Rinpoche）時，他直接看到了一個景象，也就是當他在給予灌頂時，該特殊修法的傳承大師栩栩如生地出現在房間橫樑上。達隆夏仲法王告訴我這件事時，已是年邁的老喇嘛了。他在中國遭受多年的牢獄之災，他應該不會試圖讓我刮目相看而撒謊或吹噓他的經驗。

幾年前我遇到了來自西藏娘戎（Nyarong）[35] 地區的修行者阿秋堪布（Khenpo Acho, 1918-98）的學生和同事。阿秋堪布是寧瑪派的修行者，曾在格魯派的色拉寺學習，後來他過著離群索居的生活。他主要的修行是念誦觀自在菩薩心咒「唵嘛呢唄咪吽」（Oṃ maṇi padme hūṃ），儘管他也修持了金剛亥母（Vajrayoginī）和普巴金剛（Vajrakīlaya）。跟他要好的學生和同事告訴我，在他離世前曾要求他們不要觸碰他的身體並在他死後緊閉房間。大約一個禮拜後，當他們打開房門時，發現他的身體已融入虹光之中，只剩他的僧袍遺留下來。

雖然在印度的西藏大師住世時不曾展露神蹟，但有些卻會在死亡時展現神蹟。我的老師親教師林仁波切（Yongzin Ling Rinpoche）在一九八三年辭世，當時他安住在淨光狀態中十三天，沒有任何身體腐壞的跡象。幾年後，一位薩迦派住持安住在淨光中十七天。這些超乎常人的經驗不僅過去的大師傳記中有記載，現代也有。

阿姜曼尊者是一位備受敬重且證量極高的僧侶，也是泰國森林傳統的禪修者，他曾在禪定中見過釋迦牟尼佛和阿羅漢。許多修學巴利傳統的人宣稱，釋迦牟尼佛在般涅槃時即不復存在了，儘管如此，阿姜曼尊者卻清楚見到他被許多阿羅漢圍繞。當我們的煩惱心被淨化後，這樣的經驗是可能達到的。

對於上述提到佛陀的不同解釋，我們毋須感到疑惑不解。我們不必去選擇一個看法而放棄另一個。在特定時間內，這樣或那樣的看法反而可能會特別有用。當我們感到灰心喪氣並認為成佛目標太崇高、佛道修行太艱難時，我們的自信心是不足的，這時將佛陀想像成經歷過包含工作和家庭生活在內等問題的普通人是很有幫助的。他選擇努力修行正法並證得佛果。我們明白我們和他都是一樣的眾生，我們也同樣擁有證得圓滿覺悟的潛能。

平時，將釋迦牟尼佛看成很久以前就已證悟，並且是以應化身示現在我們世界的一個人會更有幫助。這種看法讓我們感受到來自諸佛、菩薩的關懷和守護，他們為了利益眾生出現在不可稱量的世界中。這些證悟者早已成辦我們所希求的目標，並且能夠指引我們踏上這條道路。

我們也可以將佛陀想像成是一切善妙功德的有形化身。由於我們人身的條件限制無法直接看見不可思議的覺悟功德，他們便以佛陀的身形出現，與我們交流。

要認識西藏佛教，我們必須透過那爛陀寺的大師們將根源追溯至佛陀時代。當大乘佛教在印度流傳得愈來愈廣時，便興建了像那爛陀寺這樣大型的佛教大學。這些佛教大學吸引了來自所有哲學體系的傑出學者以及備受尊重的修行者。雖然龍樹和他的學生聖提婆或許在那爛陀大學興建之前即已活躍，但他們的教法卻在那裡受到研究和辯論。出自於他們的甚深見傳承（profound lineage）大力宣揚勝義本質的教法。這些包括了佛護、清辨（Bhāvaviveka）、月稱、寂天、寂護（Śāntarakṣita）及蓮華戒（Kamalaśīla）的著作。強調修菩薩行的廣大行傳承（vast lineage）也在那裡蓬勃發展，包括了彌勒、無著、解脫軍及師子賢（Haribhadra）的教法。陳那和法稱有關邏輯及論證的教法，能讓佛教徒反駁非佛教徒的錯誤知見，也在那爛陀蔚為風潮。同樣也研習功德光（Guṇaprabha）和釋迦光（Śākyaprabha）所解釋的毘奈耶 36——僧伽戒律。世親和安慧（Sthiramati）則闡述阿毘達磨。

佛法在松贊岡布（Songtsen Gampo，約 649）在位期間 37 初次進到西藏。在他的妻子當中，尺尊（Bhṛkuṭī）是尼泊爾公主，文成是中國公主。兩位都帶來了佛像。尺尊還帶來了梵語傳統的佛經，文成則帶來了漢語的佛經。

佛教在赤松德贊王（King Trisong Detsen，775-800在位）時期發展興盛。赤松德贊對佛法的發展頗有遠見卓識，邀請寂護從那爛陀來到西藏，他是偉大的僧侶、中觀學派的學者和論師。雖然寂護到西藏的時候已經七十多歲了，他仍全權負責境內戒律和僧團體制的建立。他為七名西藏男子授出家戒，看他們能否守好波羅提木叉戒[38]。這個嘗試很成功，於是在七七九年建立了桑耶寺（Samye Monastery）。寂護除了教授中觀學說，還遊說藏王將梵語寫成的佛經翻譯成藏文，好讓人們可以使用自己的語言學習佛法。赤松德贊也邀請了偉大的密續瑜伽士蓮華生大士（Guru Padmasambhava）到西藏來，傳授密續的灌頂和修法，並調伏了佛法傳播的干擾。當我想到這些大師費盡千辛萬苦將佛教帶入西藏，我內心就很感動。我們應該對過去建立起我們現有學習體系的那些大師深表謝意。

九世紀之初，許多佛教典籍被翻譯成藏文，一群西藏和印度的學者接受委託將許多術語標準化並編纂一部梵藏詞典。然而，在朗達瑪王（King Langdarma，838-42在位）的統治下佛教慘遭劇烈迫害。在這段期間，作為佛教的修、學中心所在的寺院幾乎被毀滅殆盡。由於僧眾不能再一起生活，從老師到學生的佛法延續被中斷，典籍被肆意丟棄，修行變得七零八落，得和一群人在一個地方研讀經典教法，而和另一群人在另一個地方實修密續。如此一來，人們不再知道如何以互不牴觸的整合方式修學所有不同的教法。

智光王（King Yeshe Ö）延請偉大的阿底峽尊者到西藏解決此一困境。他在一〇四二年抵藏，然後四處弘法，並糾正經典和密續教法中相互矛盾的錯誤看法。阿底峽寫下了《菩提道燈論》（*Bodhipathapradīpa*），揭示一個人如何能夠用有條理又不矛盾的的方式修學經典和密續。因此，人們開始明白律藏的戒律、波羅蜜多大乘[39]的菩薩典範以及金剛乘的轉化修習[40]可以用彼此互補的方式修學。寺院再度重建，佛法得以在西藏興盛起來。

在阿底峽之前於西藏建立起的佛陀教法被稱為寧瑪派或是舊派。十一世紀開始進入西藏的新教法傳承則被稱為新派，它們慢慢形成噶當（Kadam）（後來發展成格魯）、噶舉及薩迦等派別。

這四派全都可以追溯至那爛陀時代。寧瑪派傳承源自於寂護和蓮華生大士。噶舉派來自於那若巴（Nāropa），他是一位偉大的瑜伽士，更早之前曾是那爛陀的班智達學者。西藏譯師瑪爾巴（Marpa）前往印度並將他的傳承帶回西藏。薩迦派是透過毘魯巴（Virūpa）引進西藏。他最初是精通唯識學（Cittamātra philosophy）的那爛陀學者。他有過許多次的神祕感應，有一晚糾察僧聽到他的房內有女子聲音，打開門一看，有一群女性密乘行者在裡頭。她們實際上是喜金剛密續的十六位空行母（ḍākinīs，證悟極高的女性密乘行者）。因為違反了寺院戒律，這位法護（Dharmapāla）比丘被逐出寺院，而成為瑜伽士毘魯巴。阿底峽來自印度的超戒寺，但是他被視為是屬於那爛陀的傳承，因為兩寺的課程是一樣的。

西藏四個教派都以相近的方式提出波羅蜜多大乘的修行次第[41]，從他們對此主題所造的重要西藏論著可見一斑。以寧瑪派來說，隆欽巴（Longchenpa，1308-64）所撰的《心性休息論》（*Mind at Ease*）及注釋《大車疏》（*Great Chariot*）類似阿底峽的《菩提道燈論》，尤其是在綱要和整體結構方面。寧瑪派大師紮．巴楚仁波切（Dza Patrul Rinpoche，1808-87）寫下《普賢上師言教》（*Words of My Perfect Teacher*），噶舉派大師岡波巴（Gampopa，1079-1153）著述《解脫莊嚴寶論》（*Ornament of Precious Liberation*），薩迦派大師薩迦班智達（Sakya Paṇḍita，1182-1251）著作《牟尼密意顯明論》（*Clarifying the Sage's Intent*），格魯派大師宗喀巴（1357-1419）撰寫《菩提道次第廣論》（*Great Treatise on the Stages of the Path*）。[42]

西藏佛教不同宗派之間有豐富的辯論傳統。舉例來說，有些人認為宗喀巴關於空性的著作是他自己的創造發明。但事實上，它們皆深植於龍樹的著作；他談論的每一個重要論題都是以龍樹為依歸。我發現其中有些解釋和薩迦、噶舉及寧瑪大師的說法略為不同，但差異並不大。

西藏的格魯派、薩迦派、寧瑪派和噶舉派之間主要的區別，在於他們修密續時依止的本尊不同。寧瑪派主要依止的是普巴金剛，薩迦派是喜金剛，噶舉派是勝樂金剛（Cakrasaṃvara），格魯派是密集金剛（Guhyasamāja），覺囊派（Jonang）則是時輪金剛（Kālacakra）[43]。他們對前行教法至密續修習的解釋都非常相似。關於培養慈愛、悲心、菩提心和六度的法門，全都是依止彌勒和無著的傳承。他們對空性的闡釋都深植於龍樹及其追隨者的著作中。

身為大學者和論師，寂護將運用推理論證檢視教法的過程介紹給他的學生，從那時起到現在，西藏人除了觀想外還投入到嚴謹的研習和辯論中。隨著西藏的學者型修行者聞、思、修佛語及偉大的印度論典與注釋，西藏開始擁有完整的那爛陀傳承。

我把西藏佛教稱為那爛陀傳統有兩個目的。首先，這表示西藏佛教並不是喇嘛教（Lamaism），這個名稱是從前西方遊客前往西藏這麼稱呼我們的。喇嘛教暗示著教法是由假裝是佛的喇嘛所創造，以及暗示人們崇拜他們的喇嘛[44]。這個名稱引起相當多的誤解。其次，許多西藏人不知道他們自己的教法和修行方法的起源，只是一味的追隨他們自己的上師或是遵循由自己寺院老師所寫的著作。他們缺乏更豐富的學識以及更開闊的視野。在那爛陀寺，他們除了要研讀不同佛教宗派體系的教法外，也要學習非佛教的思想。他們用這樣的方式培養批判性思考並獲得真正的知識；只是閱讀一部經論或是鑽研單一體系無法帶來那樣的結果。最優秀的老師必須飽讀詩書並精進修行，教學時才能夠面面俱到。

由於印度當時那爛陀和其他大型寺院大學興盛的社會背景，他們的學者型修行者主要把注意力放在破斥外道的錯誤知見上。不過，當絕大多數的西藏人成為佛教徒後，西藏的學者型修行者便理所當然認為他們的信眾是佛教徒了。基於這些原因，儘管印度聖哲所寫的著作是用推理論證去駁斥錯誤知見，但是阿底峽強調要將這些佛教修行的知識融入日常生活之中。現今的信眾比以前更加多樣化，因此駁斥錯誤知見的推理論證和調伏內心的修行技巧，二者皆需注重。

有些人會誤解西藏的、特別是金剛乘的修行方式，視其為一種有別於其他佛法、不公開的修行方式。多年前我首度訪問泰國，有些人似乎認為西藏佛教是不同的宗教。不過，當我們坐在一起討論律藏、阿毘達磨[45]，以及諸如四聖諦、三十七菩提分法、四無量心（慈、悲、喜、捨）等主題時，我們看見了我們的上座部和西藏佛教傳統有許多共同的修行方式和教法。

和中國、韓國以及許多越南的佛教徒一樣，西藏人同樣有著寺院傳統、菩薩戒律、梵文原典，以及阿彌陀佛、觀世音、普賢與藥師佛的信仰習俗。當西藏佛教徒遇上日本佛教徒時，我們會討論菩薩戒律、生起寂止[46]的方法以及《法華經》（*Saddharmapuṇḍarika Sūtra*）。日本真言宗修持密教，我們跟他們一樣有金剛界曼荼羅的瑜伽密續修法和《大日經》（*Vairocanābhisambodhi*）[47]的行部密續修法。在此我們看見西藏的佛教修行者有很多共同的想法，因此他們可以和所有其他的佛教徒討論。基於這個理由，我們可以說西藏佛教是完善的佛教。

6 審視教法

精明的人在購買昂貴的必需品前，會從裡到外徹底檢查它的品質。同樣地，如果我們要投入時間和精力去修道，審視教法怎麼解釋此道以及如何修行是很重要的。本章我們將檢視哪些因素讓教法值得信賴。一個教法能夠追溯到佛陀就是這裡的一項關鍵要素，因此我們必須懂得這樣做的標準，尤其是針對佛陀之後數百年才出現的那些教法。

一旦我們發現值得信賴的教法，我們的職責就是正確去理解它們。我們當中有些人可能會照字面意思去理解所有讀到的、聽到的經典內容和故事，然後又被它們搞糊塗了。所以，辨別某些說法的真正用意以及特定故事的看法以避免得出錯誤的結論就顯得很重要。要做到這一點，就必須把文化因素考慮進去。

佛陀的教法如今已傳播到新的區域並且與陌生的文化相互交流，因而產生了一個問題：「改變佛教教法是否適合或可行呢？」要回答這個問題，必須能夠將真正的佛法從它的文化形式和形象中區分開來。如果我們改變了道的教法，將無法抵達道的目標——涅槃。如果我們不調整外在的形式，我們可能會耗時模仿來自不同文化的人，卻沒有用任何有意義的方式去改變我們的想法。

一旦我們清楚認識道和目標，我們就必須藉由修習道去創造成就圓滿覺悟所不可或缺的那些因。沒有創造足以產生某種結果的那些因，特定的果就不會出現，因此我們必須實事求是。如果我們要等到我們的每一個問題都得到滿意的回答，我們將錯失展開真正修行的機會。

《葛拉瑪經》的經驗

巴利聖典中的《葛拉瑪經》講述了一個故事：羇舍子（Kesaputta）村中的葛拉瑪人（Kālāmas）對於不斷來訪的各派宗教師感到困惑，因為他們各自擁護自己的教義而貶抑他人的教義。此經開始時葛拉瑪人並非是佛陀的弟子，但在聽聞佛陀的德行後，便請求佛陀指導他們如何判斷哪些宗教師所言是真的、哪些是錯的。佛陀便建議（AN 3.65）：

葛拉瑪人啊！你們會困惑、懷疑是應當的；面對讓你們感到困惑的事，你們會心生懷疑是當然的。葛拉瑪人啊！注意聽著：「勿輕信口耳相傳；勿輕信傳統；勿輕信傳聞；勿輕信引經據典；勿輕信臆測；勿輕信格言常理；勿輕信似是而非的推理；勿輕信主觀偏見；勿輕信表面功夫；勿輕信「此僧即吾師」。葛拉瑪人啊！當你們自己知道：「這些事是不好的；這些事是有過失的；這些事是會被智者責難的；一旦接受並遵守，這些事將招致損害與不幸。」要捨棄它們……當你們自己知道：「這些事是好的；這些事是沒有過失的；這些事是得到智者讚許的；一旦接受並遵守，這些事將帶來利益與幸福。」要去做並遵守它們。

佛陀知曉葛拉瑪人都很理性又明智後，鼓勵他們檢視聽來的不同教義，而不是輕易接受它們，畢竟人們太常為他們的信仰給予站不住腳的解釋。佛陀並未建議葛拉瑪人捨棄那些論述，因為他們並不瞭解它們。相反地，佛陀鼓勵他們去考察那些主張，看看那些主張是否證實葛拉瑪人從自身經驗中所知悉的是真的又有助益。

接受一個教法，只因為它是很久以前所說並且是漫長傳統的一部分，並不明智。然而，捨棄舊有信仰，只因為它們不符合我們現今的觀念，也不明智。保持開放的心並持續觀察才是合理的。因此，我們有責任在接受一個教法前用我們的智慧去質疑並去檢視它。如此一來，我們的知識才會堅固，因為它是基於第一手的經驗或是正確的推理。[1]

可信賴的教法

凡是我們聽聞、學習、修持的佛教教法都應該是真確可靠的。幾世紀以來，像我們一樣的人類學習並修持佛陀的教法，因而改變了他們的心智和心地並達到更高的精神境界，包括成佛本身。如果我們正確地學習並修持這些教法，我們會有信心，我們也能夠和過去的大師一樣獲得同樣的成就。為了確保一個教法是有效又可靠的，而不是最近某個尚未開悟的人所做的未經過檢驗的發明，我們應該能夠追溯它的源頭到佛陀身上。有三個標準可以幫助我們評估這個教法，並且對它是否真實可靠有更清晰的概念。

首先，由完全覺悟的佛陀所開示的教法，可以被視為是可信賴的。為了驗證由後代的大師所提出的注釋及教法，我們考證他們的旨趣是否符合佛陀的教誨。

其次，經由佛教大智者們邏輯檢驗後所認可的教法，可以視為是可信賴的。這些智者並非只是光說不練的知識份子。雖然聖天（Āryadeva）、月稱、寂天這類的大智者常被描述為辯才無礙，但他們也是真誠去實踐教法並轉化他們心智的修行有成者。

第三，經由諸大成就者（mahāsiddhas），即證量極高的瑜伽士（yogis）及女瑜伽士（yoginīs）實踐並證悟的教法是可信賴的。這些偉大的修行者殷重懇切地實踐佛陀的教法，內化其義，並獲得重大的精神證悟。這說明了他們所修的教法是可靠的。

有些人抱持錯誤的臆測，認為印度和西藏的僧侶只做研究和辯論，而外貌和行為不符合戒律又不學習的密續行者（tantrikas）才是真正的修行人。那若巴在成為密續行者之前，是受人尊敬又博學的修行者及那爛陀寺的住持。他在初學佛時並非密續行者，而是在經過了多年研習對佛法取得極佳的概念理解後才成為密續行者。他知道僅憑概念理解這點不足以成就佛果，但他豐富的教理學識對於一位成功實踐密續之道的瑜伽士而言，卻是不可或缺的基礎。

十七位那爛陀寺大班智達[2]當中，有許多位不僅是辯論家和教師，也名列八十大成就者之中。藏文的「教證兼備」（khedrup nyenten）一詞，適用於寺院大學的聖哲及諸大成就者，表示修行者兼具學問和實修所得的證悟。不學習，我們不知如何正確禪修；不禪修，我們的學習依舊是枯竭乾涸的。因此兩者都是必要的。

我們可以把一個教法跟上座部或是大乘傳統中人人普遍接受的可信賴典籍做個比較，若是它們的含義一致，它們可以被視為是正確無誤的。例如，在大乘傳統中，龍樹、聖無著、寂天、月稱和法稱的論著通常被視為是佛語的正確解釋。這些大師著作早已被證實是可靠的，因為它們已經被智者探究過了，而諸大成就者也仰賴它們而達到證悟。

這個分析不能只是根據語詞來進行，還必須包括含義。例如，不同密續注釋所用的術語可能和根本典籍的差異極大。不過，若是它們的含義與根本典籍是吻合的，那些注釋就可以視為是可靠的。

我們應該避免去毀謗我們不認同或是尚未完全理解的教法，宣稱「佛陀沒有教過這個」。舉例來說，只因為「一再投生」（rebirth）這個概念讓我們感到不舒服，或者對我們來說當下並不覺得有理，便說「佛陀不曾教過一再投生」，這樣有什麼好處？我們最好對這樣的教法保持中立，暫且將它們擱置一邊。

我們也不應該只因為教法可能對我們沒有直接的利益而忽視它們。例如，有些人對佛陀及其教法深表敬意，惦記著成為一個更有慈悲心的人。此時，他們並未非常熱衷於用邏輯分析來探究空性。對那些人來說，專注於最貼近他們目標的教法是一件好事。他們毋須學習那些僧侶鑽研的複雜著作。不過，這並不表示那些更難懂的典籍是不相關、不必要或不可信。

佛陀給予某些不了義（provisionally）的教法以利益特定的個人或群眾。經典是可信的，但其中的含義需要詮釋；它不是了義（definitive）的。舉例來說，某部經上說：「應殺父親和母親。」這顯然不能照字面來看，它的含義必須加以解釋。佛陀這麼說是為了安慰一位奪走了他父母性命又悔恨欲絕的國王[3]。在佛陀的心中，「父親和母親」指的是渴望[4]和存在[5][6]，就是描述我們如何在輪迴投生的十二緣起支的其中兩個環節。一旦國王克服了他的悔恨，敞開心扉聽聞更多教法，佛陀便會教導他佛法的真正意義。

在專為初學者能從唯識觀念受益而設的經典當中，佛陀教授了三性（three natures），說明遍計所執性並非憑藉其自身特性而存在，但依他起性和圓成實性都是憑藉其自身特性而存在。儘管該部經典應該被那些具有唯識資質的人如上所述地來理解，但是這個教法卻是不了義的，因為它並未提出究竟的存在模式。當佛陀談及此時，在他的心中另有更深一層的意義。

另一個不了義教法的例子是在講一位上師指導某一特定弟子：「空性的禪修，只要把心念從專注於任何對象上移開就好。」弟子聽聞這個建議並套用在他的禪修上，然後證悟了空性正見。不過，這個指導並不全然正確，因為連空性也是一個要聚焦的對象（所緣境）。觀修空性並非只是單純地空掉內心所有的想法。這樣的教法若傳授給一般的聽法者，一定有許多人會誤解它然後進行全然不作意（blank-minded，或譯為腦袋放空）的禪修，就好比八世紀的漢地和尚摩訶衍（Hashang Mahāyāna）在西藏所教的。事實上，一般人心中對空性的理解會受到阻礙，因為他們會誤解空性的禪修是毋須專注於任何對象上；但這兩者是截然不同的。

那麼，為什麼要給予該名弟子這種指導呢？在那些特定的情況下，那個人已經準備好了並能從聽聞中獲益。他不會生出錯誤的看法，即誤以為觀修空性就是全然不作意的禪修，他獨特的心智狀態讓他成為適合聽聞那種解釋並理解正見的弟子。

因為這樣的見解若公開講授可能有害，於是蓮華戒（Kamalaśīla）便從印度來到西藏的桑耶寺，和摩訶衍和尚進行辯論並駁斥他的觀點。我懷疑摩訶衍和尚是否最初將這種觀念傳授給合適又特定的弟子，後來開始傳授這種觀念給一般的群眾。寂護是蓮華戒的上師，他當時就在桑耶寺，而摩訶衍和尚則是一到西藏後便開始公開教授這種見解，寂護當然會大聲疾呼並抵制它，尤其自從和尚說學習和思考這些教法是不需要時。

寧瑪派的大師隆欽巴曾說，由於藏人欠缺福德，因此和尚的見解並未在西藏成為主流。另一位喇嘛則說，那就形同隆欽巴說他的觀點和和尚是一樣的。就我個人來說，我是蓮華戒和隆欽巴的信徒，也對兩人都有信心。如前所述，「把心念從任何所專注的對象上移開」（withdraw the mind from focusing on any object）的主張可能適用在具有特殊業力及某種心智狀態的特定人士身上。但是當它被公開講授時蓮華戒便予以駁斥，因為按字面照單全收可能會造成危害。不過，隆欽巴認同它適用於特定人士。因此，他們的立場並不牴觸。

印度四大宗派對於經典或是印度論典中的一些說法各有不同的解釋，在經典及密續體系中其深度有等級之分。佛陀以善巧方便教授某些義理以利益特定類型的弟子，並逐漸引導她趣入最究竟的正確知見。因此，我們會把經典中的不同敘述，以及某些敘述的不同解釋，都視為是佛陀善巧方便的象徵。不過，我們不應該把這點帶到極端，認為佛陀太籠統，以至於任何人都可以以任何方式隨心所欲詮釋他的敘述！更確切地說，一段敘述可以依各種方式導出許多明確或隱含的意義（而非隨意解釋）。特別是在無上瑜伽密續（highest yoga tantra）中，一個表達可以用四種方式解釋，即字面義、一般義、隱藏義和究竟義。它也可以六種模式來解讀：不了義和了義，隱義與非隱（直接）義，字面義與非字面義。此處的不了義和了義，與經典脈絡中的意思是不一樣的。

反思

幫助我們分辨某一特定教法是可信賴的三種標準：

一、由圓滿覺悟的佛陀所開示的教法。

二、經佛教大智者邏輯檢驗後認可的教法。

三、經由諸大成就者實踐並證悟的教法。

伏藏教法與淨相教法

在西藏佛教中，除了佛陀在經典中開示的教法，以及由佛教大師撰寫的著作外，還有「伏藏」教法（terma或tercho）及源自淨相（pure vision，或譯為淨觀）的其他教法。這些教法如何追溯到佛陀，查明它們是正確的程序又是什麼？

伏藏，是指教法在著作完成後藏匿在某處特定環境直到數世紀後才被發現，或以淨相揭示的教法。教法被藏匿起來成為伏藏，是因為這些教法不適合最初撰寫伏藏的上師（initial guru）當時的修行者，但是會利益後來發現它們的伏藏師（terton）那個時代的修行者。當伏藏被藏匿起來時，隱藏它的上師經常授記未來會在哪裡、何時，以及由誰來發現它。

伏藏分為兩大類：巖伏藏（earth treasure）和心意伏藏（mind treasure）。巖伏藏是指在自然界的山林岩石或是在寺院或佛塔發現的典籍和法器等實物。巖伏藏並非一般的書籍，通常以別的字體或語言寫成。有時候它們所含的符號會觸發掘藏師回憶起教法，然後他再寫下來。心意伏藏是從虛空中獲得的，也就是說，它們顯現於掘藏師的心中。蓮華生大士是最多產的伏藏創作者，他或其他上師將伏藏置於掘藏師的心相續之中，後者在禪定中感受到它們然後憑記憶將教法寫下來。有時候掘藏師自己的心相續中持有伏藏教法，並在來世將它揭示出來。

伏藏教法加強了佛陀早已開示的教法。就內容和目的來說，它和包含在經典和密續之中的釋迦牟尼佛教法一致。這樣一來，它是可以上溯到佛陀。

西藏佛教界發現，有些伏藏的發掘被認為是假的，另一些則是真的，這說明有些主張是偽造的或根本是錯誤的。沒有一個指定的委員會或人員負責查證伏藏的正確性。而西藏佛教界內知名的傑出權威大師經常會對伏藏提出評論。他和其他人會考量三個因素：伏藏師和（或）伏藏是否經由佛陀或其他傳承大師——主要是蓮華生大士——授記；此伏藏教法與那些過去所發現的著名、可信賴的伏藏教法相比如何；宣稱發現伏藏的人有何特徵。

在大多數情況下，真正的伏藏發現者會隱藏新伏藏教法數年，同時間他或她自行修持以便確定它是否可以信賴。那個人的老師也會修持並評估該教法。有時在伏藏中有明確的敘述，上頭寫著掘藏師會遇見特定、可靠的學生，且應該最先將教法交給他。這個學生會被稱為「教法的持有者」（owner of the teaching），而發現者可能會等待，看這個學生是否出現。據我所知，當頂果欽哲仁波切體驗到某種類似直觀的情況，而某個教法顯現在他心中時，便向他的上師欽哲確吉洛追（Khyentse Chokyi Lodro）解釋此事。然後他們師徒二人便修持了這個教法，一旦兩人都有更深的體悟，便認為它是真實的。

還有其他源自於證悟者在甚深禪定時於心中顯現的淨相教法。和伏藏不同，它們不是由蓮華生大士以心傳遞下來的。更確切地說，本尊的淨相直接顯現在修行者面前。此處出現的本尊實際上是佛。與伏藏一樣，由淨相所給的教法應該與可追溯至佛陀的原始教法是一致的。倘若淨相中的本尊講授有自性存在的靈魂，那顯然不是真正的淨相教法！

第五世達賴喇嘛有幾位本尊的顯相，因而某些灌頂傳承可以追溯到他。他修持了來自其淨相的教法而且成效卓著。後來的大師們也這樣做，也有相同的成果。第五世達賴喇嘛是一位好法師、優秀學者以及傑出修行者。他沒有理由打妄語。

當我大約十或十一歲的時候，我從上師塔札仁波切（Taktra Rinpoche）那裡接受了來自第五世達賴喇嘛淨相的某些灌頂教法。當時我對它們沒有多大興趣，儘管期間我確實做了幾次吉祥的夢。現在，當我在達蘭薩拉（Dharamsala）這裡進行第五世達賴喇嘛的淨相閉關時，每次的閉關都會出現一些成功徵兆。它們也許不是明顯的徵兆，但還是會發生，因此，這些加上我修持這些教法的經驗讓我相信它們是真實可靠的。如同第一世達賴喇嘛，第二世達賴喇嘛也有過許多淨相，但他祕而不宣。

每個西藏佛教傳統都有上師瑜伽（guru-yoga）的禪修法，以重要的傳承持有者或該傳承的始祖為中心。以寧瑪派來說，就是蓮華生大士；以噶舉派來說，就是密勒日巴；以格魯派來說，就是宗喀巴大師；而以薩迦派來說，則是薩迦派的五祖（薩迦派初祖貢噶寧波、二祖索南仄摩、三祖至尊札巴堅贊、四祖薩迦班智達、五祖八思巴）（Sachen Kunga Nyingpo、Sonam Tsemo、Jetsun Drakpa Gyaltsen、Sakya Paṇḍita、Chogyal Phakpa）。我們也許會納悶：這些大師是後來的歷史人物，以他們為中心的上師瑜伽修持法是在佛在世之後很久以後才寫成。我們怎麼知道這些修持法是有效的？

經過研究，我們發現這些上師瑜伽成就法（sadhanas）包含了任何密續修法的重要元素：歸依和發菩提心、七支供養、請求加持、上師融入禪修者，以及觀修空性。儘管中央的人物不同——現在是傳承上師而不是本尊——但修持方法仍然是真實可靠的，因為它遵循這類修法的基本禪修步驟。

誇大之詞？

有時候，我們會在經典或注釋當中碰到看起來言過其實的敘述，讓我們懷疑是否該從字面上去接受它們。運用上述所提的標準以及我們的常識，我們可以評估從字面上去理解的話它們是否正確。

舉例來說，有些經文宣稱一個人念誦特殊咒語一次，他將永遠不墮惡趣或他將容易證得覺悟。若這類敘述的字面意義是真的，佛陀便不需要教導我們防止惡業並造作善業了。如果我們念誦幾個咒語就可以往生到淨土，佛陀何必大費周章地教授運用對治法消除無明和煩惱的重要性？如果只要念誦咒語我們就可以獲得證悟，佛陀就不會教授三增上學以及修習方便與智慧了。我們可以看到，此類敘述與佛陀在其他經典中的教法並不一致。因此，我們不能按照字面來接受這些敘述。念誦咒語必須搭配其他善法的修習才能達到預期效果。那麼，為何經典要這樣說呢？讚嘆念誦咒語的利益，某方面是為了鼓勵那些正要開始修行的人。

此外，念誦咒語的效果會依持咒者以及如何持咒而有所不同。同樣是行善，持守佛教戒律者所做的善行，比起未遵守戒律者力量更強大。禪觀咒語的空性、以菩提心為動機或觀想咒語放光以利益眾生而念誦者，其念誦咒語的效力遠遠超過以散亂心持相同咒語者。咒語的力量不會脫離其他這些條件而獨自運作。

相對於前述這些利益來說，例如有些經典寫著，我們對自己上師所起的瞋心有多少剎那，墮在地獄趣當中的劫數就有多少；一剎那瞋心會摧毀累積超過一劫以上的布施和其他修行所累積的功德；或者是對菩薩起瞋心將墮惡趣，並於多劫中遭受極大苦痛。

有些人可能會認為，佛陀這樣說是為了灌輸我們恐懼的心理，讓我們恪遵道德規範。事實並非如此。佛陀沒有理由用處罰威脅我們：業果法則不是一個獎懲制度。更確切地說，佛陀是出於悲心才提醒我們，小的行為會帶來大的後果，就像在物質界的一顆小種子可以長成大樹一樣。這些看似誇張的敘述不只是就小的不善業的惡果而言。它們也有好的一面；造作小善業可以帶來巨大的善果。舉例來說，據說如果一個人對菩薩投以一瞥惡意的目光，其業力所造成的影響就好像剜出一切有情眾生的眼睛那樣。然而也說，如果我們恭敬或尊重菩薩即使只有一剎那，我們也將累積如宇宙般浩瀚的功德。有一部《經》說，一個震怒之人即使只看佛像一眼，他也會憑藉觸及代表覺醒的佛像之力而累積功德。因此，他未來將能夠面見千萬諸佛。但是要記住，光是看佛像一眼並不會產生面見千萬諸佛的效果。我們還需要淨化我們的內心、修造功德、發菩提心並了悟空性。

在有關我們和諸佛、菩薩及其形像之間互動影響的敘述中，業力的嚴重性主要是基於所謂的「對境的力量」（power of the object）。也就是說，諸佛、菩薩是已經累積功德無數劫並且恆時致力於利益眾生的卓越人物。尊重這樣的人、供養他們並護持他們的各種事業，將會產生強而有力的業，因為善的勢力強大，所以聖者是強而有力的對境。[7] 同樣地，妨礙他人行善或是輕蔑他們，則會在我們心中留下嚴重的有害習氣。

我們對神聖對境（holy objects）[8]的行為能否產生或強或弱的效果，還取決於行為所處的脈絡。比方說一個不是菩薩的人對她向來非常景仰的菩薩生氣。她的發火並非針對菩薩；而是對一件小事情緒失控。如果她立即恢復正念並對她的生氣感到懊悔，我不認為她將會在無數劫中受苦。然而，另一個人不尊敬所有菩薩，尤其對其中一位懷有敵意。若他對該菩薩大發雷霆，則上述的嚴重後果可能會起作用。

果報的出現取決於多重原因和條件，因此必須從那個觀點去理解經典所述。我們的意圖的強烈程度，無論是生氣或是生起悲心，會使果報的輕重有極大的差異。此外，若是一個人反覆做一個動作，無論好壞，果報會加劇。影響輕重的另一個因素是對治力的存在與否：如果我們淨化惡業，它們的果報會減輕，反之生起瞋心或錯誤知見，則會阻礙善業的成熟。懺悔的力道與錯誤知見的強度也會影響業的輕重。

簡言之，業的輕重牽涉許多因素。在清辨的《思擇燄》（*Tarkajvālā*）[9]及宗喀巴大師的《菩提道次第廣論》中，提及業力錯綜複雜且極為深奧。特定行為如何產生其特定結果是一個極為隱蔽的現象[10]，只有無所不知的諸佛能完全正確瞭知。儘管如此，我們還是可以根據我們有限的知識，透過比對主題類似的引文，評估這些經文的敘述是否前後一致。在念誦一次咒語便有其功效的情況中，其他經典則提出分歧的觀點，並強調〔除了念誦咒語外，還〕必須在多劫中淨化惡業及修行智慧和方便。但在一個小憤怒導致巨大後果的例子中，我們發現了小善行可成熟為重大果報的補充說明。就此而言，這些主張彼此都是一致的。

如果我們因為讓自己相信某些講述業果的經文內容而感到不舒服，我們可以把它們擺到一旁。沒有人強迫我們去相信佛陀所說的法或成為一個佛教徒。在宗教問題上，多元化的信仰實屬自然。儘管每一個人——動物和人類一樣——都承認喝水是不可或缺的，但我們對什麼食物才是美味卻抱持不同意見。同樣地，雖然尋找生命的意義是共享的，但我們對宗教信仰的看法可能有所不同，仍有包容各種意見的空間。

反思

一、有沒有經文內容讓你覺得不舒服或是感到疑惑？有的話，是哪些經文？

二、對於那個說法的含義，有沒有其他經典可以強化、反駁或是提出另一種解釋？它如何改變你的想法？

三、在你小的時候，宗教是否被當成威脅或恐嚇的工具？是的話，那個經驗如今能影響你對佛經的看法嗎？

正確理解要義

在佛教典籍中所見的某些故事，其含義並非總是淺顯易懂，尤其它們是為了特定目的而說而且與作者的文化背景有關時更是如此。以下舉幾個例子來說明這一點。

有一個故事講述佛陀前世捨棄他的妻子和孩子被視為是一種布施的行為。這似乎不僅違背了現代性別平等的價值觀，也和照顧個人家庭的古老原則背道而馳。

我們可能會對這類故事背後的價值觀和預設立場感到困惑，甚至憤怒。退後一步並反問我們自己故事中所要表達的佛法意義是什麼，會很有幫助。大多數人珍愛他們的家庭更勝於其他一切。對我們所愛的人起貪著通常是如此地強烈，以致於和他們分離的想法會帶給我們極大苦惱。有人願意供養他們的最愛以證明他對三寶的深度信仰與尊重。他願意割捨他最愛惜的對象來修造功德。這個故事也說明了，一旦戰勝貪著，內心甚至不會執著於我們最愛惜的那些對象。內心會變得如此自在，因而當我們與所愛之人分離時，我們也不會感到悲傷不已。

為了從古老的故事中學習某個重要的觀點，我們並不需要認同古代文化的社會價值觀。儘管在古時候，以及甚至在某種程度上的現在，妻子和孩子是屬於男人的財產，對印度人的觀感而言是可以接受的，但顯然不被現代其他國家所接受。我們在領略故事中佛法要義的同時，依然可以保有我們現代的社會價值觀。

馬鳴（*Aśvaghoṣa*）是一世紀偉大的印度智者，撰有《佛所行讚》（*Buddhacarita*），敘述佛陀過去身為菩薩時的行誼。其中之一是關於佛陀捨身飼虎，以便母虎餵養虎子的著名故事。馬鳴寫完這個故事後，殷切期望能像佛陀那樣去修行，因此當他有一天遇到一隻飢餓的雌虎時，出於不求任何回報的一種清淨的布施行為，他把身體獻給了雌虎。他這麼做的當下，以自身之血為墨，撰寫了七十偈有關菩薩行的祈請文。這篇祈請文非常棒，但他當時創作的時候似乎無人在場，所以我不確定這篇祈請文的口傳來自哪裡。

有些人一開始可能會對捨身飼虎的想法感到恐懼，然後好奇為何佛教徒要推崇這種自殺行為。他們會問：「為了人類的福祉而活著，比起把我們的身體餵給動物，不是更好嗎？」這個故事的用意是在強調菩薩悲心的深度：他們甚至願意毫無貪著地交付自己的身體和生命來利益他人。這個例子說明了我們所要培養的悲心，其強度就和胸懷大志的菩薩一樣。以我們目前的程度來說，對於我們的身體不起任何貪著，或許看來幾乎是不可能，但是藉著無貪和悲心來修鍊我們的心，我們將逐漸培養出宛如拿蘋果給某人一樣，輕而易舉地交付我們身體和生命的態度。

在另一個故事當中，一個無神論者向聖天索取他的一隻眼睛，聖天歡喜地把它交給了他。然後那個人把眼睛壓碎了。我們可能會疑惑：「這位聖者所展現的布施，是否意味著我們應該任意布施一切，即使那個人不會珍惜這份禮物？」

我們須先說明這個故事的一些背景。那個時候，非佛教學者正在挑戰佛教的見解，一場大辯論即將舉行以決定誰的見解才是正確的。聖天是佛教見解的代表，他的上師龍樹為了訓練他，便站在非佛教的立場和他辯論。龍樹辯得那麼好，因此聖天開始思考：「我的老師其實不是佛教徒！」於是在辯論練習中毀謗他。對自己導師的這種不敬是一種惡業，但因為聖天的證量很高，所以詆毀其上師的業力種子並未在他的心相續當中惡化，而是快速成熟。前往辯論地點途中，他遇到有人向他索求一隻眼睛。為了圓滿不求獲得任何回報的布施，聖天歡喜地應允而後繼續他的旅程。不過當他離開時，他回過頭看到那個人壓碎了他的眼睛，便對他的布施感到後悔。有鑒於此，他的視力沒有恢復，不然它原本是會恢復的。

在這個故事中有許多的教訓：對我們的上師始終保持尊重態度的重要性，以悲心不求回報地布施我們身體的可能性，以及對布施感到後悔的缺失。

我們不應該從這個故事中得出這樣的結論：我們必須任意地犧牲自己的身體或是物資，即使不確定它們會被好好使用。完美的布施需要在恰當的時機提供合適之物給適當之人；好的判斷力是不可或缺的。給酒鬼一瓶烈酒並非布施的行為。無著在他的〈菩薩地〉（Bodhisattvabhūmi）中，描述了適合與不適合布施的時機、布施物、接受布施者、地點和動機，也對關於布施的修行給予詳細的解釋。

從另一個角度來看，龍樹和聖天都是證量很高的聖位菩薩。因此，這個故事看起來怪怪的，因為它似乎忽略了聖天的善巧。具有他那樣證量的人肯定絕對不會對他的上師做出那樣的行為。他也不會把他的眼睛布施給對他沒有任何利益的人。同樣地，他事後也不會對他的布施感到後悔。因為這個故事讓聖天看起來太輕率了，我懷疑這些情況是否應該按照字面來理解。

有個講述一位老婦人的故事，她的兒子準備去聖地朝聖。她請他帶佛陀的舍利子回來給她。他在回家的路上才想起這件事，為了不想讓他的母親失望，於是從途中所發現的一條死狗屍體上取下一顆牙齒然後交給她，宣稱它是佛陀的舍利子。她充滿信心，虔誠供奉這顆牙齒。結果牙齒生出許多舍利子，而她也體驗到不可思議之事。

從這個故事中很容易得出一個結論，那就是迷信在修道時是必要的。這顯然跟佛陀所強調的要培養思擇慧（discriminating wisdom）[11] 相牴觸。我在這個故事中並沒有看到太多要旨，我建議用以下更適合的故事替代它，來說明對三寶有信心的利益。

二、三世紀以前，有一位名叫拓堅喇嘛仁波切（Togyen Lama Rinpoche）的大師和虔誠修行者住在西藏。他有一尊宗喀巴大師的小泥像放在他悉心打理的佛龕上。有一天，由於拓堅喇嘛的老實修行和由衷的發心祈願，那尊宗喀巴大師像居然開口說話並傳法給他。這個事件的發生不是來自於塑像這方面，而主要是拓堅喇嘛極佳的修行所致。由於他的修行體驗和對宗喀巴大師的信心，這尊泥像變成真正的宗喀巴大師並跟他說話。然而，對於缺乏這種修行體驗和信心的普通人來說，這尊塑像看起來就像泥土一樣。

這只是幾個例子而已。當我們閱讀佛典中的故事時，反思它們有助於辨識作者試圖要解釋的意義；我們可以忽略故事中的社會價值觀或其他元素，因為它們對我們這個時代或者我們的文化來說是沒有意義的。最好也要記得，譬喻的所有面向未必皆適用於所要成立的論點。許多故事或譬喻在某個領域很有用，但卻不能對所有情況一概而論。當疑慮依然存在時，和法友討論它的意義或是請教我們的師長會有幫助，如此一來，我們將會依〔作者〕所意圖的方式理解這些教法、故事和譬喻。

反思

一、回想一下你曾在佛教教法中聽過或是讀過的一個讓你感到困惑、不安或煩躁的故事。

二、意識到這個故事是來自於另一個與你現在的社會價值觀不同的文化，把故事細節放到一邊，然後反問你自己：「這個故事的重點是什麼？」

三、思考那個重點和你的佛法修行有何關聯。

佛法可以修改嗎？

有些人會問，佛陀的教法是否可以修改，以便讓它們更貼近我們的歷史時代。他們想要讓其他人更理解佛法，卻又擔心改變教法會影響它們的正確性和效果。這個問題得再更謹慎思考。

重要的是去區分「佛陀教法的本質，即解脫的決心、菩提心和實相正見」及「佛教的外在形式，好比僧袍的顏色和款式、佛龕的設計、製作的供品種類以及梵唄的語言和旋律」的差異。每當佛教傳播到其他的地方，外在形式便有所改變，但這不會影響佛陀教言的本質。然而，改變佛陀講述苦、苦的因、苦滅及通往涅槃之道的教法將會改變佛法的基本觀念和原則，讓它不再是佛陀的教法。

關於古印度和西藏古典時期的佛教思想發展，佛典中的許多爭辯都著重在對當時、當地的人來說非常重要的認識論、認知過程以及身心之間的關係上。在古印度時期，佛教思想家必須去回應印度非佛教學派所提出的哲學主張。雖然其中有些爭辯乍看之下對我們來說似乎並不重要，但如果我們仔細觀察，我們可能會發現那些觀點中有些說法如今也可能存在。以這樣的情況研習他們對非佛教學派的駁斥，會有助於我們和主張有全知的心、絕對造物主、宿命（predetermination）等等的當代學派對話。瞭解了反駁外道論點的理由後，或許也有助於我們消除我們可能會有的類似信念。

在西藏，許多的辯論都是圍繞在二諦之上：它們是什麼以及它們彼此如何關聯。這裡的佛教徒互相辯論，而不是和外道辯論，目的是從斷滅論（nihilism）和實有論（absolutism）的觀點中辯認出中道。有些早期西藏佛教徒所說的觀點人們至今依舊認同，因此研究這些不同看法的利弊對我們的修行意義重大。

在古代，人們對於大腦和神經過程（neural processes）及其在知覺、情緒和其他認知過程所扮演的角色缺乏縝密的理解。現在我們對大腦及它在我們經驗中的角色有了更勝以往的科學理解，因此把這些知識帶入佛教思惟中一定很有幫助。佛教與科學的對話提出了若干需要討論和辯論的其他議題，這些議題是古印度的人和古典時期西藏的人不曾想到的。以前人們理所當然認為身和心是不同的實體，現在他們不這麼認為，所以佛教徒需要證明心的存在、它與大腦的區別，以及兩者的關係。過去偉大的佛教辯論者並不關心宿命和自由意志的議題，但是當佛教進入受到有神論宗教影響的文化中時，那些主題就變得至關重要。在這些地區及其他這樣的地區，佛教徒必須學習並思考科學家和其他宗教人士的觀點，才知道如何在他們身上運用佛教的原理，並用智慧來回應他們。我們在這些地方還有很大的成長空間。

但是，有關於煩惱以及它們如何導致痛苦的教法，現在的和幾千年前的有情眾生都有著同樣的煩惱。對於特定對象的貪著和瞋心在不同時代或許有所改變：古時候人們不會沉迷於他們的智慧型手機，也不會因為他們的電腦或是車子壞了就生氣。然而，對於一般對象的貪著和瞋心還是非常類似，無論帶給我們快樂的或是妨礙那份快樂的是什麼。此外，透過放大某人的缺點而生氣，以及透過運用對治法來克制憤怒的過程，現在和以前都一樣。對治瞋心和貪著這類個人煩惱的方法，就和過去一樣，如今依然適用。

過了數十萬年以後，我們的大腦可能經歷進化過程而改變，甚至是到我們的頭形或是我們神經系統的功能都會到達截然不同的地步，這是很有可能的。在那些情況下，可想而知有情眾生所關注的事和思考方式可能會改變。但是，就我執這個問題而言，我不認為它會改變。因為我們痛苦的這個根源不會改變，所以它的解藥——了悟空性的智慧——也不會改變。關於空性的見解，在我們修行的初、中、後階段，在所有的歷史時期，在所有的地方及為了所有的有情眾生，它依然是適用的。

在接受新的文化形式時，我們必須確保我們既不會刻意也不會不慎地拋棄或是改變重要的教法。萬一那種情況發生，未來世代的解脫和覺悟將變得不可能。深思、謹慎及緩慢的改變總比倉促地讓佛教更吸引現代大眾要好。

務實為上

在歸依前，先研究上師和教法是一個好主意。不過，有時候我們做得太過頭了，認為我們在開始修行解脫道之前，所有疑慮必須被解決而一切問題必須被回答。有一部經（MN 63）[12]講述瑪魯克子[13]比丘（Bhikkhu Mālunkyāputta）的故事，他因為佛陀並未回答他的問題而滿腹疑惑：世界是恆常的還是非恆常的？世界是有邊的還是無邊的？靈魂等於身體還是不一樣？如來死後是存在、還是不存在、是既存在又不存在、還是既非存在又非不存在？[14]尊者瑪魯克子困惑不已，他認為除非那些緊迫的問題獲得解決，否則他無法繼續修行佛法，於是他去見佛陀。

佛陀為了教導他的弟子，使用了有人被箭射到的譬喻。假設某人為毒箭所傷而被帶去醫師那裡。受傷的男子來到診所，痛苦萬分且流著大量的血，卻不讓醫師為他治療，他堅持要先知道射箭之人的社會階級、名字和家族、身高和膚色、住在哪裡，以及使用過的弓、箭桿、羽毛、筋線和箭頭的類型。很顯然他會在所有問題得到解答之前死掉。即便他成功獲得那些資訊，也不會讓血止住，更加不會延長他的生命。同樣地，如果我們想著「除非我的所有疑慮和問題都得到解決和回答，否則我將不會修行佛法」，那麼這一生將結束，而且在修行上將不會有任何作為。

因此，佛陀告訴瑪魯克子，他教授的是：「這是苦，這是苦集，這是苦滅，這是導向苦滅之道。」佛陀教授四聖諦是因為它們對學習有助益，能幫助人們過神聖的生活，而且它們會導致人們對輪迴的幻想破滅、捨棄感官欲望、苦滅、內心平靜、直接認識諸法實相和涅槃。他把其他問題擱置一旁，因為學習它們對這個目的並非必要或有益。無論世界是否恆常，都和斷除煩惱、停止輪迴這個重要任務無關。佛陀建議瑪魯克子拋開他的問題，專注在通往解脫之道上。如此一來，瑪魯克子將不會把時間浪費在無意義的疑慮之上。

我們應該像這樣聚焦在重要的事情上，而不是被毫無意義的臆測分散注意力。如果我們無法立即弄懂一個佛法主題，我們可以暫時把它擱置一邊，專注目前對我們有幫助的那些佛法主題。稍後，我們可以回到其他那些主題。我們的所有問題並非都能夠或將立即獲得解答。讓我們務實一點，在那些煩惱毒箭奪走我們的生命之前先把它們滅除吧。

我們已經在這一章學到了分辨可信教法的標準。現在，我們必須研習那些教法，並如它們想要我們瞭解的那樣去瞭解它們。而這或許意味著我們必須在文化的面紗之外，看穿故事或譬喻的重點。為了成就解脫和覺悟的目標，我們必須依循佛陀教導之道，而不應為了迎合我們的想像及愛好而改變它。雖然教法的外在「包裝」或它們存在的文化形式可能會改變，但我們一定要小心，不要只是因為基本教法和我們的觀點不同而去改變它們。這個挑戰就是去分辨出包裝和本質的不同。要做到這一點需要高超的技巧。

當我們準備好認真學習和實踐佛陀的教法時，我們不要因為疑惑而裹足不前。相反地，我們應該要用好奇心、熱誠和理智去貼近教法。

7 慈悲的重要性

平靜的心

只是照顧我們的身體並偏向於物質上的舒適，卻忽視我們的心智和心地的狀態，這樣並不明智。我們應該也要投資精力和時間去陶冶我們的心並確保它的健康，就像我們每天滋養身體和照顧身體健康一樣。這樣做的話，會讓我們現在還有未來擁有極大的平靜和快樂。

無論你接不接受來世，對付擾人的情緒及培養自己的良好特質仍然很重要。我們都屈服在生命中的挫折、失望和失落，還有衰老、生病和死亡之下。這樣的情況折騰著我們，只因為我們是人類。並沒有什麼外在的方法能消除它們；唯一的方法是透過轉化我們的心來做準備，這樣才能從容面對這些考驗並減少伴隨它們而來的苦。然後，當這種必定會發生的苦來臨時，我們的焦慮與害怕會少一點，也能比較自在地去處理，甚至對於它們提供這個特別機會讓我們的精神成長，會感到一絲喜悅。

醫學研究者因為看到了正面情緒和良好健康之間的關係，所以對於研究情緒更加有興趣。保有正面的態度可以維持健康，也能增強我們在受傷和手術後自癒的能力。破壞性情緒，例如憤怒、害怕和焦慮，不但會破壞我們情緒的安寧，還會侵蝕健康。這些情緒和潰瘍、高血壓等等之間的關係早已為人所熟知。一些科學研究已經發現破壞性情緒會讓我們的免疫系統變差，而建設性情緒卻會讓它改善。

建設性情緒幫助人們更能承受得住身體老化和最終死亡的自然過程。保有正面態度的人能夠利用內在的協調和承受力去面對這些事情，這說明即使身體可能有疾病或病痛，內心還是能夠保持平靜，且仍能擁有生命中的方向感。我的母親是個很好的例子。她經歷過很多的苦難，包括逃離她的祖國而成為難民，但是她從頭到尾都保持著一個正面和仁慈的態度。因為這樣，她受到其他人的欣賞和愛戴。

從我們出生那時，建設性情緒就影響我們生理、社會和情緒的發展。已經有研究顯示當幼兒們感受到來自他們父母親慈悲的關懷時，會促進他們腦部的適當發展。我們根據自己的經驗，知道被慈悲對待的小孩會更有自信，且人際關係更好。

有時候我們會認為動物和昆蟲可能比我們還快樂：他們不用害怕公司裁員、財務危機或感情破裂。這也許沒有錯，但是牠們之所以沒有感到焦慮，並不是因為精神修持和轉念（mental transformation，內心轉化），而是由於無知和困惑遮蔽了牠們的心。這樣的狀態並不值得羨慕：與「傻人有傻福」這一句格言相反，無知並不是福。幸好，我們人類能利用聰明理智去具備一種能力，能有意識地培養建設性心理和通往平靜喜樂。我們具有將潛力發揮到極致的能力。

佛道從開始到結束的每一項練習，其目的都在發展心的良善特質。如同老實修行者和證量極高者所說的，我們藉由訓練和陶冶自己的心而獲得的這些特質是浩瀚廣大的。

為了讓我們的精神修持能有好成果，仁慈、寬容和慈悲地對待其他眾生是必要的。練習任何精神之道，如果動機出自於習慣性只顧慮自己的話，那就無法有好成果，因為那樣的態度是造成我們不幸福的主因。追求財富、社會地位或名聲並不是精神修持的動機，傲慢、忌妒或好爭也不是。為了能在覺醒之道往前邁進，我們需要啟動並保有一個真誠的態度，用一種健全的方式深厚地珍愛別人，也關懷我們自己，而不是溺愛或貶低自己。為了在此生中幸福地過日子並讓我們的精神修持有成效，這樣的心理狀態是需要的。這是因為我們的動機是決定我們行為長期下來成效為何的首要因素。在本章中，我們會學習深思通往慈悲的態度和利他的意圖，然後我們會討論修心（mind training）[1]，修心是一種幫助我們即使遭逢逆境，也能保有慈悲觀的巧妙方法。

動機的重要性

佛法是一種訓練心的方法，它的目標是滅除煩惱——擾人的情緒和不正確的觀念。涅槃是真正的自由——諸煩惱的滅除或止息。我們為了達到涅槃而在身體（身）、語言（語）和內心（意）方面所做的努力，都涵蓋在佛法的修行中。

一個行為是否合乎佛法修行，取決於我們的動機。精神動機一定跟我們追求一般的願望很不相同，一般我們透過財產、金錢、聲譽和我們所愛之人的甜言蜜語來追求美滿。簡言之，精神動機一定要超越只追求此生的幸福。佛法動機有三個層次，相當於修行者的三種能力：第一是追求投生善趣，第二以解脫輪迴為目標，而第三則是為了利益所有的眾生而立志要圓滿覺悟。

我們或許會納悶：「那此生的幸福呢？每個人都想要啊！」沒有錯，但是我們常常在試著變得快樂上用錯方法，最後反而還更悲慘。我們可能會說謊或欺騙去得到我們想要的。當我們努力去獲得所渴望的，最後卻失敗時，我們會生氣並責怪身旁的所有人。我們在他們的背後說三道四、煽動別人反抗他們，並粗暴地對他們說話。這麼一來，就開始爆發戰爭，無論是我們個人與同事之間的戰爭；種族、民族或宗教團體之間的譏諷；或國家之間的戰爭。總之，執著於此生的幸福會為現在帶來更多的問題、違背道德標準而為未來製造問題，以及讓達成精神目標受到阻礙。

因為這些理由，主要目標是否只是此生的幸福，是區分「佛法行為」（Dharma action）和「非佛法行為」（non-Dharma action）之間的界線。如果只強烈地執著於此生的幸福，那所從事的行為是受限的。動機如果只把焦點集中在我現在幸不幸福上，這並不能作為投生善趣、解脫或覺醒的原因。事實上，它與精神目標是背道而馳的。另一方面，以慈悲為動機、以想著不去傷害別人，以及以獲得投生善趣、解脫或覺醒為動機而從事的行為，能讓我們把日常生活中即使是最簡單的小動作，也轉化為佛法的修行。

雖然此生的幸福不是主要目標，但它是佛法修行的副產品。不做出有害的行為，我們就能即刻與他人相處得更好。當我們帶著慈悲，自己會覺得舒服，而我們的自尊也會提升。他人會對我們的仁慈有所反應。有趣的是，那些不再老惦記著此生幸福的人們，他們在這一生中反而會感受到更多的幸福。

追求投生善趣、解脫或圓滿覺醒的動機，幫助我們擊敗造成諸多不幸福的執著、敵意、困惑、嫉妒和傲慢。在生命中會更有方向感，且心變得更平靜，甚至當我們去開創實現長期精神目標的成因時，依然如此。

因為不同的動機能完成同一件行為，所以我們不能透過一件行為的外在表現來評估它的精神價值。不管我們贏得了多少稱讚，如果是以提升自己此生的名聲或財富為目的而捐贈數百萬元給慈善團體，都不合乎佛法修行，然而以一顆善良的心捐贈小額金錢卻合乎佛法修行。雖然以減輕我們的壓力做為動機的禪修會帶來預期的結果，但因為動機只專注在自己此生的幸福，所以那並不合乎佛法修行。為了確保我們的修行能帶來長期追求的精神成果，我們在從事任何活動之前，特別是在禪修與教學或聽課之前，要有意識地去發起合乎佛法的動機。

上班前，花時間去培養利他的動機。例如想著：「願我做的工作能服務我的委託人或顧客，並為他們的生命帶來幸福。願我能為我同事間的和諧作出貢獻。」改變我們的動機就能改變行為，接著也會改變我們在家庭和工作場合中的交流互動。培養仁慈的人會對團體有很強的影響力。

重要的是觀察我們的心並確保我們的仁慈是真誠的。在拉薩當我還是小孩時，我養了一隻鸚鵡，牠會去咬任何把手指伸進牠籠子裡的人。我的書法老師會餵堅果給鸚鵡吃，鸚鵡看到他都會很興奮。我的老師會把手伸進籠子裡並摸摸鸚鵡，而鸚鵡會吃他手中的堅果。我很嫉妒並想要鸚鵡像喜歡我老師那樣喜歡我，所以我也餵牠吃一些堅果。鸚鵡把堅果叼到籠子的另一頭，然後就不理我了。牠知道我的動機並不單純。有一天，我對牠的不理不睬感到很生氣，所以就打了牠。從此以後，每當我靠近時，牠都會害怕得大叫。即使連動物都知道我們是虛偽或真心。

正念和正知（introspective awareness，內省覺知）對於保有慈悲的動機或跨越眼前利益的動機是不可或缺的。因為我們潛藏著「當我想要一件東西的時候，我就要得到它」這種想法的強烈習氣，所以我們需要持續加強我們價值觀的正念，這樣我們才能作出具有道德的行為。有了正知（內省覺知），我們會監督我們的身體、語言和心理的行為，確定它們符合我們的動機。如此一來，我們珍重、保護和加強我們崇高的動機，那麼它們就會表現在建設性的行為上。

對於佛道有好的知識理解，能幫助我們淨化和改善我們的動機。雖然概念性的知識並不是佛道的最終目標，但它是提供我們對抗動機污濁敗壞的工具。當我們覺得懶散時，會知道要觀想無常及輪迴的不圓滿性，逐步增加修行的急迫感。當我們生氣和沮喪時，觀想慈愛或安忍來讓自己冷靜和專注。

反思

一、我們的動機是決定行為價值的主要因素。

二、一個行為要合乎佛法，動機必定要超越追求此生當前的幸福。

三、追求此生的幸福並不是「壞」，而是如果只追求它，就會常常肇造現在和未來不幸福的因。

四、敞開內心去關懷別人，並在諸如追求善趣、解脫和圓滿覺悟等能帶來內在成就感的長期動機中訓練我們的心。

培養慈悲意圖

站在覺察他人的苦和他們仁慈待己的基礎上，發展一個真正慈悲的態度。為了能覺察到他人的不幸，我們一定要先覺察到自己的，而為了能培養希望自己和他人都遠離苦的悲心，我們一定要能辨認出造成苦的原因，並知道它們能被滅除。無明——誤解現象是如何存在的無知狀態——是造成苦的根本原因。「無知」（unknowing）暗示其反面的存在——一種明瞭或智慧的狀態。這讓我們對於消滅無明和擊敗苦的可能性生起信心。瞭解這點，我們自然就想要去學習能實現它的方法路徑。我們再次看見佛陀關於四聖諦的教法，一個佛道的架構。四聖諦的前兩諦跟投生輪迴的原因和結果——無明和苦——有關。後兩個聖諦則是關於脫離苦的原因和結果——通往涅槃的方法路徑及其實現。

如同先前所討論，苦有三種層次。「苦苦」是生理和心理的苦痛，所有眾生都厭惡的。「壞苦」指的是我們通常認為的愉快經驗和感受。對一般人來說，很難把這些認為是無法令人滿意的，但是如果更深入去思考它們的話，便知道它們並不會帶給我們永久的幸福、究竟的滿意或安心。事實上，它們常讓我們夢想幻滅或灰心沮喪。

令人不滿意的最深層情況是「周遍行苦」，即我們一切的存在均受制於無明和業障的這個事實。當佛陀談論苦的過失時，他指的主要是這種形式的苦。當我們能利用前述這些術語去辨識出輪迴的本質時，就會真誠地渴望能夠遠離它。

培養對治無明的智慧是邁向解脫之道。了悟實相的這個智慧一定是由最細微層次的識（subtlest level of consciousness）所培養出來，這個心的狀態超出我們每日、粗顯的心理過程。無上瑜伽密續提及表現粗顯層次心理過程的八十種分別心（eighty conceptions）。當這些粗顯層次的心逐漸消散時，我們會經驗到三個逐漸增強的更細微層次的識——稱為白現心（white appearance）、紅增心（red increase）和黑近得心（black near-attainment）。當這些也消散時，俱生光明心（innate mind of clear light）就開始浮現。[2] 需要在最細微層次的識培養智慧，而它才能真正對治我們的俱生無明。

因此，圓滿覺醒或被囚禁於輪迴，兩者之間的界線就是這個原始光明心（fundamental mind of clear light）的作用。如果原始俱生光明心持續被煩惱遮蔽，我們就處於輪迴的狀態。當這些煩惱及其種子和習氣（latency）[3]皆遠離原始光明心時，我們就證得解脫；而當原始光明心甚至從煩惱的習氣脫離時，我們便成佛。所以我們可以知道解脫和覺醒實際上是原始俱生光明心的作用或狀態。

首先，根據我們自身的苦和心，去瞭解輪迴和覺醒，這會激勵我們厭離輪迴之苦。在這種情況下，當我們拓展視野去觀看所有其他的眾生時，就會生起慈悲。雖然我們並非一直意識到這點，但我們確實與所有眾生關係密切。因為無始劫以來我們已一再投生無數世，在過去生，他們都曾當過我們的父母並慈悲撫育。這一生也是，我們有存活下來的能力都是仰賴於他們。他們栽種我們的食物、裁製我們的衣服、建造我們的屋子、醫治我們的疾病，並教導我們所知道的每一件事。當我們看得深入一點，會知道他們對我們的慈愛是沒有界限的。而後我們心中會自然而然生起慈悲並關心他們的福祉。

就像我們所有經歷的小確幸——順遂、安心、友誼或就只是吃得飽——都跟其他眾生有關，精神修持的果實也仰賴其他眾生。培養慈悲、練習布施、依戒律過活和增強安忍，都與其他眾生息息相關。當我們培養專注或智慧時，潛在的動機必須與其他眾生連結。同樣地，我們依賴眾生而成佛：成佛只有在真心將自己奉獻給他人的福祉之時才會發生。沒有眾生作為我們慈悲和關心的對象，就沒有辦法創造證得無上覺醒的成因。因此，我們知道當談到自己的幸福時，無論是世間（mundane）或出世間（transcendental），其他眾生的存在都是不可或缺的。因此，在《入菩薩行論》（*Engaging in the Bodhisattvas Deeds*）中，寂天問說為什麼我們崇敬佛陀卻不崇敬眾生。難道我們不該試著捨棄只關注自己而培養對他們的喜愛和慈悲嗎？[4]

切喀瓦格西（Geshe Chekawa，1101-75）所著的《修心七要》（*Seven-Point Mind Training; Blo sbyong don bdun ma*）中有一個句子，它提到空性是無上的保護[5]。這想法是說當我們遭遇到障礙，應該思惟加害者、傷害的行為和身為受害者這三者的空性[6]。藉由深思這些當中的任何一個皆沒有獨立的自性，只有依賴其他兩者才能存在，這樣思惟我們就能夠對抗障礙。同樣地，對加害者觀修慈悲是切斷我們強烈受傷感受的有力方式。培養對加害者的關懷、關心和慈悲，而不是對他心懷怨恨，是一種最強而有力的保護。

在我們日常生活和精神生活中都隨處可見利他主義的極大好處。當我們對同事、家人或甚至那些行為令我們反感的人培養一種利他的態度，那麼害怕、不安和焦慮會馬上減輕。因為在害怕和不安底下，其實是一種視別人為威脅的懷疑態度。當我們把別人看作真的像我們自己，也就是自然渴望離苦得樂的眾生時，在這個基礎上關懷他們，會有立即讓我們從緊張、不信任和嫉妒的束縛中釋放出來的效果。

利他主義很明顯能立刻讓我們由衷感到自在和喜悅。心理上能放鬆、能睡得更深沉，甚至更能品嚐食物的味道。從某種意義上說，作為培養利他態度和從事利他行為的副產品，我們自己的利益當然也會被照顧到，所有從短暫的幸福到圓滿覺醒的長久喜悅都是。這一切都是利他主義的作用和結果。如果現在我們心懷悲心去思考和行動的話，最終會像諸佛一樣，將能夠用最有效的方式來利益其他眾生。

雖然了悟空性的智慧在道路上非常重要，但唯有菩提心能讓這樣的領悟成為我們達到佛陀圓滿覺醒心的原因。沒有大悲心和菩提心，只有了悟空性的智慧並不能成佛。

反思

一、菩提心的利他意圖涵蓋一切眾生[7]。發起菩提心能激勵我們的心，並為我們的生命賦予意義。

二、發菩提心肇始於想讓我們自己遠離三苦或令人不滿意的狀態——苦苦、壞苦和周遍行苦。

三、其他的眾生就像我們一樣被三苦所折磨。他們像我們一樣想要離苦得樂。此外，他們曾經而且也將持續仁慈地對待我們。要發起願他們解脫一切苦的悲心。

四、基於這個悲心，發起利他意圖而圓滿覺醒，那麼你就能使其發生。

修心

修心是我最珍惜且最享受的其中一項練習。有很多關於它的文本，而我自己時常教授它們。修心指的是將逆境轉化為道的技巧。從佛教的觀點來看，我們所經歷的所有災難都能追溯回自己的有害行為，即惡業（negative karma），而這些都是受到以自我為中心的想法[8]和我執無明（self-grasping ignorance）[9]所驅使。以自我為中心的想法相信我們自己的幸福，包括自己的解脫，比起其他人的幸福還更重要，而我執無明則是誤解了所有人和現象實際存在的方式。

假如我們對成功的定義，是所有外在的事件都按照我們所希望地那樣進行，且所有人的舉止都符合我們的期待。當我們的渴望和需求被滿足時，會感到快樂，但是當我們遭逢逆境時，會感到崩潰且故態復萌，例如抱怨、生悶氣或攻擊那些妨礙我們達成願望的人。

然而，如果我們的幸福是取決於別人的舉止，那麼當事情不如意時，我們便無所適從且幾乎無法掌控。但如果我們的幸福是深植於自己的想法和行動時，那麼我們就有方法決定我們未來經驗的性質。將此牢記，我們就會決定去削弱自我中心、我執無明，還有受它們所驅使的行為。簡言之，去要求別人為我們的問題和不幸福負責，不僅適得其反，沒有任何用處，也不切實際：他們並不是造成我們不幸的真正因素。我們自己要為不切實際的期待和過往的有害行為負起責任，這樣才能將它們的不好結果轉變成幫助我們在覺醒之道上前進的要素。沒有人會自找苦受，但是如果遇到了，我們是可以透過練習修心而從它那邊獲得益處。

將逆境轉化成覺醒之道（transform adversity into the path to awakening）的一個方式，是去深思因果，即透過瞭解我們所經歷的困境是自己過去受煩惱驅使而從事有害行為（惡業）的結果。在這個觀修技巧中，我們去思考那些行為所產生的業種子可能會在某個不幸的投生中熟成為可怕的痛苦，而它們現在所熟成的苦實際上我們還能處理。那會讓人感到欣慰：「比起可能發生的情況來說，這根本不算什麼。」於是我們明白如果不喜歡這痛苦，一定要停止造作產生痛苦的成因。因為我們知道傷害別人也會為自己帶來痛苦，所以重新開始下定決心，要依戒律過生活並捨棄有害的行為。

轉逆境為道的練習能把困難當作是學習和成長的機會。如果有人不公平地批評我們，或如果我們遭受痛苦的身體損傷，可以思考這些問題所帶來的益處。因為我們知道輪迴中找不到永恆的幸福，所以逆境能加強我們的出離心。因為我們知道困境來自於自己所造下的因，所以變得更深信業果法則。因為我們對他人的痛苦感同身受，所以我們的悲心增強。菩薩甚至期待遇到難題，因為菩薩專注在益處上，這個益處是由善的心態去處理難題而產生的。「這個益處會發生」說明了緣起：當我們引進新的思考方式，所產生的心理狀態會從不快樂轉變成感恩。我們不再受制於面臨困境時我們所選擇的情緒反應而感到恐懼、憤怒或自憐。

修心練習教導我們兩種菩提心的發展與實踐。「世俗菩提心」（conventional bodhicitta）是「為了要利益所有眾生而想要獲得覺醒」的利他意圖，「勝義菩提心」（ultimate bodhicitta）則是依賴著世俗菩提心這個不共方便而直接了悟勝義本質的智慧。修心練習者不管自己的生活是否如意，都要發起悲心和世俗菩提心。他們透過觀修空性來培養勝義菩提心。這樣做時，除了運用推理之外，他們還強調把所有現象視為幻象的練習當作一種通往空正見和有效處理逆境的方法。當我們知道困境猶如幻象，並記得對心來說它只是一種表象——並非一種自性存在的問題——於是我們的心更放鬆了。憶念無常也能使心放鬆。當我們記得所有事物都處在經常變動的狀態下，就會知道即使是痛苦的感受也是每一刻都在變化，並不會恆久持續。

由於我們生活在憤怒、邪見和暴力充斥的時代，修心的技巧顯得特別珍貴。有時候我們不容易謀取到生活上的物質必需品——食物、住所、衣物和藥品。有時候我們被他人的羞辱和辱罵所困擾。因為政治或經濟情勢，我們可能會發現自己受到不順己意的衝突和腐敗所影響。我們可能會面臨歧視和壓抑，甚至更極端的戰爭或大屠殺。當然，如果我們能做些什麼來避免或逃脫可怕的狀況，且不必傷害到別人的話，我們就該義無反顧地去做。但是當我們無力改變所處環境或身處其中的人們時，練習修心能減輕我們的苦難，並幫助我們發現自己已擁有自己所不知的內在力量。如果不練習修心，且依然卡在自己的舊有觀念和情緒習性中的話，這些狀況會折磨我們。甚至可能會有因為氣餒而完全放棄佛法的危險。

修心能讓這些狀況翻轉，因此我們能從中獲益。如果改變思惟模式，讓它與現實更協調，心裡大部分的不愉快就會消散。恐懼來自於以自我為中心的態度，它編寫了千百種最壞情況的劇本。若能看出這些情節的杜撰者其實是自己的心，且極不可能會發生，便能減緩壓力。即使這些情節真的發生，我們也會有內在力量去處理它們，而且知道在團體中也有資源能幫助我們。當然，如果我們採取合理的預防措施去避免傷害或災難，這是明智的，但是被不實際的恐懼絆住，對於我們替未來作準備上則並無幫助。

在一九五九年之後，很多西藏人被中國共產黨監禁或拷打時練習修心，由於這個原因，他們當中很少人患有創傷後壓力症候群。一九五九年，在我二十四歲成為難民的時候，我依靠的主要修行就是透過修心培養這兩種菩提心，而且從那之後，儘管不能夠回到我的家鄉，又看到我的人民受苦、我們文化遭受破壞以及西藏原始生態慘遭毀損，它仍是我賴以保持精神平靜的修行方法。

此外，修心對於處理心理問題也非常有用，它讓我們用不同的視角去看待狀況，因此我們能擺脫使不快樂持續的過時心理和情緒模式。為了正確地瞭解這些技巧，去接受有關修心的教導，然後將這些教導應用到自己的情況上，是很重要的。

反思

一、因為在輪迴中的許多問題是不可避免的，所以將逆境轉化成覺醒之道是一項善巧且有用的技巧，能使所面臨的每一個狀況都成為精神修持的資源。

二、要如何從不幸中學習？我們練習這樣思考：令人不快的情況是由自己的有害行為所造成，要下定決心未來不再重蹈覆轍。

三、想想在接受令人不快的情況時，我們可以從中得到其他什麼益處——增強我們脫離輪迴的決心、提升悲心和菩提心，以及開展了悟實相的智慧。

八偈

我每天都會規律地朗誦朗日湯巴（Langri Tangpa，1054-1123）所著的《修心八偈》（*Eight Verses of Mind Training*），並應用在我的生活。不僅飛機誤點時我會思索這些偈頌，而且在可能會面臨困難之前，也會仔細地思惟它們。我會簡要地解釋詩偈並鼓勵你們每天都去閱讀。除了閱讀或朗誦這八個偈頌，你要試著透過轉變情緒和思想，去練習偈頌所要傳達的內容。

一、我於一切有情眾，視之尤勝如意寶，願成滿彼究竟利，恒常心懷珍愛情。10

想像我們注視著眾生——朋友、敵人、陌生人、人類、動物、病人、健康者、幼者和老者——並將他們都視為同樣珍貴。這樣的態度需要花時間去培養，但它很實際也很有用，因為其他眾生是我們幸福和順遂的主要來源。回想一下，如同先前所討論的，所有我們珍視和追尋的體驗都取決於與他人的合作及互動。我們依賴他們的努力：他們栽種我們吃的食物、裁製我們穿的衣服、建造我們使用的屋子和道路，以及收拾我們不再想要的垃圾。我們擁有的舒適感和安全感都是由於眾生的幫助及支持。我們的知識來自於那些教導我們的人；我們的才能歸功於那些鼓勵我們和提供我們機會的人。甚至我們在道上的進步和我們對法的領悟也都依賴他人，如果沒有為了要利益他們而培養證得圓滿覺悟的渴望，我們就不能在菩提道上有所進步。成佛也是，諸佛對待眾生所從事的慈悲行為是任運自然且不假造作的，眾生是他們覺醒影響力的受惠者。沒有眾生，諸菩薩就沒有要努力成佛的理由。

我們內在的安樂也依賴其他人。當訓練自己的心更正面地去看待別人時，親密和關懷的感覺會油然而生，這會讓我們放鬆。另一方面，如果細數別人的過錯，並輕視他們，我們不會快樂。對別人釋出善意可以在每日的生活中，甚至面對困難時，給予我們內在的力量。

因為我們無法掌控非自己所選擇的狀況，所以當遭受痛苦時，經常是懦弱的、覺得憤怒或受打擊。然而，當為別人的痛苦感到同情或慈悲時，儘管我們可能會覺得不太舒服，但因為是主動去承受那個痛苦，所以它伴隨某種內在的穩定性和自信心。有趣的是，當我們覺得悲慘時，如果想像自己去承擔別人的苦，它會緩和自己不幸的感受。

佛教關於悲心和利他的教法包括了「不顧自己而珍視他人」。因為它是被放在訓練悲心的脈絡下，並當作是過度自私的解藥，所以正確地理解這項教導是至關重要的。培養對他人的悲心必須建立在自我尊重的基礎上，而非出於內疚或覺得自己毫無價值。我們和他人一樣都想離苦得樂。在那立基點上，應該照顧並利益到每個人。

只顧慮自己會為我們帶來不幸：從自己的角度來看所有事情，不論大事或瑣事，我們都會變得過度敏感、容易生氣、暴躁和難以相處。以自我為中心的想法蒙蔽判斷並讓人變得愚笨。如果有人對我們釋出善意，就算他們的動機是擺布或欺騙，我們就喜歡他們。但是如果關心我們的人指出我們的其中一項過錯，或試圖阻止我們作出不好的決定，我們就生氣。以自我為中心會扭曲我們對情況和人們的判讀，它是造成許多錯誤和不良抉擇的原因。開展我們的重心去關心他人能緩解這個只顧慮自己的毛病，並讓我們能夠跟別人互動得更好。身為社交動物，與他人健康的互動會帶給我們有意義和有方向感的生命。

為了讓自己感到快樂，我們必須關心他人的福祉。我們與他人息息相關地生活著，如果他們感到痛苦鬱悶，我們就會被一群不快樂的人包圍，這顯然並不是件愉快的事。如果我們關心他人的安樂，他們會感到開心，而與這些心滿意足的人生活在一起，對我們來說也是比較愉悅的！總之，自己的快樂會從真心關懷別人那裡附帶產生出來。因此，關心別人的福祉也是一項關心自己的明智方式。

二、隨處與誰為伴時，視己較諸眾人卑，從心深處思利他，恒常尊他為最上。

第二偈以第一偈視他人為珍寶的教導為基礎，指出我們的傲慢是實踐它的障礙。

慈愛和悲心（compassion）（即慈與悲）立足於認為他人是值得的並尊重他們。這些美德是公正無私的，而且超越一般只感恩協助者和憐憫不幸者的心態。瞭解我們和他人在想要樂不要苦上是相等的，是不偏袒的慈愛和悲心的立基點。

為了矯正我們的傲慢和偏心，我們練習將自己看作是最卑下的。這必須在正確的前提下被理解。它的意思並不是指要貶低自己或屈服於自卑之下。認為我們自己一無是處、是絕對無法對他人慈悲的。

將自己看作卑下是相對的。一般認為人類比動物更高等，因為我們有能力去分辨道德和非道德，以及瞭解行為帶來的長遠結果，而動物要擁有這樣的能力是困難的。但是，從另一個角度來看，我們可以說動物比人類優越，因為牠們只會在飢餓或當個體受威脅時為了自衛才去殺害，相反地，人類多是為了娛樂消遣或當受困於意識形態或邪見時去殺害。

這一偈鼓勵我們珍惜他人並欣賞他們好的特質。當我們邀請客人來家裡作客時，我們恭敬地待他們為上賓、為他們準備美味的餐點，並優先招待他們。在工作場合和家庭生活中，我們尊敬那些處於領導地位的人。同樣地，無論社會地位為何，這裡我們也都視他人為「頭等上賓」。

當貪婪、仇恨或傲慢征服我們，我們常以未來會後悔莫及的方式行為失控。然而，培養別人是珍貴的以及我們只是眾人之一這樣的想法，則能遏止失控的行為。

三、一舉一動觀自心，正當煩惱初萌生，危害自與他人時，願正對抗令消除。

佛法的精華是解脫，即脫離苦及苦因煩惱的狀態。煩惱是破壞我們幸福的真正敵人，而佛教修行者的任務是打敗這個內在敵人。對抗和消除煩惱並不意味著要壓制它們或假裝它們不存在，這是不健康的心理。更確切地說，我們必須留意煩惱並對治它們，如此它們才會止息，就像澆水在火上讓它熄滅一樣。

培養能在諸煩惱生起那一刻就認出它們的正知，以及能憶起煩惱過失的正念，可以幫助我們自制，削減煩惱所帶來的有害影響。不去運用正念和正知，我們就要承擔在我們生活中任由煩惱宰割、蹂躪的危險。它們會無限上綱到讓我們喪失普通常識和理智，而我們將會發現自己身處危險、令人困惑或痛苦的情況裡。

這一偈描述如何在明顯及可以感受的階段，將對治法運用於煩惱。因為只有非常高階的修行者才能藉由禪修空性根除煩惱，所以我們必須訓練自己利用更容易的技巧，去運用能對抗特定煩惱的對治法。為了對抗憤怒，我們仔細思惟慈愛和悲心；為了抵制強烈的執著，我們思索令人作噁的面向或渴愛對象令人反感的面向。為了消除傲慢，我們思索自己的缺點和所有自己不知道或瞭解的事情來增加謙卑。每當我感到一絲驕傲時，就會想想電腦，跟它比起來，我幾乎什麼都不懂。那真的會使我的驕傲安分下來！

反思

一、仔細思惟煩惱的過患。

二、下定決心去留意並對抗它們。

三、花時間讓你自己熟悉每一種煩惱的對治法，如此一來，每當煩惱開始生起的時候，你就能很快想起並運用它。

四、秉性邪惡眾有情，恆為猛烈罪苦迫，見時如遇大寶藏，願恆惜此難得寶。

喜歡找麻煩的人會挑戰我們保持慈悲和平靜的能力。當遇到這樣的人時，我們會被煽動起憤怒或甚至暴力的反應。有些人對我們來說可能就只是看起來討厭或無禮，而我們需要在他們的面前特別保持正念，去反擊心中生起的煩惱。我們不應該只是避免輕視他們，這個偈頌也建議我們要去珍愛他們。

我們可以將這教法運用到更大的社會議題上。我們可能對某些族群——例如被貼上罪犯標籤的人——存有偏見，而不想將他們納入我們慈悲的範疇裡面。對囚犯來說，去除有偏見的厭惡，且特別努力給他們第二次機會去變成社會上可接受的和有生產力的成員，並重建他們的自尊心，這點是重要的。

同樣地，我們可能也會習慣性忽視或躲開那些有殘疾和病入膏肓的人。我們可能會害怕感染到疾病——即使它並不具傳染性，或我們受感染的機會微乎其微——或者當親眼目睹他們的痛苦時，可能會感覺不舒服。在這些情況下，我們也需要有意識地培養同理心和慈悲、牢記有一天類似的遭遇也可能發生在我們身上，且需要他人仁慈待己。

因為我們只有藉由遇到那些受制於負面能量和劇烈痛苦的人，我們才有機會戰勝根深蒂固的偏見，所以對我們而言，他們就像珍貴的寶藏，提供機會讓我們增強安忍、同理心和慈悲。如果對他們敞開心房，我們甚至可能會對自己怎麼能從中學習到這麼多而感到驚訝。

五、他人出於嫉妒心，非理辱罵謗我等，虧損失敗我取受，願將勝利奉獻他。

根據傳統守法的觀點，如果我們被誣告，生起義憤填膺的反應是合理的。然而，猛烈的暴怒對我們並不是最有利的，因為它只是火上加油，迫使人們起內訌而無法真誠地溝通。

接受失敗並不表示我們是世人的受氣包，或要去把別人的罪過歸咎於是自己的責任。屈服於某些衝突之下，可能會為他人或我們自己帶來傷害。這裡「願將勝利奉獻」給他人的意思，是說我們不一定要在爭論中爭個你死我活，或不斷地在別人犯的每一個細小錯誤中雞蛋裡挑骨頭。我們可以變得更開放、更寬容和更少怨恨。當我們冷靜時，可以試著把狀況講明，並達成一項適合大家的決議。

有些人喜歡吵架和享受找碴的樂趣。在這樣的情形下，最好不要上當。當我們拒絕爭論，口角就不會持續。將勝利給他人意味著當我們想在身體或語言上壓制別人時，學會克制自己。尋求掌控或擁有對別人的控制權並不會為我們自己或別人帶來長期的幸福。

這並不是建議修行者就該對任何施加在他們身上的傷害或不公平不吭一聲。事實上，根據菩薩戒，我們應該用有力的對策來回應不公平，特別是如果加害者有未來會持續做出有害行為這樣的危險時，或如果別人會受傷害時。我們需要對這情況有敏感度，並知道如何拿捏何時該放手和何時該反抗。但是不論我們對此人說些什麼或是放手，沒有心懷怨恨是很重要的。那是當我們奉獻出勝利時才會釋放的。

六、吾昔饒益助某人，且曾深心寄厚望，彼雖非理妄加害，願視彼為善知識。

在幫助某人過後，即使他們日後不會協助我們，我們通常也期待至少聽到一聲「謝謝」。特別當那個人是我們很親近的，就傾向於對他們要求更多。當對方不體諒或會施加傷害，且回應的方式不合我們意時，我們常會覺得受傷和憤怒。失望和背叛的感受太深刻了，以至於我們可能長時間繞著那個狀況打轉，並盤算著反擊，想要讓那個人跟我們受同樣多的傷害。當我們周旋在同情自己和生氣他人之間，這樣的想法會耗盡我們全部的心力。然而，報復並不會消彌我們的痛苦；報復只是藉由賦予我們虛幻的權力感而暫時將痛苦偽裝起來。而寬恕才是讓自己從痛苦和憤怒中解脫出來的唯一方法。

寬恕並不是意味著縱容他人的行為。它只是表示我們厭倦了受傷和憤怒並釋放了那些情緒，因為正是它們讓我們感到悲慘。這麼做的話，是練習將他人視為讓我們培養安忍的老師。他人就像稀世珍寶一般，因為讓我們有機會去練習安忍和寬恕的人很罕見。

當我們被所信賴的人背叛而感到痛苦時，如果去反思是過去生自己曾經這樣對待別人的，這樣的想法也會有幫助。雖然要自己承認這點令人不愉快，但是說真的，我們也不是一直都做得到公平待人或信守承諾。既然我們曾經做出傷害別人的行為，那麼當受到這樣的對待時，我們為什麼會覺得驚訝、激動或震驚？比較聰明的作法是去接受、原諒和努力讓我們自己未來更可靠和可信，如此一來，就能避免造作讓自己被不當對待的業因。

未來，我們應該放慢速度並評估每個人在哪些方面和在多大程度上值得信賴，而不是為了保護自己不受傷害，而在每個人身上都披了一層不信任的薄紗。當搭飛機時，我們用生命去相信陌生的飛機駕駛員，但是可能不會放心讓他為我們做會計。我們可能會相信一位朋友能對我們誠實，但並不會相信他能修理我們的車子。我們在破碎的信任中感到痛苦，是因為我們在人們不值得信任的方面錯誤地相信他們，或也許我們在他們無法實現或從未答應要實現的事情上對他們有所期待。在未來，更明智的是去多增進彼此間的瞭解，且不要對他們會怎麼想或怎麼做有過多未經證實的假設。此外，就算當人們做出承諾，但環境改變而無法遵守諾言或不再想要遵守時，也不要感到痛苦。人類是會犯錯和改變心意的。我們的期望也必須為這些可能性保留空間。

反思

一、當處於被信賴的人背叛的情況時，承認你的痛苦。
二、深思過去你做過被別人視為是違背承諾的行為。
三、慈悲和寬恕做出這類行為的自己。
四、感恩那些讓你有機會練習安忍和寬恕的背信者。

七、無論直接與間接，願獻利樂於慈母，如母有情諸苦患，我願暗中自取受。

這個偈頌描述自他交換的觀想，在思惟的階段中，我們培養這麼強烈的慈悲，以致我們想像自己不僅承擔別人的苦痛，也承擔導致苦痛的煩惱和業障。在承受上，想著它們摧毀我們自己的無明和以自我為中心的想法。然後，內心懷著關愛，想像自己的身體、財物和功德轉變成其他人需要的任何樣子，並施予他們。這項觀想可以結合我們的呼吸一起練習，慈悲地將他人的苦痛吸入身內，帶著愛將他們所有需要擁有才能快樂的東西呼出身外。

轉述一位喀什米爾智者班千釋迦師利（Paṇchen Śākyaśrī）的話：「當我快樂時，我將這個安樂獻給遍布整個宇宙的所有眾生，讓他們都充滿了快樂和功德。當我悲慘時，願我的苦痛枯竭掉所有眾生的苦痛。藉由讓我遭遇困境，願所有其他人免於經歷這些。」這些話來自一位修心實修者的想法，他與自己和他人都和平共處。

「暗中」練習可以用兩種方式來理解。它建議這項慈愛和悲心的練習可能不適合初學者，且應該只在當某人有一定深度的勇氣，並承諾要練習修心的時候才能教授。

「暗中」也指出我們應該怎樣進行這項練習——謹慎地、帶著謙虛和正直，且不讓自己引起注意。切喀瓦格西建議我們要完全轉化自己內在的想法和情緒，但外在表現還是維持正常。當一個孤陋寡聞的人抵擋不住炫耀的引誘，顯出一副趾高氣揚的樣子時，這種情況會貶低他或她的實際經驗並欺騙他人。我們應該明確地去避免這種狀況發生。

八、願此一切我所行，不為八法念垢染，以知諸法如幻智，無執離縛而解脫。

世間八法包含四組：

- ．得到金錢和財物就開心（利），沒得到或遺失就沮喪（衰）
- ．得到讚美和贊同就開心（譽），遭受批評或反對就沮喪（毀）
- ．得到名聲和好聲譽就開心（稱），當不名譽和惡名昭彰時就沮喪（譏）
- ．遇到愉悅的色、聲、香、味和觸等對象就開心（樂），遭遇產生不愉悅感受的對象就沮喪（苦）

這些世間八法污染了我們的道德行為。例如，當我坐在法座上時，如果我的潛意識裡有個想法：「我說法說得好不好？人們會讚美還是批評我？」我的心就被世間八法所污染。

了知諸法如幻是防止世間八法染污我們內心的一種方法。在我們能視諸法如幻之前，必須瞭解它們是自性空。這種對空性的理解並不會因為在心裡重複這個偈頌或一邊想像著無，一邊唸誦「空、空」就會產生。為了發展對空性的真實洞見，我們必須利用推理去探究諸法是如何存在的。

瞭解每一件事都是自性空的其中一個最有效和最令人信服的方法，是去仔細思惟緣起和互依。這個方法的獨特性是它使我們在「全然不存在」[11]與「獨立或自性存在」[12]之間能夠找到中道。藉由瞭解事物都是互依的，我們知道它們並非獨立。而因為獨立存在和自性存在是近義詞，那麼我們就知道它們並非自性存在。而因為事物靠著互依而存在，所以它們並非全然不存在。仔細思考後，我們就不會迷失在實有論或斷滅論中，並會產生正確的見解。

一旦我們在觀修中對於空性得到洞見，我們與世界和生活其中的人們間的互動就會有新的氣象。這是由於我們覺察到在日常生活中遇見的對象有著虛幻的本質。理解人、現象的空性和虛幻本質兩者，我們能夠與慈悲共同合作去巧妙地引導同在道路上的其他人，這樣他們也會遠離還未被降伏的煩惱和業，並會感受到圓滿覺醒的喜悅和平靜。

8 有體系的進路

覺醒（覺悟）指的是心的勝義性（ultimate qualities of the mind）；覺醒之道（覺悟之道）消除障礙並增強通往這個狀態所需的特質。梵語的菩提（bodhi）表示覺醒，藏文譯為獎秋（jangchup）。「獎」（jang）的意思是「淨化」，此處指的是滅諦，即煩惱及其種子和習氣的淨化或消除。「秋」（chup）指的是已培養所有正面特質。「獎」強調諸佛斷除所有過失，而「秋」就是他們的特質和證悟。覺醒並非由外在事物所賦予，而是心透過淨化和培養的過程達到的。能證得它的潛能已存在於我們自身之內：心的本質是清楚與認識，所以覺察所有現象的能力早已存在。我們需要透過瞭解所有現象的空性來消除障礙，進而達到那樣的狀態。

初學佛教者偶爾會問我覺醒是什麼感覺？我並不知道，但是我認為由於了悟實相，所以必定是一種很深切的滿足感和成就感。打個比方：當我們對某件事一無所知時，會感到不自在，並試著要去瞭解它。一旦我們瞭解了，也排除了障礙，就會感到無比輕鬆。因為十分有把握自己的理解正確，所以覺得開心。當我們圓滿覺醒時，會直接理解到所有存在的事物，所以想像一下那時將體驗到的深切滿足感吧！這讓我們對於佛陀內心所體驗到的喜悅有個概念。

精神成長之道

為了獲得佛陀的這些特質，我們需要發展身、口、意的許多不同面向。歷代以來，佛教的祖師大德們已經使用各種典範去闡述如何循序實踐的路徑，在本章中，我們會探討其中的一些。這些按部就班的陳述概括地描繪出一條有次第的路徑，讓每一個人能根據自身的程度去練習，並以一種自在且漸進的方式向前邁進。

我們先從聖天[1]說明路徑的三個階段開始（《四百論》，第一九〇偈）：

> 先遮遣非福，中應遣除我，後遮一切見，知此為智者。[2]

或許可以用兩種方式來理解這個偈頌。第一種方式，「先遮遣非福」指出為了避免投生惡趣和為了生於善趣，捨棄十不善業道和修習十善業道是必要的。「中應遣除我」意思是捨棄粗品人我執（grasping at the coarse self of persons）——自成實質存在的補特伽羅（self-sufficient substantially existent person）。雖然捨棄這樣的執著不會讓人成為阿羅漢或成佛，但它確實會帶來中止粗品煩惱這樣的益處。「後遮一切見」指的是了悟實有的空性（emptiness of true existence）[3]，並運用這個智慧去根除所有的煩惱。

研究此偈頌的第二種方式，是從最後一句往回讀起。為了達到覺醒，要消除所有的所知障，就像「後遮一切見」所指出的。為了滅除這些障礙，光是依據細微的緣起去觀想對境光明（object clear light）——勝義本性、空性——還不夠。從無上瑜伽的觀點來說，我們必須清楚了知有境光明（subject clear light）——在八十種分別心和三種顯現（three appearances）[4] 消散後所生起的最細微心——並利用它來了悟真如（suchness）。在這之前，必須了悟空性並消除煩惱障，就像「中應遣除我」所指出的。為了能達到這目標，我們需要連續不斷地投生善趣，在善趣中可以練習佛法。而實現這些目標的方法是「先遮遣非福」，即捨棄十不善業道。

《道燈論》（*Lamp of the Path*）中，阿底峽尊者根據修行者的三個程度：上、中和下，來說明道的三個階段。上士道滅除所知障，因此精神（心靈）高度成長的他或她為了能以最有效的方式利益一切有情而成佛。此人把對自己和他人來說最高、最長久的極樂和平靜——圓滿覺醒——作為目標，所以想要為了自己與他人消滅掉苦和苦因。阻礙圓滿覺醒的所知障是無明的細微習氣及它們所造的自性存在意像。為了斷除這些，此人必須培養菩提心、練習六波羅蜜多（six perfections）以及結合止、觀於細微空性上。這就是上士道。

中士道滅除煩惱障——導致輪迴的煩惱、煩惱種子和業障。精神中度成長的這類眾生尋求解脫——脫離不受控制的輪迴，即涅槃寂靜。為了達到這目標，他或她練習三增上學，其動機是決心脫離輪迴和證得解脫。

下士道滅除粗品不善行，例如十不善業道——殺生、偷盜、邪淫、妄語、兩舌、惡口、綺語、貪欲、瞋恚和邪見。這十種行為不僅會導致未來投生於惡趣，也會導致此生問題不斷。平息粗分的錯誤思想、語言和行為就能帶來初學者在輪迴中所尋求的幸福。

以循序漸進的方式來解釋這條路徑，首先和最迫切的是修行者一定要減少自己的粗分煩惱和傷害性的行為，並練習十善業道。雖然修行者的終極目標可能是涅槃或覺醒，但是他一定要先採取防禦的姿態去阻擋對幸福來說最明顯的障礙。一定要特別避免落入惡趣，因為那會讓他很長一段時間無法修行。

第二個階段是實際戰鬥，展開攻擊去摧毀煩惱。戰勝煩惱的修行者就證得了涅槃。

第三步驟是斷除被煩惱遺留在心相續中的習氣或染污。滅除掉它們之後，修行者會成為一位圓滿覺醒的佛。

修行者的程度	直接的目標	修行的內容	斷除的內容
下	投生善趣	平息粗品傷害性的思想、語言和行為，並練習十善	十不善
中	證得解脫（阿羅漢果）	三增上學	煩惱障：導致輪迴的煩惱、煩惱種子和業障
上	圓滿覺醒（佛果）	六波羅蜜多、四攝法、金剛乘	所知障：煩惱習氣和自性存在意像

這三種修行者的程度或能力建立起此書教法呈現的基本架構。某些觀想是用來培養各程度特定的動機，而其他的觀想則用來實現動機所預期的成果。觀想珍貴的人生、死亡和粗分無常，和可能投生惡趣（unfortunate rebirth），這會幫助我們生起投生善趣的希求。我們藉由歸依三寶和觀察業的法則來得到來世投生善趣。

觀想前兩個四諦可以激發我們內心對解脫的希求。透過修習三增上學而證得道諦，會帶來滅諦和解脫。

觀想「七重因果教授」（seven-point cause-and-effect）及觀想「自他平等和自他交換」（equalizing and exchanging self and others）是生起菩提心——即為了利益一切有情而希求圓滿覺醒——的方法。這通往覺醒的方法是修習六波羅蜜多、四攝法[5]和金剛乘。

修行者的程度	能引發此一階段動機的觀想內容	動機	實現此動機之成果所需完成的修行
下	珍貴的人生、死亡和無常、投生惡趣	投生善趣	歸依三寶、觀察業的法則及其影響
中	前二諦：苦諦和集諦	證得滅諦和涅槃	道諦：戒、定和慧增上學
上	平等捨、七重因果教授、自他平等和自他交換	菩提心	六波羅蜜多、四攝法、金剛乘

有兩種類型的下士修行者，一種是特殊的（superior）[6]，另一種是較差的（inferior）[7]。特殊下士追求投生於如人、天等較高的善趣。雖然他們也追求更好的此生，但主要關注的是創造來世生善趣的因。較差下士只關心此生是否更好，雖然他們仍可能透過布施、持戒等等來造作善業，但是並不為來世作準備。

如果你們生長在普遍不相信有來生的文化中，最初會來接觸佛教的動機可能只是想要改善此生。此時，你們是一般的下士，想要在此生少一點壓力和憤怒的感受、好一點的人際關係、改善健康和讓心多一點平靜，並把佛陀的教法看作是通往這個目標的方法。運用佛法去成為一位較穩定的人，你就會做出比較少惡行，和比較多善行。隨著時間流逝，你會明白來世的存在、輪迴、解脫、覺醒和通向它們的道路。當思考這些主題並深信它們時，你的眼界會擴展，並想要創造安詳死亡和投生善趣的因。你會意識到輪迴的危險，並希望自己能脫離它。當你越是對別人敞開心房，為了利益所有的眾生而成佛的想法就會在你心裡茁壯。因此，就會像有機體般成長並在這條道路上前進。

當佛教談及為來世作準備的重要性時，並不是意味著我們應該漠視此世。如果想要擁有順利的來世，透過當個不傷害或欺騙別人的正直者，正確地關照此世是重要的。持守善戒，就會在此世遇到較少的問題，並會創造投生善趣的因。

這三士並非各有各的修習道路。而是隨著一個人往前進時，他或她會走過所有這三個階段。為了斷除阻礙圓滿覺醒的所知障，我們必須先斷除煩惱障，並讓自己脫離輪迴的痛苦。要根除這些煩惱而證得解脫，必須先駕馭對此世幸福的執著，那執著會促使我們去從事十不善的行為。因此，上士、中士、下士代表著一個人在精神旅程中的三個不同時期。這樣的修行者循序漸進地開展這三個不同的階段，每一個階段對於接續在其後的階段來說都是不可或缺的。

另一方面，這三士各自的修習都是完整的。如果我們目前只是希望投生善趣，那會有一個完整的方法，去實現我們在下士道的希求。在下士道的基礎上，中士會找到一個完整的方法，去完成他們在中士道對解脫的希求。如果我們追求圓滿覺醒，那麼透過修習前兩個階段來帶領我們修習更進階的道，之後就會往前走過所有三個階段。對進階的修行者來說，前兩道被稱為「共下士道和共中士道」，因為它們並非專屬於下士和中士。

「共」（in common with）也表示以圓滿覺醒為目標的上士，並沒有完全用像下士和中士那樣的修習方式來修習下士道和中士道。雖然下士滿足於希望改善他們輪迴中的生活品質，但是以圓滿覺醒為目標的修行者[8]從一開始就擁有更廣大的希求。雖然他們尚未證得菩提心，但是他們是以某種程度的菩提心來修習所有下士道和中士道。[9]

宗喀巴的《菩提道次第廣論》是《道燈論》的注釋，遵循著阿底峽尊者的論述。

當談到遠離四種執著時，薩迦派也遵循著阿底峽尊者的論述順序。薩迦初祖，薩欽・貢噶寧波在《遠離四種執著論》（*Parting from the Four Clingings*）中說到：[10]

> 若執著此生，則非修行者；若執著世間，則無出離心；
> 若執著自利，則汝非菩薩；當執著生起，正見已喪失。[11]

這裡，我們開始讓自己遠離只關注此生幸福的世間八法。捨棄它們，我們就能成為真正的修行者。然後，培養對輪迴的出離心，並下定決心出離所有的三界輪迴。仔細思惟所有其他的眾生都像我們一樣深陷於輪迴之苦，我們要拓展眼界並發起利他的菩提心。為了達到證得菩提心的圓滿覺醒這個目標，我們必須透過了悟空性去獲得二諦正見，並捨棄所有執著於自性存在和完全不存在的二邊[12]。因此，這薩迦派的短偈反映出它們有著與阿底峽尊者提出的，由下而上修學佛法的三種動機之相同進路。

當第五世紀的上座部覺音論師以同樣的方式來敘述持戒的上、中和下三個階段（《清淨道論》Vism I.33）：

> ……以渴望為動機〔的持戒〕，若它的目的是去享受持續的存在，這是下等；若修習的目的是為了自己的解脫，這是中等；若為了一切有情的解脫而修波羅蜜多，這是上等。

以在輪迴中渴求投生善趣為動機而做的持戒和其他佛法修行，若是善的，就是下等。希望自己解脫輪迴而完成的修行是非常好的，但並不是最好的；希望一切有情都能解脫而完成的波羅蜜多，才是最上等的。雖然一開始我們的動機可能有限，但是隨著自己的智慧和悲心增長時，動機同樣也會增長。

四諦及三士道

從三士道的角度來解說四諦能幫助我們瞭解每一階段的動機、目標和修行。

對於希望在輪迴中投生善趣和擁有幸福的下士而言，苦諦表示粗品苦痛，特別是指深陷惡趣中的痛苦。苦的集諦是指十不善和推動它們的粗品煩惱，例如：貪欲、瞋恚和錯誤的見解。滅諦是指暫時脫離惡趣，而證得它的道諦則是指捨棄十不善並實踐十善。

對於希求解脫的中士而言，苦諦是指一位受到煩惱和業所影響的輪迴者[13]的五蘊。集諦是指導致在輪迴投生的煩惱障。滅諦是指脫離所有這樣的投生，或更精確地說，是指已運用道諦擺脫所有煩惱障的心之勝義本質。道諦是指以直接了悟空性的智慧為基礎的聖者證悟。

對於希求圓滿覺醒的上士而言，苦諦是指自己缺乏一切智及一切有情的苦。集諦是指所知障和以自我為中心的態度。滅諦是指成佛狀態下所知障的止息，或更準確地說，是指已運用道諦擺脫所有所知障的心的勝義本質。道諦則是指以直接了悟空性的智慧和菩提心為基礎的聖者證悟。

不只一種方法

我們最終的目的是自己能成佛和成為三寶。法寶包含了後兩個四諦——道諦和滅諦。當我們證得道諦和實現滅諦時，我們的心就成為法寶。同時，我們成為僧寶。當以菩提心做為動機完整地實現所有滅諦時，我們成為佛寶。因此，為了瞭解歸依三寶的意義，我們需要更深入瞭解法寶，而這以瞭解四諦為基礎。要完全地理解滅諦的細微面向，有賴於瞭解二諦——世俗諦和勝義諦——尤其是勝義諦，自性存在皆空。

阿底峽尊者的《道燈論》說明成為三寶的一種次第步驟，而《般若經》呈現的是另外一種。彌勒菩薩的《現觀莊嚴論》（*Ornament of Clear Realizations*），是《般若經》的注釋本，藉由區分成七十個主題的八個[14]現觀[15]來說明這個次第。第一個現觀——遍相智——定義佛陀心識的十個主要分類：菩提心、教授（instruction）等等。[16]「教授」這個主題首先談到二諦，二諦包含所有的現象，接著談到四諦，四諦是修行的對境。緊接著討論到歸依三寶，隨後有不耽著、不疲倦的精進等等。

師子賢所著的《明義釋》（*Sphuṭārthā*）是使用最廣泛的《現觀莊嚴論》注釋本。其中，他談論到兩類修行者：一類是非常聰明且能深入分析教法意義的利根者[17]，一類是基於對佛陀和經典的信心而追隨的鈍根者[18]。師子賢的注釋主要針對的對象是利根修行者，而上述的次第也對他們特別有用。

阿底峽尊者的《道燈論》中所教化的對象則不一樣。他是應菩提光王子（prince Jangchup Ö）的要求而著述的，菩提光王子請求阿底峽尊者賜予西藏人一個適合的教法，這些西藏人當中有很大一部分是佛教徒。他請求的教導是希望能讓他們可以輕易付諸實行的，這樣就能使佛教在西藏再次興盛起來。阿底峽尊者勾勒出三士道次第的要點來作為回應。

當我對初學佛教的知識份子講授一般佛法時，我比較喜歡運用《現觀莊嚴論》中的次第去呈現佛道的整體架構，開頭是先談到慈悲的菩提心動機，之後進一步談到「教授」。這會幫助他們瞭解這些各式各樣的觀念要如何套入這框架之中。雖然我無法對初學者更深入去探討這些觀念，但是因為每個人都能瞭解慈悲這個概念，所以我先談它。接著我會簡略地介紹二諦，這樣一來人們就能知道事情的表象與它們實際上的存在（實相）並不相同。接著我會講四聖諦，四聖諦搭建起解脫道的框架。在這脈絡下，轉往談論三寶的庇護和引導就顯得合理。基於這個理由，在這整個系列中，歸依三寶將會連同四諦一起呈現，而不是如同講述道次第時，僅在下士道的脈絡底下談論歸依三寶。

我鼓勵你們當中已經完成哲學研究並重視般若經和《現觀莊嚴論》的教授順序者，能夠將那個順序整合到你們的道次第教法中。這會對你們的學生有益處。我也建議你們教導宗義體系[19]。道次第比較具實用性，而宗義則比較學術性。如果你們的學生兩者都學習的話，他們會對修習佛法有明確的方向感以及對空性有更深入的瞭解。

師長會根據不同的聽眾來改變他或她的教學方法。龍樹著作《寶鬘論》（*Precious Garland*）時，他教導的對象是一位國王，一位對佛法有興趣，也有世間責任的人。對這位國王，龍樹先提出確保投生善趣的方法，之後才提出證得解脫的方法。另一方面，當他教授《釋菩提心論》（*Commentary on Bodhicitta*）時，《釋菩提心論》解釋《密集根本續》（*Guhyasamāja Root Tantra*）當中的一個偈頌，對象是上等根器者——特別是無上瑜伽的修行者——這教法就適合他們。

當教導一大群人時，精神導師會給予專為大眾設計的教授。他們通常會採用一個特定的文本，並大致上對於道作廣泛的解釋以滿足許多人的需求。當教導一小群人或個人時，精神導師會根據那群特定人士的需求而給予教導。重要的是不要被這兩種情況弄糊塗了，認為因為是精神導師對某位特定人士給予某個教導，所以每個人都要去遵循。

主題呈現的順序可能也會不同。《現觀莊嚴論》簡略地談論瞭解空性的智慧，接著是談論菩提心；《釋菩提心論》則是先提到空性，發菩提心和菩薩行則緊接在後。這是針對聰明弟子的教法。雖然菩提心是在道次第的後面部分，但是寂天在《入菩薩行論》中的一開頭就談到它，因此所有隨後而來的觀想和修習都被導向覺醒。

不管我們學習菩提心和空性的先後次序如何，當我們在個人的修習上著重初階和中階的同時，也培養對此二者的瞭解，是有幫助的。這樣，某種程度的菩提心和瞭解空性的智慧會幫助我們觀想珍貴的人生、死亡和無常等。此外，我們觀想初階和中階的主題也會提升我們對培養菩提心和練習六波羅蜜多的興趣與迫切感。

針對當代聽眾的教法

阿底峽尊者把十一世紀西藏人的需求放在心上而著作了《道燈論》。著作這本文本時，他並沒有使用繁瑣的哲學辯論或大量的推理，因為他的對象都已經信仰佛陀的教法。他們需要的就只是一個簡明且直白的教法，解釋從道的起始一直到覺醒之間要如何進行練習。

隨著佛教現在傳布在國際間，聽眾也非常不一樣。這些聽眾需要聽到偉大印度聖人論著中所發現的合理論點，這些論點證明輪迴、解脫、三寶、業及其影響。如果對這些主題缺少清楚的瞭解，那麼他們對覺醒之道的理解就不完整。

我閱讀過受尊敬的格魯派高僧才旦夏茸（Tseten Shabdrung, 1910-85）所寫的一些道次第筆記。他解釋當我們仔細思惟道次第的主題時，應該將來自般若波羅蜜多和中觀主要論著的觀點融入到自己的省思當中。這樣，我們對這些偉大哲學論著的學習和對道次第的修習就會相輔相成。這是博多瓦格西（Geshe Potowa）所領導的噶當雄巴瓦（Kadam Shungpawa）——噶當「教典」派——所使用的方法。[20] 去理解優秀的僧伽大學中研習的主要科目——般若波羅蜜多、中觀、因明與認識論、阿毘達磨和戒律——對於促進我們的道次第修習是最有幫助的。當西藏人開始教導西方眾時，很少有哲學文本被翻譯成西方語言。現在，有更多的譯本和學習手冊可以取得，讓學習這些古典文本成為可能。

有些人可能曾經聽過道次第包含了所有佛陀的教法，所以認為單只相信道次第就足夠。道次第確實在某個程度上匯總了偉大論典中的含意，所以花幾年時間去學習它們的人，能夠輕易地識別出觀想的重點。對於不曾學習過這些重要文本的人，就能從學習道次第中獲得利益。

鈍根的弟子們較仰賴信仰，把佛陀視為是完美的精神導師，把龍樹一直傳承到自己老師之間的祖師們都視為是值得信賴的精神導師。這群人對於深入學習並不感興趣，反倒是那些利根者更有好奇心，且想要學得更多。他們會對所聽到的和所讀到的教法提出疑問；想要知道為什麼某位聖人會用那樣的方式解釋佛法。佛教鼓勵我們去研究和探索。那些帶著好奇心，真心想去研究佛法的人才是佛陀真正的弟子。對於這些學生，只有道次第是不夠的；他們必須仰賴重要的論著。

如果我們無法正確地瞭解空性、滅諦、涅槃和覺醒的確切含意，那麼我們的虔誠以何為依據？如果我們瞭解完全消除無明和煩惱是可能的，那麼我們對佛陀的信仰和對其教法的信賴會很堅定。不去學習和仔細思惟佛陀的教法，便難以清楚區分其他老師們所信奉的道和佛道有何差異，其結果就是我們對三寶的信仰會不堅定。我們看到短時間內就改變信仰的人。雖然他們可能會將自己的善變歸因於心胸開闊，但對我來說，那多半似乎是因為困惑的關係。如果他們學習和仔細思惟佛陀的教法，尤其是描述空性和緣起的哲學性論著，那麼這個困惑會因為理解而消失。道次第教導我們如何透過瞭解三寶的獨特性去歸依三寶，在其他精神指南中找不到的獨特性。當我們有這樣的瞭解時，自然就會歸依三寶：不需要任何人來說服，也沒有人能阻止我們歸依它們。

我們可能聽說過有關由師長口傳給弟子的口訣教授（pith instruction）和耳語教法（ear-whispered teaching）。[21] 不要認為這些教導與龍樹的典籍，以及其他古典論著毫無關係。所有在耳語教法和口訣教授的內容同樣也存在於這些典籍裡。除了我們在古典論著研讀的內容外，沒有任何祕密教授。如果我們不懂得如何將這些重要論著裡的教導融入到我們的修行中，錯是在我們自己，有賴於我們去改進。

道次第的價值

道次第這種通往佛道的循序漸進和系統化進路具有很多優點。[22]

我們會明白佛陀的教法並不矛盾[23]。如果我們把佛陀對不同弟子所做的建議拿來比較的話，我們可能會認為他自相矛盾。在一些經文中佛陀說到了有我，但在其他的經文中他卻談到無我。在一些經典中他談到不飲酒的重要性，但在其他經典中他卻允許在特定的、罕見的情況下可以飲酒。

這些差異是因為佛陀在道的不同階段，引導個性和偏好極大不同的有情所造成的。他的動機在任何情況下始終如一：利益此人並逐步引導他或她至覺醒。為了實踐這個目的，他裁量他的教導以符合每一位弟子現有的能力。說有我存在是引導害怕無我者的一個善巧方式。之後，當他們精神上更加成熟時，他會清楚表明並沒有一個自性存在的我。對大多數的人來說，飲酒會傷害他們的精神修行並且應該戒除。但對於已經有自制力、菩提心和瞭解空性之智慧的高度成就密續修行者來說，飲用少量的酒可能會對某種特定情況下的觀想帶來利益。

上述這個建議並不矛盾，因為佛陀的動機在任何情況下都一樣。如果有一個人走在兩邊都是懸崖的狹小道路上，當她離左邊懸崖太近時，會有一個善巧的指引聲：「靠右！」但是如果她離右邊懸崖太近時，導引會指示：「靠左！」分開來看，這些教導好像是矛盾的。然而，當我們瞭解脈絡和長遠的目的，我們會明白根本沒有任何矛盾，有的只是利益而已。

佛陀不只針對不同的人給予不同的教導，他對同一個人所給予的建議也會依照不同時間的情境，以及依據此人內心最顯著的曲解而有所不同。起初，某個人可能會設想自我是常、一、自主的靈魂（permanent, unitary, independent self），在這情況下佛陀就會教導如何去駁斥這樣的自我。如果她在修行的另一段時間裡，可能會設想外在的世界是獨立於知覺之外，佛陀為了幫助她消除那錯誤的執取，就會教授唯識的觀點，即主張異於心的外在世界並不存在。

我們會將佛陀的所有教法理解為個人的教授[24]。有些人錯誤地認為某些經典是用於研究，而其他經典是用於觀想和修行的。當我們知道道次第循序漸進的方法時，我們會明白所有的教法不管怎麼樣都與根除雜染和培養功德有關，因此都是和我們的修行相關的。我們的心太複雜，而且痛苦又是如此強烈，以至於單憑一次修行並無法馬上消除所有煩惱心。道次第是一個能逐步戰勝有害態度和情緒的系統化策略，透過教導我們各式各樣的主題和觀想技巧，得以讓我們開發心的不同面向。

雖然瞭解空性是對治所有痛苦的終極解藥，但在道的初階階段時，我們對空性的理解還很薄弱，並不足以成為有效的藥物。運用一些對治個別痛苦的特定技巧，例如修心教法中的技巧，能夠減輕我們粗劣的憤怒、貪執和困惑。漸漸地，這越來越安定的心對於觀想空性就越來越有利。

道次第廣泛的組織結構能讓我們瞭解所有各式各樣的教法是如何組成一個凝聚性的整體[25]，並設計來讓人修行。它幫助我們不會掉入陷阱和繞行遠路，並幫助我們知道如何用平穩的方式把所有道上的要點都整合到我們的修行中，因此我們能夠圓滿精神的希求。

我們會發現佛陀的意圖[26]。佛陀的終極目標是去圓滿所有眾生對投生善趣、解脫和圓滿覺醒的希求。道次第的架構清楚地說明如何實現這些目標。

我們必須避免犯下毀謗佛陀教法的這個重大錯誤[27]。因為諸佛菩薩教導所有面向的道，來引導不同的有情走向覺醒，所以我們應該尊重佛陀的一切教法。現今很不幸地，我們發現人們不只批評其他的宗教，也批評其他的佛教傳統。雖然辯論能提升我們的理解，但藐視對他人有用的教法就沒有什麼益處了。如果我們口口聲聲說我們尊敬佛陀並想給別人最好的，那我們怎麼能貶低那些專為個性和興趣與我們自己不同的信徒而有的教法呢？

對道次第的認識能使我們理解並尊重其他佛教傳統的修行，還有實踐它們的人們。如果知道有情的三個精神目標——善趣、解脫、覺醒——還有培養及實踐這三個目標的觀想，我們就會知道某個特定教法在這綱要中是歸屬於哪裡。

兩個目標與四依

在本章中，我們已經聚焦在道次第的寬闊觀點以及如何逐步地引導個人走向圓滿覺醒。現在我們要將此道綜合成兩個目標，然後審視四依（four reliances），四依對於達成道次第的究竟目的和證得圓滿覺醒是至關重要的。

龍樹說（《寶鬘論》第五—六偈）：

具信故依法，由慧如實知，二中慧最勝，然以信為先。
不因貪瞋怖，或癡越法者，知為具信者，決定善勝器。[28]

這兩個偈頌表達佛法的兩個目標，即成就「增上生」（higher rebirth）[29] 及「決定勝」（highest good，解脫與覺醒）[30]。獲得增上生相當於道次第中的初階 [31] 動機，而獲得決定勝則是達到中階 [32] 或進階 [33] 的動機。佛陀教導兩種獲得增上生及決定勝的方法，分別是：信心和智慧。有兩種無明是這兩個目標的障礙：對業及其果報的無明以及對實相勝義本質的無明。為了消除這些無明，佛陀指導我們對兩類緣起培養理解：對因果緣起的理解以及對依賴而立的緣起的理解。

透過觀修因果緣起，我們瞭解到自己的幸福來自於善而痛苦來自於不善。需要信心才能接受業及其果報那難以思議的細微之處，這是無法由我們的感官直接了知的隱蔽難解現象。由於相信業及其果報，我們才能駕馭粗品的貪、瞋、怖和癡，而因此能不再從事不善的行為而從事善的行為。如此一來，我們會在未來獲得善趣。

對依賴而立緣起的理解能通往證悟空性。此智慧是對勝義本質無明的解藥，也會完全地根除所有障礙。透過培養我們對依賴而立緣起和空性之間互補特質的理解，我們就能夠獲得解脫與覺醒。

目標	方法	所要平息的障礙	觀想的緣起
增上生	信心	對於業及其果的無明、粗品煩惱	通往持戒善行的因果緣起
決定勝	智慧	對於實相勝義本質的無明、所有障礙	依賴而立的緣起，輔助證悟空性

龍樹的這兩首詩偈中有很多值得令人深思的地方。當我們仔細地檢視它們，我們會發現其中包含了通往覺醒的完整路徑。

在走入佛道的兩個目標中，決定勝最為重要。為了獲得它，了悟現象空性本質的智慧是不可或缺的。這個智慧除了透過理智外，無法透過盲信或祈禱而獲得。在《四依經》（*Catuḥpratisaraṇa Sūtra*）和《解深密經》中提及的四依[34]指引我們該如何進行。

一、依法不依人。主要依止於教法而不是個人。

二、依義不依語。關於教法，不要只依止於詞語而是它們的意義。

三、依了義不依不了義。關於意義，不要依止於尚待解釋的意義而是明確的意義。

四、依智不依識。關於明確的意義，既不要依止感官認識，也不要依止分別意識，而是依止能直接、無分別地了悟空性的非二元智慧。

四依說明了修行者漸進的發展。此處「依止」的意思是內心依止於可靠知識的來源，能無欺且合理地去相信。在整個道路上，我們必須依止老師，先去學習教法的詞語，之後理解其中的意義。至於意義，我們先依止於那些描述道次第和粗品無我見的不了義（尚待解釋的意義）教法，之後是那些描述完整空性見的了義（明確的意義）教法。當我們觀想空性時，我們最初是以分別意識來理解。透過熟悉空性，我們穿透分別心的薄紗並獲得對於空性的直接、無分別的非二元性知覺。

更深入探討這四依：

一、**依法不依人。**此處「人」主要指的是凡夫，他們教導從別人那裡聽來、誤解或虛構的許多不同道路。與其依賴那些心還受無明影響的人，倒不如依賴佛陀所教導的經典還更明智點，這些經典解釋能證得覺醒的可靠方法。我們應該運用理智去仔細觀察教法的語言和意義，而不是將「教導此教法者是傑出的」作為遵循教法的理由。

即使是佛陀，也不是他所說的一切都應從字面上去理解。有時候他將暫時性的見解[35]作為一個善巧方便來教導，引導特定的個人或團體走向最終的道路。他教導某些人如來藏（tathāgatagarbha）[36]理論，若按字面上來理解，那似乎證實有常我的存在。然而，佛陀心裡所指的意義[37]是心的勝義本質——其真實存在的空性[38]——那是常的。雖然不應按照字面來理解這類教法，但是由於佛陀心裡所指的意義是真實且可靠，所以它們被視為是無欺的。同樣地，當佛陀跟斷滅論者（nihilist）說有一個自成實質存在的補特伽羅時，不應按字面去理解他的話。他這樣教導，斷滅論者就不會否定業及其果報，並會理解有個我會把業帶到來生並承受其果報。

二、**依義不依語**。如果我們只留意教法的語言文字，那有可能會忽略它的意義。這會障礙教法在正道上引導我們的能力。我們應該利用自己的才智去理解教法的意義，而不是僅僅因為自己能使用複雜的學術術語和語言，就認為瞭解主題。我們也應該把焦點集中在佛陀心裡所指的意義，而不是語言文字上，因為當按字面理解時可能會誤解其義。

當我們想要理解所有現象存在的無欺模式時，應該依止於自性存在皆空——它是聖慧的對境——的教法，而不是依止於有關菩提心和佛陀特質的教法。這個智慧能根除輪迴。此外，我們應該依止論理並培養可靠的認知（reliable cognizer）——能正確地了知對境的不受欺誑之心。

雖然特別是在有關了悟空性上會教導四依，但前兩個依法適用於學習任何佛法主題上。不要著迷於一般人的個人魅力，我們一定要聆聽他或她所教導的內容。另外，不要醉心於玄虛的語言文字，我們一定要仔細思惟它們的意義，並試著理解它們。

三、**依了義不依不了義**。「不了義」指的是世俗諦——包括世界上所有存在且運作的對象。為了理解關於空性的解脫教法，我們必然不能依止於那些談及世俗諦——例如輪迴過患或菩提心利益——的典籍。雖然這些教法對於實踐圓滿覺醒之道是重要且必須的，但是它們無法傳達勝義的本質。我們也應該避免將世俗諦——例如感官的各種對境——當作真正存在的模式，而是要去理解雖然它們並不是自性存在，但卻錯誤地顯現為自性存在。我們要依止的意義是現象最細微的存在模式，即它們僅僅缺乏自性存在。因為所有現象都缺乏自性存在，所以將它們的空性稱做所有現象的「一味」（one taste）。

四、依智不依識。當在與佛法一致的解脫道上前進時，我們不應該滿足於對空性的概念性理解，而應持續地禪修，直到我們證得能直接、無分別地了悟空性的無染智慧意識。從這個智慧的角度來看，沒有能知的主體（人或意識）或所知的客體（在這裡指空性）的二元顯現。雖然獲得空性的正確分別（概念）、推理的瞭解是必要的，但這些並不是實證勝義本質這個過程的終點。凡夫及聖者們都能擁有深刻的分別（概念）理解，但是我們必須追求能證得聖者的無分別（非概念）智慧，它是隨著分析觀修空性而生起的。為了達到那個境地，我們必須看穿顯現在我們的感官意識和分別意識當中的諸蘊等等都是空性的基礎，換言之，那些客體的勝義本質皆是自性存在皆空。相反地，我們必須培養對空性直接、瑜伽、可靠的認知[39]——遠離分別心的顯現（conceptual appearance）而覺知空性的心。這個心知道它自己的勝義本質。空性直接在這個心中顯現，心無分別地確定它。此時，主體和客體的顯相消失，而心和空性變得無二無別，就像水倒入水中一樣。

四依所描述的進展指出我們千萬不要滿足於某一個階段的理解，而要持續到我們證得道的直接體驗且真正讓自心脫離雜染為止。

9 成佛之道所需的工具

要能夠真正地修學佛法，需要的不只是一些資訊或打坐用的坐墊而已。我們需要正確的動機以及能夠幫助克服障礙的有效、實用的建議。這一章談的是在修行過程中我們所需要的心理工具，例如信心和智慧。我們將會探討在培養三種智慧——聞慧、思慧、修慧——時，祈願和儀式、淨障和集資、背誦和辯經在其中所扮演的角色。

整體性的建議

修學佛法跟在學校中學習其他科目是不一樣的。不僅僅是動機不同，因為我們學習佛法是為了尋求方法能夠獲得暇滿的來生、證得解脫或是成就菩提，所以方法也有所差異。在同一場開示中，我們的善知識們會觸及一些相對來講比較容易瞭解的主題，但也會有些是較有挑戰性的。有時候他們對我們的提問所作的回應會讓我們更困惑。善知識要我們思考某個議題，而且去和其他人討論，但是我們總希望他們能夠直接給我們正確的答案。不像西方的學術研究，我們為了要考試及格，得記住而且瞭解老師講的每件事，然而對佛法教育來說，未必如此。當我們試著記住並且思考一場演講裡的重要論點時，沒有人會期待我們馬上就完全理解某個題目的所有複雜細節。師長解釋某個題目是為了在我們的心相續中「播下種子」，逐漸地我們對特定的語詞就會越來越熟悉。聽過某個題目一次之後，第二次再聽到時，我們就比較能夠專注在其中所牽涉的概念。藉由反覆地聽聞和思惟某個教法，我們的理解以及把教法的意義融入生命的能力將會逐漸增強。

僅僅依賴世智辯聰是無法瞭解佛法的。有些人在學術研究或世間的事務上極端聰明，但在瞭解佛法上，卻感到非常困難。另一方面，有些人的學業成績不好，可是能夠快速地掌握佛陀的密意[1]，並且精進修行。

我們需要對自己有耐性，並放下快速成就的不實際期待。我們應該避免和他人作比較，當我們比朋友們多進步一點時，不應該驕傲，當我們落後時，也不應該悲嘆。每個人都有從過去世而來的性格，所以沒有兩個人會以同樣的速度或相同的方式前進。這一類的比較只會長養嫉妒、自大和競爭，而這些特質只是浪費時間，對於轉化我們的心是沒有助益的。

由於在過去世有業的連結，我們的朋友可能被某位老師所吸引，但是這位老師對我們卻沒有特別的啟發，相反的狀況也是一樣。與其受同儕壓力的影響，我們在選擇師長時，必須根據師長們在給予指導時的品質，以及和他們之間相應的深度來決定。我們應該避免將師長教導我們的修行方法跟朋友們被指定的方法作比較。因為沒有兩位眾生是完全一樣的，所以佛陀開示了相當多樣的修行方法，每個人都可以選擇適合自己的。但這並不意味某種修行方法比另一種好，僅僅是說明某種修行方法適合某個人，另外一種修行方法適合另外一個人而已。吃自助餐的時候，有的人喜歡吃飯，有的人喜歡吃麵。爭論哪一種是最好的，甚或試圖改變我們的朋友去選擇我們自己的偏好，或者由於朋友們喜歡的方法對我們並沒有吸引力而感到不自在，這些狀況都是沒有助益的。重點是每個人去吃對自己的身體有幫助的食物。我們應當跟隨能夠啟發我們的師長學習，而且選擇最適合我們的修行方法。

就修行而言，堅定地、持續地並且穩定地用功，會比猛烈卻短暫的修行更為可靠。有些初學者會感受到一種強烈的情緒：他們必須放棄一切，獨自閉關以度過餘生。與其馬上去尋找一個僻靜的關房，他們更應該作的是持續的修行，一年後，再看看自己想要放下一切去閉關的感受是否還一樣的強烈。如果是，他們應該請求師長的指導。

大部分人並不會選擇一個人獨自閉關數年，更何況是把閉關變成一種偏好。我們絕大部分人需要在研讀佛法與打坐，以及日常的生活作息之間取得平衡。每天固定打坐可以幫助我們在專注的狀態下，深化而且內化我們對佛法的瞭解，但是真正可以看出我們的修行是否有效的決定性因素是我們的行為。有個故事說某個人在洞穴中獨自打坐數年，他認為自己的修行進步很多，但是當他去鎮上增添補給品時，有人批評他，結果他立刻暴怒，對批評他的人大聲吼叫。生活中這些類似的狀況都是在提醒我們，有哪些負面情緒是我們在打坐時應該投注更多精力去調伏的。

大家常常會問要如何在修學佛法以及從事一些利他活動之間取得平衡。如果你是一家之主，「一半一半」是一個好方法。但是請記住在現實生活中這個比例會根據因緣不同而改變，所以必須保持彈性。藉由嚴謹的修行來穩固你的悲心，而透過積極服務他人來表現。在轉化動機上下功夫，那麼你的日常生活也就是成佛之道的一部分了。

如果助人的服務工作讓你感到有壓力，或是開始對那些你試圖幫助的人感到憤怒或失望，那麼請先放下這些工作，休息，而且把更多時間用在個人的修行上。觀修練習的時候，專注於培養慈悲的動機、安忍和充滿喜悅的努力。學習去接受在一個受到煩惱和惡業所影響的世界裡，你所能作的改變是有限的。

有時候我們會走錯方向，而且沉迷其中：自滿於研讀佛法或是死氣沉沉的止觀練習。在這些狀況下，念無常與念死，或是念眾生苦都可以重新振奮你的悲心。

反思

一、一個平衡的生活是將我們的時間分配在許多活動上：修學佛法、參與利益他人的活動、關心朋友與家人、運動以及其他活動。

二、在安排這些活動的優先順序時，比較實際的考量是什麼？

三、依據你的能力與限制，想出一個符合現實的方法來分配你的時間和精力，並且確定這樣的分配會帶來滿足，而不是壓力。

智慧與信心

在成佛之道上，智慧和信心有互補以及深化彼此的功能。智慧使我們有一個清楚的心能夠瞭解因緣合和的事物與究竟的實相，而信心則是讓我們能夠被啟發和願意去接納。

智慧是一個能分析的心，能夠深刻地認識對境，例如無常或無我。分析並不是用來引人注意的智力體操，分析牽涉到深刻地觀察對境的本質，能導向認知與知識。

梵文 śraddhā 被翻譯為英語的 faith（信心），然而兩者的義涵並不相同。如果要瞭解信心是什麼，我們必須不受限於以前對信心這個語詞的瞭解。信心是確定自己可以信任三寶，而不是盲目的信仰。信心是一種良善且愉悅的心所法，它會讓我們的修行更加豐富。當我們讚嘆三寶時，信心也隨之生起，發願自己也能和他們一樣或是深刻地瞭解法義。因此在心類學的典籍[2]中都談到三種信心或信任：尊仰信[3]、欲樂信[4]和勝解信。[5]

當我們知道三寶的殊勝功德或親眼看到師長們的良善特質，並且讚嘆他們的時候，尊仰信便生起了。有時我們閱讀過去修行人的傳記時，會思惟他們的勤奮精進和決心，以及他們為了修習佛法所克服的種種困難，這些時候也會生起尊仰信。這種信心會將煩惱一掃而空，讓心感到愉悅。但也有某些極端的例子是尊仰信退墮為盲目的信仰，這樣的信仰沒有什麼價值，而且可能有些危險。真正的尊仰信是在修行過程中很重要的一種助力，能夠把我們的努力導向一個正面、有益的方向。

當我們培養出一種願望，想要證得三寶所具有的殊勝功德時，欲樂信便生起了。欲樂信是從不斷地思惟斷除煩惱以及證得解脫的可能性之中生起的，讓我們的修行有明確的目的和動力。

勝解信分為兩類。第一類是因為我們信任佛陀和我們的善知識，所以我們相信他們所教導的佛法真實義。這類信心生起，有可能是因為我們只是局部地驗證佛法，或者沒有運用邏輯分析。

第二類勝解信建立在堅定的確信之上，唯有在仔細檢視與瞭解之後，才會生起。這類信心牽涉到運用邏輯分析來檢驗佛法，所以信心是穩固的。長時間地思惟四諦之後，我們會相信四諦準確地描述了我們的困境，以及對治困境的方法。在研讀並且藉由邏輯分析來深入檢驗一切現象的究竟本質之後，我們會體驗到一種平穩的確認：一切人（補特伽羅）與現象（法）都不是自性存在的。[6] 我們確信藉由現觀此二無我，我們將能根除眾苦之源的我執無明。在這些例子中，勝解信是指向法寶，即道諦和滅諦。由此，對佛寶及僧寶的堅固信念便容易跟隨而來。這種源於有說服力的信心可穩定我們的修行，讓我們能更深入地探究佛法。

在《緣起讚》中，宗喀巴闡明了由正因（reason）而生的第二類勝解信：

見實相已汝宣說，
追隨汝者離衰損，
以其必斷過失根。
彼等背離汝教者，
縱然長時勤苦修，

然卻召引諸過患，
唯因堅執我見故。

嗚呼！智者知其異，
如何能不由其心，
最極深處敬重汝？78

第二類勝解信是由深切的確信而生起的，然而要生起這種確信，就必須能夠清楚地理解並且分析佛陀的教法與自性存在的主張之間有什麼差別。運用分析、辨別的智慧審視這兩種教說之後，就可以清晰地瞭解到佛陀教法中的真實義，那麼智者必定會對佛陀感受到強烈的信心、信任與尊敬。宗喀巴以動人的語詞傳達了這種心境：

嗚呼！無明壞我心，

縱於長時覓歸依，
然而於此殊勝身，
吾仍不具絲毫德。

此生即將臨命終，
於此續流止息前，
幸哉於汝發薄信，
思己仍是幸運者。
9
10

在第一個偈頌裡的「功德」主要指的是現證空性。宗喀巴承認無始以來無明蔽覆了他的心。但是因為對空性有一些瞭解，所以他在確信大悲佛陀所教授的空性教理的基礎上，能夠體驗到信心。宗喀巴認為只有少數人才有機會接觸空性的法教，而其中又只有極少人能夠有一點粗淺的瞭解，所以對於自己能夠確信無自性的真實義，他感到非常幸運。這樣的思惟會增強我們的欲樂信，激發我們像佛陀一樣地修行，並且證得同樣深廣的菩提。

認真地學習教法，而且用正因來思考這些教法的意義。如果你找不到任何邏輯上的錯謬或矛盾，你必然會在修行的過程中產生勝解信，而且可能證悟。有些教理是無法透過事實的推論而完全理解的，例如業果錯綜複雜的細節，此時信心會幫助你提升關於這些教理的信任。相信行為會導致相對應的果報已經足以幫助我們捨棄造作惡業，而去造作善業，藉此，我們能累積福德，而這正是增長智慧的助緣。智慧和信心兩者並不衝突，如果適切地培養，它們會增長彼此。

在彌勒《現觀莊嚴論》的注釋中，師子賢提到不只要對三寶有信心，對於以三寶為主要內容的論典，也要有信心。雖然許多人對三寶有信心，對於討論三寶的論典有信心的卻不多。但是能對於論典和論典作者有信心的話，我們便會研讀論典的內容，進而擴展對三寶的認識。另一方面，研讀論典會激勵我們思考，然後觀察、思惟我們所學到義理，因此便能深化我們的智慧和勝解信。這一些都是證悟必備的條件。

信心和智慧生起的順序並不一定。由於個人的特性，也許是信心會有助於智慧生起，或智慧會引發信心，也可能是兩者同時生起。

穩定我們的信心會增強我們的彈性。穩固的信心不會受他人的意見所影響，看到其他人的不好行為時，也不會感到挫折。即使對於經典中的一些觀念或者師長談到的某些說法，剛開始時我們還無法認同，但是我們對佛法的信心不會動搖。相反的，我們會繼續審慎地觀察、思惟。

反思

一、在你自己的經驗中，試著找出三類信心的例子。

二、每一類的信心如何幫助你增長內在的幸福？

三、你是如何溫和地長養對佛、法和僧的信心與信賴？

正確的修行

我比較擔心的是現在的人過份依賴尊仰信，即使他們根本不瞭解這種信心或是如何正確地培養。有些人有極大的虔敬心，但是對研讀經論卻沒什麼興趣。

許多年前我去新加坡，當地的佛教徒非常熱情地歡迎我。有些人碰觸我的衣服或身體，因為他們相信這麼作會得到加持。不過在我解釋佛法時，他們之中只有少數人有興趣。我寧願大家對教法用心，而且想要學習。他們可以記筆記，而且把說法內容錄下來，之後可以複習。

佛教是一條自力修行的道路，不是去取悅一個外在的神或神祇，要他們給我們財富、名聲或開悟。西藏人通常在佛桌上會有護法的塑像，然後把有價值的東西放在佛桌下面的櫃子裡。我跟他們開玩笑說他們是祈求櫃子上的護法保護櫃子裡的世間財物！這不是修學佛法。

期待一個外在的神聖存在去除我們的痛苦，讓我們成為一位佛，這樣的想法是邪見。對西藏佛教儀軌中的祈請文如果沒有正確的理解，便會形成這種想法；我們祈求聖眾：「請加持我，讓我能夠生起悲心！」這其實是一種善巧的方法，幫助我們集中精神並且確認什麼是重要的。但是我們不能只是供養上師和神祇，要求他們給我們加持，然後就坐下來，輕鬆地喝杯茶，想著他們會去做所有的事！

諸佛對一切眾生有著無比的大悲心，如果他們真的能夠斷除我們的痛苦，並且把證悟給我們，他們早就這麼作了。不過我們在修行上的進步端賴於我們是否能創造適當的因緣。我們自己的努力是關鍵。這就像不可能有其他人幫我們睡覺，然後我們會感覺休息得很好。沒有人可以幫我們轉化自己的心，然而無數的聖者在修行路上試圖協助並引導我們。可是我們是否注意過他們的引導，也就是他們對我們的教導？

如果我們稱自己為佛教徒，而且尋求免於痛苦的方法，我們就應該依止佛陀的教法。佛陀保護我們的主要方法是教授我們佛法。藉著把這些教法融入我們的修行，我們捨棄有害的行為，淨除過去所做的惡行，投入於建設性的行為——這就是最好的保護。如果我們不觀察業果的法則，即使我們大量供養護法，用低沉、優美的聲音、最好的鼓和鈴唱誦無數遍的供養儀軌，但是我們還是會遭逢不幸，因為我們已經造了不幸的因。如果我們的行為規矩，縱使其他人想要傷害我們，他們也不會成功，因為我們已經移除那些會讓我們受傷害的因緣。

byin rlabs 這個西藏語詞被翻譯為「賜福」（blessing）或「加持」（inspiration），字面上的意思是「轉化為殊勝」（transform into magnificence）或是「藉由殊勝而轉

化」（transform by magnificence）。所謂受到加持，並不是經由一個外在的力量導致我們有一種特殊的體驗，而是聖者的教法和我們的修行兩者的結合。「加持」真正的意思是心的轉化，從一個不善的狀態轉化為良善的狀態。當我們的心受到加持而且轉化的徵兆是我們的害怕減少，我們的脾氣變得平和，我們對其他人的包容和尊重增加。

一位真誠的佛教徒不會追求神祕的特殊經驗，然後向朋友們吹噓，反而會努力成為一個更好的人。如果你那麼作，自然而然地你將會利益其他人，並且讓世界更好。

集資淨障

福德是善業，或是不去做傷害的行為而培養的美德。它會在輪迴中帶來好的果報，讓我們的心充滿正面的力量，幫助我們獲得證悟。我們的眼睛看不到福德，也無法用科學儀器測量，但如果智慧和信心要在我們心中增長的話，它是助力，同時也讓我們的修行能夠有所成就。

如果我們缺少福德，我們努力培養的智慧可能會變成一種邪智，導致錯誤的結論。有些極端聰明的人因為過於多疑和嚴苛，即使對於合乎邏輯的理論與有助益的修行方法也會反射性地批評。否定一切和嘲諷一切的態度會傷害他們自己和其他人。

缺乏福德也會阻礙我們把佛法融入生活之中。有些佛教徒大量地研讀經論，善於辯經，有絕佳的邏輯。他們能夠解釋許多經論的意義，但是他們的知識還無法轉化他們的心，他們的日常行為仍然缺乏節制。這種現象表示由於缺乏福德和正確的信心，他們有的只是邪智。想要培養能夠轉化心的智慧，我們就必須累積功德，以及生起建立在瞭解教法意義上的勝解信。

在古代印度，有許多和佛教徒辯論複雜議題的外道的大師，他們必定十分熟悉佛教徒對這些議題的看法，否則他們不可能貿然地去辯論。不過他們一點也不認為佛法是真實不虛的，因此知識不一定會導致認同。只有知識上的理解是無法更深刻地瞭解佛陀的教法，而是需要累積福德。

淨除我們自身的負面態度也是非常重要，因為這種態度會引發惡業和惡念。而經由四力懺悔作到淨除負面態度，所謂的四力是懺悔、歸依和生起菩提心、下定決心不再犯同樣的錯誤、實踐對治的行為[11]；這個淨除的過程是要淨化充滿障礙的心。

心就像一塊田地。就像耕田一樣，我們得先移除田裡的小碎石，然後施肥，這樣我們播下的種子才有辦法生長，同樣地，我們除去障礙，累積功德，所以播在我們心中的佛法種子——聆聽教授時所種下的——會逐漸滋長為證悟佛法的大豐收。要有這樣的成果，祖師、大德們教誡我們要在正式修行前先作某些預備的修行，例如七支供養，在打坐之前，先積集資糧，淨除障礙。這七支是（1）禮拜，（2）供養，（3）懺悔，（4）隨喜自己和他人的功德，（5）懇請師長教授佛法，（6）祈請諸佛常住世間，（7）把我們的功德迴向給一切眾生。[12] 除此之外，有些行者會在密續閉關前修持特定的前行，例如作十萬遍的獻曼達，或是持誦十萬遍的金剛薩埵咒。當我們在作這些修持時，如果很清楚其中組成的要素——作者、對象和行為——都是緣起的，而且是自性空，那麼我們也同時在培養智慧，也就是究竟清淨的作者。

有時候我們會覺得學習和修行停滯了。心感到無聊、不在意、無趣，不僅在瞭解佛法上有困難，甚至要把心專注在思惟善業上都很難。遇到這些狀況的話，集資淨障是很有效的方法，能夠讓心再度開放，領納佛法。

宗喀巴的傳記中描繪了這種情形。修行多年之後，宗喀巴在定中見到文殊——智慧尊——，而且和他對話。他請教文殊一些關於空性中難以理解的問題。文殊回答了他的提問，但是宗喀巴還是不瞭解。文殊便說：「我不可能用更簡單的方法向你解釋了。只要你在三個項目上加強止觀的修行，你就能夠瞭解。第一、全心全意地祈求你的上師，對你來說，上師和本尊是不二的。第二、積集資糧，淨除障礙。第三、研讀偉大的印度祖師所著作的論典，然後思惟，並觀修它們。經由這三種助緣，不久你便能真實洞見空性。」

於是宗喀巴便在曲龍（Olka）的靜修處閉關。當時他對三十五佛的每一尊佛禮拜十萬次，總共完成了三百五十萬次大禮拜，還作了無數次的獻曼達。此外，他祈求他的上師，他視上師和本尊的本質是相同的，同時他持續地研讀論典。他照著文殊所教誡的去實踐。於是障礙他瞭解空性的因素便淨除了，終於證得正確的知見。同樣地，當我們感到枯燥或有障礙時，這三項修行也能夠重新激發我們在佛法上的修習。

祈請文和儀式

有許多人希望我為他們祈福。其實，無數的佛和上師早就已經為我們祈福了，但是因為我們沒有真誠地修行，當然什麼都沒發生。進步完全得靠自己的努力，每每看到弟子誠懇地修行，以便轉化他們的心時，我總是非常喜悅。那就是最好的供養。

菩薩們發了各種廣大的誓願並且祈請，然後努力地去完成他們的誓願。相反地，一般人祈求有快樂的生活，然而不修學佛法，忘了修學佛法正是快樂的源泉。他們祈求：「讓我的身體健康！」但是吃垃圾食物；他們希望有良好的人際關係，不過卻毫不留意自己是如何對別人講話的。只要我們講的話造成人與人之間的衝突，或責備、批評他人，就不可能有友好的關係。我們應該學習菩薩總是想著什麼樣的因緣可以圓滿我們祈求。我們創造了這些因緣，我們的祈求當然就會有結果，我們也就能夠領納三寶的加持了。

當我們請求善知識或出家眾為我們祈福時，我們自己應該不去造作惡業，而是多作善業。那麼我們的祈求就有可能實現。動機良善的祈求和加持之所以能夠實現是兩者合作努力的成果：作了祈求後，我們造作善行，同時三寶給予他們的加持。在慧鎧（Prajñāvarman）13 的《自說品》（*Udānavarga*）注釋中，佛陀開示：

諸佛不以水滌眾惡業，
諸佛不以手除眾生苦，
諸佛所證不能轉眾生，
示導實相令眾生解脱。[14]

佛陀不可能像變魔術一樣把我們生活中和世界上的所有事情變得美好。他們幫助眾生的主要方法是教導我們如何創造快樂的因緣，捨棄痛苦的因緣。減輕痛苦最根本的方法是使自己的行為符合佛陀的教法，特別是與道德相關的行為。我們可以持誦幾千遍的祈願文和咒語，但是如果不用佛法這個工具來轉化我們的心，我們只是在浪費時間而已。就如同紮巴楚仁波切明白地說過（AKC 15）：

一天四座法會，但沒有生起次第和圓滿次第，
敲鼓、擊鐃鈸，但沒有提醒我們自己要保持清淨的覺知，

機械性地唸著咒語，但沒有任何專注力：
所有這些無法讓我們在解脫的路上更進一步。

儀式中觀修本尊瑜伽的主要目的是生起方便與智慧的雙運。不是為了尋求加持——彷佛涅槃是我們的身外之物，而我們的師長或禪定本尊（meditational deity）能把它轉入我們的心相續一般。密續的法門是非常深刻的，為了能夠從這些法門獲得最大的利益，我們必須在顯教的佛法教義上有很好的基礎，而且學習如何在儀式過程中觀修。當我們出於真誠的動機而供養僧眾，並請求他們為我們舉行法會以便累積福德資糧時，我們不應該認為我們可以「雇用」某人以便累積福德，而自己則繼續在工作中欺騙顧客，或是和朋友們喝得酩酊大醉！

人們很容易認為一場儀式就只是一場儀式，而不會想到應該要激發參與者的心理變化。終其一生，佛陀是完全反對這種態度的，也正因為這種態度導致他反對僅僅是為了自己而舉行的法會和儀式。現在有些人似乎走回迷信的老路子，而不是致力於更深刻、更真實的修行。

幾年前我在西方的某一場大型開示後，學生們希望能供養我一場長壽法會。雖然我非常感謝他們出於關懷的動機以及善良的願望，我還是向他們解釋唯有他們修學佛法，才能讓他們的上師長住世間，而且確保諸佛、菩薩出生於世。如果他們不修行，諸佛、菩薩就不需要在這個世界示現出生，師長們當然也不需要活很久。但是學生們即使只是練習一點我所教授的佛法，那麼當我們再見面時，如果他們的憤怒、嫉妒和執著減弱了，我就會非常高興，而這也正是他們的師長能夠長住世間的因緣成熟了。

我曾經被請求去幫忙驅鬼。其實我對驅鬼的儀式一點也不懂，於是我就觀修悲心和菩提心。後來有人告訴我問題解決了，所以我想也許我確實做了一些有幫助的事。另外一次，某間飯店的客人在特定的一間客房中都會遭遇很不好的經驗。飯店員工讓我住在那間客房，卻沒有事先告訴我曾經發生過什麼事。我在客房中一如往常作日課，其中包括觀修悲心和空性。後來他們告訴我那間客房變得平靜無事，其他客人也能入住了。雖然我還沒有證悟菩提心或空性，這件事就能證明僅僅是觀修就可以產生多大的力量！

西藏社會中，在遇到障礙或要開始一項新計畫時，請求師長占卜是很普遍的事。

占卜相關的文獻通常把問題歸咎於鬼道眾生的危害，而且傳諭者經常會建議舉行特定的法會來消除鬼道眾生所導致的障礙。不過身為佛教徒，我們不應該把我們的問題歸咎於外在的其他眾生，而應該是歸因於我們的業。我寧願傳諭者告訴求助的人去觀修菩提心和空性，去深化他們對三寶的歸依心，或者去思惟業果的法則並且致力於淨除障礙的修行，而不是指定某些法會。這些修行會轉化人們的心，所以必定會治療我們的苦因。

在開始一項計畫前或者要決定把佛桌放在哪裡的時候，並沒有必要求助於星座專家。我對星座專家或占星術沒有太多信心，我的親教師[15]林仁波切告訴我他出生的那天有九個壞的預兆。我們生命中兩件最重要的事情都不需要等一個好日子：出生與死亡。不過西藏占星術是一個年代悠久的傳統，是西藏文化和傳承中的一部分，因此延續它還是很重要的。

研讀、思惟、修行

佛經談到聽聞、思惟、和修行三學，以及每一項都應該開展的瞭解或智慧。不論是其中一項或三者一起，這三學都能幫助我們善巧地修行，避開陷阱和冤枉路，而且獲得解脫的證悟。

研讀。在古代，佛陀的教法是經由口傳的方式而延續，所以學習的第一個步驟就是聽聞教法。「聽聞」（śruti）在廣義的意義上，包括所有研讀的形式，例如讀書和新式的學習形態。研讀經典、密續以及古德們的論典和注釋書，能夠提供我們必要的資訊，以便知道如何修行。缺少這第一步，也是關鍵的一步，我們就是冒著危險去虛構出一條修行的道路，或是錯誤地修行。

有很多人急切地想要修行，雖然修行是值得讚美的，但是沒有適當地學習，他們是冒著走錯路的危險。即使他們有強烈的願心，他們還是不知道如何正確地修行。研讀關於空性的教授，我們就會學到如何論證一切現象是空於自性存在的邏輯推論。研讀經教會讓我們從不同面向去切入一個主題，因此會增加我們心智的彈性和敏銳度。

所以當我們在思惟和觀修時，就可以從許多角度去檢視同一個題目，同時瞭解不同觀點之間的關聯。當我們無法請教師長時，瞭解修行的不同方法以及修行的道次第，讓我們能夠評估自己的修行狀況。聽聞並不是枯燥的，是理性的學習，是動態的，能夠激發心的轉化。

有位喇嘛曾經說過花一個月的時間研讀經典，好過閉關一個月在觀修及持誦文殊咒。這說明了透過研讀而獲得智慧的重要性。佛法是廣大無邊的，我們應該用整個的生命持續地學習佛法的不同面向。我們的身體會變老，但是我們的心還是可以保持年輕，而且充滿學習的熱誠。在我忙碌的行程中只要有空檔，我就會讀一部偉大的論書。即使我以前已經讀過很多次，在每一次閱讀時，總會發現新的面向。

我們必須記住一件事，當我們研讀佛法時，有許多語詞具有多重的意義，而需要根據語境採用不同的意思。例如藏文的 rig pa 在心類學的語境中被翻譯為「明」或「認知」，但是在大圓滿的脈絡中則是指「微細心」[16]。「加持」在修止和無上密續的語境中也有不同的意義。

思惟。研讀之後，我們必須思惟我們學到什麼。這就必須運用審查和嚴謹的分析來確認正確的意義，確認後則能引發對佛法真實性的深切信心。思惟可以是自己獨自安靜地進行，也可以是與其他人針對教法作討論和／或辯論。因此西藏寺院會舉行嚴格的辯經活動，辯經活動除了充滿趣味外，還具有教育功能。有時候我們以為自己對某個議題非常瞭解，可是當有人問我們問題，或者挑戰我們的主張時，我們卻不知道如何回應！《解深密經》解釋了四種原則（漢譯為「四種道理」），對於從不同面向來瞭解一個現象——例如心——是非常有用的。

「法爾道理」所檢視的包括世界中一般所認知的真實，如水的濕潤性；不可思議的真實，如佛陀的能力；安住的真實（空性）[17]。為了要瞭解心，我們必須審視它所具有的清淨與能了知的性質，以及無常的性質。由於心的性質，兩種互相牴觸的情緒或想法——例如憤怒和愛——無法同時顯現。

「審查觀待道理」牽涉到檢視因果，也就是各種結果都是由於它們的因緣而生起的。[18]這使我們瞭解到個別的現象不是自身就具有某些性質或能力，當它們和其他的現象互動時，新的狀態就會出現。至於心[19]，煩惱是依於無明而有的，當無明止息，煩惱也就止息了。善心所不是根源於無明，所以當無明止息，善心所並不會止息。它們依賴其他的因緣而生起，而這些因緣可以無止盡地被培育。

有些果是物質性的，其他的則是認知或抽象的複合體（即不相應行）——既非物質也非認知的無常現象，例如補特伽羅[20]以及業種子。果的差別是由於因的差別。因果形成的過程分為兩類，一類涉及業，另一類是異於業的因果關係。業因這一類的過程牽涉到眾生快樂和痛苦的經驗，也牽涉到眾生的動機。異於業的因果則涉及自然界中物理的、化學的和生物的法則。

「作用道理」說明每一個現象都有它的功能。瞭解心的功能，我們就可以明白智慧能根除無明和煩惱，而且觀想其他人的親切和藹以及他們的痛苦可以激發我們的悲心。煩惱會擾亂心，而智慧能讓心寧靜與平穩。在任何一個活動中，都是作者、對境和行為一起作用的。

「證成道理」則在檢視某件事物是否能夠被以下三種可以信賴的認知者中的任何一種所認識——現量或直接知覺（例如：可信賴的根識），比量或推論認知（inferential cognizer）是運用邏輯去認識對境，聖教量或聖言量（專家的可信證詞）。瞭解前三種道理後，我們就可以開始運用邏輯，例如：因為X存在，Y必須存在或發生。我們也能成立一個結論是不能和三種可信賴的認知者有所牴觸的。基於對上述三種道理中與心有關的部分，我們能夠總結：解脫是可能的，而且有方法可以實現。

這四種道理的每一種道理建立在另一種道理的基礎上。我們可以運用證據和邏輯來培養認知，因為這四種道理假設任何現象（法）都有其特定的作用。我們能夠知道它們的作用是因為在現象的背後必然依賴於相關的其他現象。為什麼因和果之間有必然的關係呢？因為果的特性就是跟隨它們的因；這就是事物運作的方式。當我們問為什麼色法具有質礙的性質，而認知具有主觀經驗的面向，唯一的答案是「那是它的特性」。

如下，依序說明這四種道理的前後關係：法爾道理容許依賴[21]的關係發生，而現象之間的這些依賴關係則成為每一個現象所具有的明確作用的基礎。基於現象觀待的特質以及它們的作用，我們就可以運用證成道理來認識那些不是顯而易見的事物（稍隱蔽境）。「因為有煙，有火」牽涉到知道火的特性是灼熱與燃燒，火能產生煙，以及煙的作用是證明有火。

當我們練習四念住時，就可以運用這四種道理。許多觀修身、受、心和法（現象）的方法牽涉到瞭解它們的特性、原因以及作用或結果。透過那樣的過程，這四種道理使我們能夠瞭解身、受、心和法是無常的、苦的，是自性空的和無我的。

進行科學調查的方法和這四種道理很類似。首先科學家努力去瞭解研究對象的不同組成內容，也就是它們的本質，然後檢驗研究對象是依賴什麼而產生的。經由這樣的過程，科學家研究可見的組成內容和它們的作用，接著再運用正因去瞭解那些不明顯的特性。

觀修。在學習和思惟教法的基礎上，我們的修行必然會有成果。修行的目的是透過重複地練習，將教法的意義融入我們的心續。實際運用四種道理後，我們能夠有正確而且穩定的理解，現在我們可以在專注觀修的過程中，讓自己的心去熟悉某個義理，而且把知識上的理解轉化為實證。這時候我們的觀修主要是涉及接近近分定（access concentration）[22] 或完全專注（full concentration）[23] 的穩定觀修，但不是絕對，有時候也可以作伺察修。[24] 這樣可以從修行中產生瞭解，而這是一種能夠轉化心的強大能力。

聽聞、思惟和修行三者彼此互補。有些人錯誤地認為：「這三件事是用在經教的修習上，密續是透過虔誠和信心而實現的，所以不需要研讀和分析。」噶當派的格西們是顯教和密續兩者都要修學的，他們常說：「當我聽聞經教時，我也思惟和修行。當我思惟時，我也聽聞和修行。當我修行時，我聽聞，而且嚴謹地思惟。」

聽聞提供我們某個題目的一般性知識，減少了一些混淆和疑問。思惟和分析教法讓我們在正因的基礎上有一個更加細微的概念性理解。修行則是把這個理解融入我們自身。以證悟實相為例，聽聞和研讀教法讓我們對於所破境有一般性的理解，其中的理性論證可以證明一切現象不是自性存在的，同時我們也經由研讀教法瞭解證得空性的次第。然後因為思惟和討論我們研讀過的內容，我們就能理解這個我（I）並不是如外表所顯現一般的自性存在，而是依賴其他因緣而生起的。因為這個我是依賴於五種心理、物理的聚合體而有的，並且依賴於心而假名安立為「我」，所以是空於自性存在的。我們經由思惟而確認的空性，現在成為我們觀修的所緣境。在修行過程中，我們努力培養在空性上生起止觀雙運。

反思

一、為什麼研讀、嚴謹的審查以及修行對想要獲得證悟來說很重要？
二、選擇一件特定的事情，然後思惟四種道理——法爾、觀待、作用和證成——和這件事情的關係。
三、看看這四種道理是如何一起運作而產生理解的。

背誦和辯經

在傳統的西藏僧伽大學中，每天的作息包括固定時間的團體課誦、上課、背誦和辯經。個人研讀和打坐則是出家眾依自己方便的時間進行。自佛陀時代以來，背誦已經是保存並且傳遞由師長教授弟子教法的一個主要方式。背誦有許多好處：學生在接受教授前，如果先背誦，他們會對經論的內容有一定的熟悉度。在研讀經論後，他們也會比較容易回想經論中的重點。因為學生們可以快速地辨認一些經論的引文，在辯經以及思惟的時候，他們就能夠留意到這些引文的內容。在教學時，他們也能夠針對一個明確的主題，從不同的文獻引述相關的內容，來增加解說時的深度與廣度。在面臨困難的狀況時，他們也能夠不費力地想到佛法的教誡。在一九五九年後，中國共產黨監禁大量的西藏出家眾，而他們其中許多人則是在牢房中默誦經論。他們不止將時間用來讓自己熟悉佛陀的教法，而且他們能夠輕易地回想起在困難的狀況下如何修行的教誡。當一個人在記憶中收藏了豐富的經論，就像一位廚師擁有可以做出一頓美食的所有材料。

背誦也是訓練心的一種方法。學生們必須練習專注在他們正在背誦的文本，然後馬上回想。在一間西藏寺院裡，要能夠作到這樣，需要特別的專注力，因為身邊圍繞的出家眾都大聲地在朗讀他們要背誦的經論。因此他們也培養了不受外在聲音干擾而分心的能力，當他們在打坐時，這是很大的幫助。

辯經是一個活潑生動的過程，可以幫助學生學習經論、思考經論，以及背誦他們所學習的內容。辯經的架構是固定的，兩位參與者——坐著的回應者與站立的提問者——必須熟悉三段論式。這個論式教導人如何清晰地思考。說話者不能語無倫次，並希望一起辯經的同伴能瞭解他嘗試要表達的內容。雙方都必須簡潔，而且切中重點。

辯經一開始是由提問者問回應者一個問題。一旦提問者對回應者所持的見解（宗）有意見時，他便會問回應者有那些理由可以支持他的見解。如果提問者發現回應者的邏輯有過失，他便會以兩種方式反駁（應成論式及正因論式）：使得回應者自相矛盾，或者建立正確的見解。

月稱在《入中論》（*Madhyamakāvatāra*）中談到這些哲學性辯論的目的並不是要對對手或是他的見解生起敵意，也不是為了沽名釣譽而傲慢地建立自己的見解。目的是要斷除無明，因為無明障礙雙方對佛法的瞭解，同時要讓自己和他人安住在通往證悟的修行道上。心裡有這樣的瞭解會幫助辯經者保持一個好的動機，而且也能消彌「辯經只是知識上的競爭而已」的猜想。

在佛陀時代，有盤稠（Bhaṇḍa，阿難尊者的弟子）和阿浮毗（Abhiñjika，阿耨樓陀或阿那律尊者的弟子）兩位比丘，他們辯論教法，以便決定誰講得比較好，以及誰說的話才算數。當他們在辯論的消息傳到佛陀那裡，佛陀便召喚他們，於是有如下的對話（SN 16.6）：

佛陀：這是真的嗎？比丘們！你們在學習上已經開始彼此競爭了——誰能說更多，誰能說得更好，誰能說得更久？

比丘們：是的。世尊！

佛陀：你們曾經聽過我是如此教授佛法：「比丘們！在學習上彼此競爭吧！看看誰能說更多，誰能說得更好，誰能說得更久？」

比丘們：沒有。世尊！

佛陀：如果你們不曾聽過我如此教授佛法，你們這些沒有判斷力的人究竟是如何理解和看待你們所作的事：在如此圓滿宣說的法和律之中出家後，你們只為了誰能說更多，誰能說得更好，誰能說得更久而彼此競爭？

比丘們看到自己的過失後，馬上向佛陀禮拜，懺悔他們的過錯，並且請求佛陀原諒他們。我們也一樣要小心謹慎地保持一個良善的動機，那麼關於佛法的辯論和討論就不會流於純粹知識上的追求，以及被以自我為中心的煩惱所驅使的競爭。

曾經有一位有名的邏輯學家為了讓偉大的修行者密勒日巴陷入窘境，便問他：「周遍論式以及相違論式，各自的定義是什麼呢？」

密勒日巴回答：「你的心遍滿煩惱是一個周遍論式，你的心與佛法相違是一個相違論式。」透過這樣的方法，他既善巧地又慈悲地戳破這位邏輯學家傲慢的氣泡——因為扭曲的動機而辯論。另外一次，有位邏輯學家請密勒日巴為無法確定的直接覺知（nonascertaining direct perception）[25]下定義，密勒日巴回覆：「一個人從外表看起來應該是一位佛法的修行者，但是從內在卻無法確定是一位佛法的修行者——那就是無法確定的直接覺知。」聖提婆說過（CŚ 185）：

執取一己之主張
怨懟他人之主張
汝必無法近涅槃
兩者皆離寂靜遠[26]

如果一個人不是真的對修學佛法有興趣，就有可能藉著辯論來增長自己的傲慢與敵意。我聽過一個關於一位比丘的故事。這位比丘在一次辯經中無法向回應者成立自己的主張，結果他變得非常憤怒，於是氣沖沖地離開，而且撿起一顆石頭，丟向回應者。

另外一個例子，我聽說有兩位博學多聞的學生，他們的辯論不只有深度，也充滿競爭性。提問者和回應者一直都渴望打敗對方。這種競爭的氣氛甚至延續到他們進入下密院[27]就讀、參加格西考試以及接受格西學位。看起來他們在接下來的日子裡，還是會保持敵對，帶著「我要打敗他！」的想法，繼續和對方辯論。

但是也有像敦珠尊竹（Dondrup Tsondru，意思為「義成精進」）這樣受人敬重的大師，他是以辯論技巧而廣為人知，他的學生也以有這樣一位老師為榮。有次一位蒙古比丘參加大祈願法會（Great Prayer Festival）的辯經，他是一位博學的新格西，而提問者正是敦珠尊竹。辯經過程中並沒有發生特別的事情，在任何重要的議題上也沒有嚴厲的對辯。之後，敦珠尊竹的學生問他：「老師！發生什麼事情了嗎？您並沒有成功地對這位回應者展現出強而有力的辯論。」

敦珠尊竹回答：「那位回應者非常善巧，也相當博學。他所說的都是根據邏輯和經典，所以也就沒有什麼需要辯論的。」那位蒙古比丘使用辯經的方式正是辯經本來的目的——滅除無明。敦珠尊竹讚賞這樣的作法，而且沒有只為了展現他的技巧和佔上風，就試圖挑起一些虛假的辯論。

在剛開始學習辯經的新學生中，流傳著一個說法：「如果你能使回應者相信一件正確的事情是不正確的，或者一件不正確的事情是正確的，那麼對於那個題目，你是博學而且擅長的。」月稱是反對這種態度的，反駁某人的想法只是為了反駁那個想法而且獲勝，他說這是錯誤的。贏得優秀的辯論者的名聲並不會讓一個人更接近證悟。那爛陀博學多聞的修行者們有一個傳統：我們應該要客觀、誠實而且不欺瞞。有一位物理學家告訴我一位科學家在作實驗時，必須保持中立和客觀。如果執著於個人的假設或是自己研究的成果，並不是正確的方式。

有些人有一種錯誤的印象，就是格魯派只忙著知識上的研讀和辯經，沒有什麼修行，而寧瑪和噶舉則不太研讀，不過大量地修行。這種刻板印象令人覺得可惜，因為在每一個西藏傳統之中，我們都可以看到有人專注在研讀，有人著重在修行，也有些人在寺院中為大家服務。當我在三大寺——甘丹寺、色拉寺和哲蚌寺——談話時，我會鼓勵出家眾熱誠地投入研讀論典以及辯經，然後將他們所學的連結到以修行為主的文獻，例如道次第相關著作。他們應該觀修這些教法，把教法的意義融入他們的心和生命之中。同樣地，當我在寧瑪、噶舉或薩迦的寺院中教授時，我也鼓勵他們研讀偉大的印度古典著作以及其他傳承的文獻，然後思惟並且觀修他們所學習到的。

然而我也親眼看到某些人——老師和學生——有種傾向，因為太習慣於辯經，以至於他們學習佛法的方式失衡了。舉例來說，月稱《入中論》是寺院課程中必讀的重要文獻。針對大悲心的書首禮讚以及前五品主要都是幫助修行的資料——悲心、菩提心、布施、持戒、安忍、精進和禪定。不過因為這裡面沒有太多可以辯論的內容，有些人就快速地翻到關於空性的〈第六品〉，傾盡全力地投入辯論的狀態。我不知道他們在研讀〈第六品〉的時候，是否也用來練習觀修[28]。只是學習那些名相——所破境、自性存在皆空、二諦等等——並不會讓我們證悟。我們需要辨認的是自己內在的所破境，以及確認它不存在。

人們在研讀龍樹的《中論》時，類似的狀況也會發生。他們花更多時間在前面幾品，因為裡面有很多可以辯論的內容，但是完全忽略〈第十八品〉到〈第二十六品〉，因為裡面是關於緣起與成就解脫的方法。我喜歡教授這本書的〈第十八品〉、

〈第二十四品〉和〈第二十六品〉，因為這幾品在探討對修行來說非常根本的議題：瞭解我們為什麼不斷在輪迴中投生，以及如何逆轉這種情形而且證得解脫。

有位西方的教授曾經向我提出他的看法：僧眾在辯經，但是到最後他們會回頭去引述經典的內容來「證明」他們的論點。他所說的是對的。我也曾經多次建議大家只有在辯論的題目有些許隱蔽（稍隱蔽境）時，才能使用正因。經典權威或教證（scriptural authority）應該只能用在極隱蔽的現象（極隱蔽境），而且即使用了，你也必須證明為什麼你所引用的經文是可信的。簡而言之，我們應該要有智慧地練習。

我誠摯地希望大家都能效法過去偉大的、博學的修行者，並且開發聞所成慧、思所成慧和修所成慧等三種智慧。當我們用食指指著別人，責備他們讀書和修行是沒有用的時候，我們應該評價一下自己的的所作所為，而且檢視我們是否均衡地把這三種智慧融入我們的修行。

想要以有利益的方式來研究佛法，那麼最基本的是成為一位能夠接納教導的學生——對學習充滿熱誠、能夠思考、開放的心胸以及誠懇。當這些特質增長，我們對佛法的理解也會更深入，而這會激起我們對教法的信心。這種對佛法真實義的確信會引導我們對教導佛法的佛陀，以及已經正確瞭解佛法的賢聖僧產生信心。以上大致描述了研讀經論與對三寶的信心之間的內在關聯。

典範

當我們要開始一項新的嘗試時，很自然地會去尋找可以引導和啟發我們的榜樣。在修行上也不例外。西藏佛教傳統中，我們可以看到有兩類重要的榜樣，一類是學者或注釋家（如無著和月稱），另一類是苦行者（如薩惹哈和密勒日巴）。有時候，我們會發現有些人是兼具這兩類特質的，例如那洛巴（Nāropa）、紮巴楚仁波切和宗喀巴。因為他們通常只被描繪成某一類的樣子，所以我們很容易忘記偉大學者大部分也都是偉大的瑜伽士，而且偉大的修行者之所以能在修行上有所成就，是因為在這一輩子或過去世都曾經投注許多年在研讀和辯經。

知道了這些歷史上的人物，也許我們能夠接收到沒有被說出來的訊息：要想在佛法上有所成就，我們必須成為一位偉大的學者，或是一位偉大的修行人。但是那些不被這兩種類型的榜樣所攝受的人怎麼辦呢？那些依據自己的個性，盡其所能去努力的一般修行人怎麼辦呢？我們每一個人都希望感受到我們是以自己的方式而有所成就的。

我們必須記得修學佛法要能成功，並非依賴社會的認同。因果法則是不會被偽善者所欺騙的。讓我們在這輩子留下大量的福德資糧（collection of merit），較少的惡業，經由聽聞和修習許多教法而有業種子正是修學佛法將會有所成就的徵兆。名望則是一點也不相干。

談到尋找榜樣，我（卻准）是把佛陀自己當作我的榜樣。在經典和藝術作品的描繪中，他有各種姿態：坐著而且安靜地禪修；毫無畏懼地向一群非佛教徒說話；照料一位生病的比丘；和商人、妓女、皇室與窮人們談話。他會對一個人溫和地開示，也會斥責一位有邪見的比丘。他會要求把供養僧團剩下的食物送給貧民。有次他讚美一位乞丐的功德，因為他懷著良善的動機觀想自己供養了一餐，這樣的功德遠遠多於一位富有的施主確實供養了食物，但是卻沒有一個慷慨布施的動機。他安慰一位失去孩子的母親，和那些害怕失去父母的人。佛陀坐在森林中的樹下，他在城鎮之間行走。他會和其他人一起，但是通常是獨自一人。他會跟男人和女人、出家眾和在家眾交談。他知道如何對知識份子、居無定所的苦行者、沒有信仰的人、悲傷的人、貧窮的人和罪犯開示——佛陀就是每一個人的樣子。他不是一成不變的。

佛陀做了那麼多不同的事，所以他可以成為興趣不同的各類型人的榜樣。如果我們不屬於最優秀的辯經者或證悟最深的瑜伽士中的一份子，很有可能會出現嚴格的自我批判，但是現在我們能夠放下了。重要的是我們每一個人可以找到實踐佛法的生活方式，同時從內在培養和他們一樣的智慧、菩提心等等。

提到各類型的西藏祖師、大德，我就會想到噶當派修行者的三個傳承。其中之一個傳承是主修道次第，依循阿底峽的《菩提道燈》和其他文獻，不會廣泛地研讀論典或辯經。第二個傳承著重在研讀論典和辯經，把所學融入道次第的修行。第三個傳承主要是依賴從師長所接受的個人指導（口訣），而且根據這些口訣修行。

有些噶當派的修行人對他們的師長展現了無比的虔敬心，無微不至地侍奉師長。有些人是獨自修行，有的是和一小群同伴一起。有些人是老師，有些不是。從他們的傳記可以知道他們有非常不同的個性。他們不會為了要成為有成就的修行人，而把自己硬塞進一個預設好的角色或人物之中。

我常常提到佛教徒參與社會福利活動的重要性，對某些人來說，參與這些活動是修學佛法的自然表現。慈濟基金會創辦人證嚴法師就是一個很好的典範。證嚴法師是一位佛教比丘尼，自己在台灣的茅棚裡修行多年，一字一拜，頂禮《法華經》。村民還記得從她的茅棚曾經散發出不尋常的光。後來，她看到一位窮人因為沒錢，被診所回絕，於是她開始為貧困的人建設醫院。現在她負責指導一個國際慈善組織，只要有災難或緊急狀況發生，組織的成員就會到全球各地提供必要的協助。而雖然她要利益他人的堅定決心已經感動了成千上萬人，證嚴法師依舊保持謙虛與平和的態度。在她的慈善基金會還有一個候補名單，希望義工投入！

身為佛教徒，我們應該鼓勵那些想要出家修行的人先完成他們的學業。我們也應該支持那些對研究以及教學、慈善服務或社會參與有天份的人。我們每一個人都必須在自己的生命中找到一個合適的方法來結合研讀、修行和服務。

修學佛法的人有各種不同的個性。在早期的經典中，我們會讀到摩訶迦葉，他在佛陀允許下進行苦修。他看起來很簡樸、冷淡，可能還有點嚴格。阿難是佛陀的侍者，個性與人為善、親切和藹，而且會慈悲地照顧他人。看著這許多不同的榜樣，也會讓我們的想法更開闊。

經典中，菩薩被描繪成不同的樣子。有些是在社會中生活，幫助他們所遇見的人。有些是皇室成員，他們頒布公平、公正的政策，並且分享自己的財富，以便造福其他人。有些是商人，他們護持僧團，同時慷慨地布施給需要的人。有些是和被社會忽略的人住在一起，除了改善他們的物質條件，同時也以佛法提升他們。有些菩薩住在淨土，他們在那裡製作各種精緻的供養物，並且跟隨主尊佛學習佛法。有些菩薩對群眾教授佛法，有些則是透過自己的身教來教導一些人。所有這些活生生的菩提心所展現的方式也同樣適用於現在。

密續的成就者通常被形容成特立獨行的人，有時候他們會做出一些讓人無法接受的事，違反他們那個時代的風俗習慣。雖然我們之中有許多人很欣賞不受習俗所規範的人，但是密續成就者這樣的形象可能會造成誤導，特別是效法這樣的行為會滿足我們想要受到注意的渴望，增長我們對社會的蔑視或是不健康的精神狀態。目前最好是依照修心法門的教誡來練習：從外在來說，所表現出來的是簡單、樸素；從內在來說，以慈愛、悲心和菩提心來生活。

簡單來說，不要因為你對所謂成功的佛法生活的概念，而變得僵化呆板。我們要知道由於業力，人們有不同的想法和興趣，同時也會有不同的機會。鼓勵自己，也鼓勵其他人不再造作惡業，創造善業，而且培養智慧與慈悲。尊重所有的修行人，同時隨喜任何人所造的善業。

10 進步

我們所有人都希望自己的修行能夠有所成就，不過即使是有好的動機，也很容易脫離修行的正軌。有幾種可能性會讓我們走偏。事先知道有哪些可能的陷阱可以提醒我們避開它們，同時，知道有那些跡象是表示修行有進步時，我們就能正確地評估自己的修行。

切合實際的期待

我們有兩種對自我的感覺，一種是有幫助的，一種是沒有幫助的。不切實際的自我感覺是沒有確切理由，只是建立在「我要這個或那個」的基礎上。這種自我感覺正是我們痛苦的來源，只有證得空性才能根除。正向的自我感覺是在理性的基礎上運作。這就是菩薩強烈自信的基礎，沒有這種自信，菩薩不可能面對並且調伏以自我為中心的態度。

煩惱是分階段調伏的，不是一次就可以辦到。當我們對空性證得直接、無分別的覺知[1]時，某個層面的煩惱才初次被斷除。在此之前，當我們遭遇某些狀況，煩惱就會生起，因此我們必須學習並養成符合道德的行為，針對每一個煩惱，運用特定的方法來對治，避免任何有害的行為。要培養這種自我控制的能力，有兩個關鍵的要素：個人的道德操守以及為他人著想。個人的道德操守會讓我們不去造作惡業，因為我們尊重自己的價值觀與道德觀。而為他人著想之所以能夠促使我們養成自我控制的能力，是因為我們在乎自己不好的行為對他人會造成怎樣的影響。

有些人誤以為如果他們曾經在短時間內做過一些修行，即使之後不再積極地練習，他們一樣會持續地進步。如果我們不間斷地修行，當然一定會進步，但如果我們中斷了，煩惱就會不費吹灰之力地生起，而且導致破壞性的行為，帶來更多痛苦。

金剛乘談到即身成佛[2]。有些傳統或老師們都談及一種可以直接、快速證悟的方法。聽到這種說法，有些人便生起一些不切實際的期待，他們以為只需要做少許的修行，很快就有成果。對我個人來說，這些想法讓我想到共產黨的政治宣傳！

那麼我們應該如何理解密續所說的「剎那成佛」呢？如果這個說法是真的，為什麼我們還要依照所有其他教法的說明，循序漸進地修行呢？如果要正確地理解這樣的說法，我們就必須明白究竟是在什麼樣的脈絡中出現這些說法的。「一剎那」（one moment）和「一瞬間」（one short instant）的意義會根據不同的情況而變化。我們在認知某一個現象的持續時間長度時，是相較於其他現象而產生的。相較於無始的輪迴，我們生活的這段時間就像是一剎那。同樣地，當一個人非常專注時，數百劫對他來說可能就只是一剎那，而一剎那也可能像是一劫。如果一個人在無數的過去世已經累積了廣大的福德，他當然有可能在這一輩子獲得證悟或成就覺悟。在這個例子中，「一剎那」的意思就是一輩子。

不過這並不是說這個人就只是在這短短的一生中圓滿了整個修行的過程。他必定在過去許多世中已經累積了廣大的福德與智慧，所以當他在這一輩子遇到一個特定的外在因緣時，看起來很快就證悟了。無數劫以前，他還是成佛之道上剛入門的修行者，然後他循序漸進地完成每一個步驟，一生又一生地。這一輩子的快速成就其實是無數過去世中艱辛努力的成果。

西方人是很實際的，大多想要即刻的結果。他們想要看到成果的渴望成為他們修行的動機。然而在閉關結束、回家後，如果他們覺得自己還是停留在跟以前差不多的程度時，他們有可能認為修習佛法沒有幫助，然後就放棄了。西藏人則是在另一個極端。他們相信五道和菩薩十地[3]的修行方法，但是他們很容易滿足於現狀，認為以後再修行就可以了。他們對修行缺乏迫切感，不會投入很多的努力。

「混合型」（hybrid）的修行者看起來似乎是最好的，他們有強烈的動機，充滿熱誠，而且會去練習他們所學到的佛法，同時，他們也比較放鬆，有耐性。這一類型的修行者會為了眾生的利益而希求快速證悟，但是如果需要很長的一段時間才能成佛，他們也能接受，不論需要多長的時間，他們還是願意修行。

為了說明次第修行（漸修）的必要性，佛陀用一匹純種的小駒來譬喻（《中部》65）。剛開始那匹小駒充滿野性，所以馴馬師必須讓牠習慣於戴著馬勒。因為小駒從來沒戴過馬勒，所以非常不舒服，但是透過持續地重複佩戴，慢慢地練習，後來就算小駒戴著馬勒，也覺得很習慣，很平靜。接著馴馬師試著讓小駒披掛馬具，這對小駒也是全新的經驗。牠試著把馬具甩掉，但是同樣經過不斷重複嘗試與練習，小駒習慣了，而且也很開心地披著馬具。然後馴馬師進一步地訓練小駒保持步伐一致、跑圈子、跳躍、快跑、加速等等。小駒一開始會抗拒每一種新的學習，不過最終對每一項學習都變得熟悉，而且做得很好。小駒受過完整的訓練後，能夠做許多以前牠無法辦到的事，因此小駒成為國王的坐騎。

同樣地，當我們開始修學佛法時，我們也會抗拒許多不習慣的事。也許現階段我們無法做到某些事，害怕某些事，或者缺乏嘗試的自信心。但是如果我們有一位充滿智慧的師長[4]，那麼就像那匹小駒，我們也可以讓自己接受鍛鍊，即使一開始覺得有點不舒服，還是持續地練習，必然會有好的結果。最終，我們會圓滿覺悟所需的一切因緣。

目前我們還是凡夫，我們的心還是完全受到無明、憤怒[5]和貪愛三種有害心態[6]的影響。日復一日地，這些難以控制、討人厭的干擾性情緒以及錯誤的概念分別總是在心中生起。如果這是真實的狀況，那麼去思考如何能夠一勞永逸地快速除去這些烏雲般的煩惱是否合理呢？即使我們試圖這麼作，也是很困難的。事實上，就算只是希望能夠有幾分鐘平靜的心，也不容易！

不論我們希望專攻哪一個領域的學問，都不可能一下子就把每件事學會。我們必須按部就班地研讀，逐漸地進步。想要獲得出世間的證悟——這超乎我們一般的理解——也是同樣的狀況。

滅除煩惱有賴於產生能對治它們的強大力量，然而這需要時間。這些對治力都是逐漸培養起來的良善特質，養成的每一個步驟都需要適當的因緣。期待能夠產生對治煩惱的力量，卻不去創造所需要的因緣，這是不會有結果的。

在通往覺悟的道上，這些對治力促使我們研讀教法，所以我們會知道如何為我們的修行目標去創造特定的因緣，以及瞭解不同法門的修行次第。因為我們知道當一切因緣具足，自然就會證悟，所以我們就能以愉悅而且充滿熱誠的態度修行。如果每天一睜開眼睛，就想：「我今天總該證悟了吧？」只會讓我們不安。這種沒有耐心的態度和修行能夠發揮作用所需要的態度是恰恰相反的。

要種豌豆，首先得耕地、施肥，然後在春天把豌豆的種子植入土中，再澆水。當這些都做完了，我們就可以休息，讓種子有時間成長。我們不需要每天把種子挖出來，看看它們是否發芽了！我們只需要接受它們有自己的生長節奏（步調）就可以了。

有次在一個大型公開的說法場合，有人問我什麼是成就覺悟最快、最容易的方法。我哭了起來，因為我感受到提問的人希望能在不需要過程的情況下，達成一個殊勝的目的。我的心中浮現一些偉大的修行人，例如密勒日巴。即使在許多困難的情況下，他們還是歡歡喜喜地修行，因為他們希望為了利益一切眾生而證得菩提。由於他們心中深深地相信覺悟成佛是最值得去作的事，所以願意去創造任何所需要的因緣。如果我們也希望能和這些偉大的修行人一樣有所成就，我們就必須效法他們，同樣地培養充滿大悲心的動機以及熱誠的精進心。

當我在培養能夠圓滿佛果的精進心時，我內心所想的是無量無邊的生命和無窮無盡的時間。因此我的祈願文變成「為了利益眾生，願我證得佛果！如果可以，請讓我在今生滿願，雖然這應該是無數輩子以後才有可能。」如果我們想要即身成佛，卻沒有「無數的生生世世」的概念，那麼我們的願望是不切實際的，而且當我們進步的速度不如自己所預期的，可能會導致絕望。想要長期保持一個愉悅的修行動機，不去追求完美，也不受失望的情緒所干擾，那麼認同有來世的正確知見是至關重要的。

有些西方人是真的對佛法感到興趣，不過卻很難接受多生累劫的存在。因為認為這一輩子就是一切，所以他們想要即刻看到進步——速食和快速覺悟！然而沒有「快速覺悟」這件事。明明知道想在這一輩子證得佛果有多麼地困難，我不知道如何幫助他們維持愉悅的修行動機。

以目標為導向的人把涅槃和覺悟當作是要完成的事情，但是他們不想做為了達到目標所必須做的事。打坐時，他們追求特殊經驗，不過卻不願意改掉一些壞習慣，例如口出惡言、說謊話和食用酒精、毒品。同樣地，想要引導他們也很困難。

轉化我們的內心是一個過程。如果清楚這件事的話，我們的注意力就會轉向每一個當下，因為「現在」就是可以修行的時候。以過程為導向的方法也會促使我們從佛法的角度去檢視每天的生活作息，然後瞭解到進步是藉著轉化我們的想法、情緒、語言和行為而產生的。

我的一些西方弟子曾經問我，佛教經典中不是談到一直在造作惡業的顛倒凡夫，就是動機和行為都清淨的菩薩，那麼處在這兩種極端之間的他們該怎麼修行。

菩薩美好的行為值得我們去效法，而且能夠激勵我們繼續修行。經典當然必須描繪完美的榜樣，因為如果不這麼做，我們不會知道目標是什麼，有可能會錯把中等的成就當作是最好的。除了我們自己，沒有人會期待我們在短時間內精通菩薩的修行法門。雖然我讚嘆大菩薩和善知識們的能力，以我目前的程度，我並不會期望自己和他們一樣地修行。藉著努力嘗試跟他們一樣地思惟和處事，我確信逐漸地這些能力將會在我身上生根、茁壯。

認為「佛陀本來就已經覺悟」的想法，總是在我心裡製造一些不必要的障礙。因為佛陀並不是一個自性存在的覺悟者。他曾經也是凡夫，跟我們一樣迷惑，然而透過循序漸進地持續修行，他轉化了自己的心，並且證得佛果。我們跟他並沒有不同。如果我們歡喜地、不屈不撓地創造因緣，我們也必定會成佛。

在對的時間嘗試高階修行

出於對佛法的熱誠，有些初學者在沒有充分準備的狀況下，就進入高階修行。他們可能會把修止和觀修空性當作修行的重點，接受密續灌頂，參加三年的長期閉關，但是之後會因為修行上沒有進步，就變得灰心。

雖然在空性上結合止觀雙運確實是能夠讓我們脫離輪迴的正確方法，我們還是必須持續練習初階的入門修行方法。不這麼練習，卻試著進入深定，對生活在都市中的我們來說，只會增加挫折感，因為我們的心不熟悉對治煩惱的方法，而且外在環境也不利於修行。針對這類的情形，宗喀巴給了我們一些很好的提醒：

> 有些人說只要把全部的精力用在穩定自己的心以及瞭解正見就好了，可以忽略以前的修行項目，但是這種說法會導致無法掌握修行的重點。因此你必須培養對道次第整個過程的確定。[7]

換句話說，前往覺悟的旅程如果要成功，就必須從成佛之道的起點出發。當我們已經準備好可以針對空性修止、觀的時候，一定要接受如何使用這些方法的指導，唯有如此，才能正確地練習這些方法。獲得正確的見解不是一件容易的事。空性不是什麼都沒有，觀修空性並不是單純地讓心停滯在一種茫然、無分別（非概念）的狀態中。我們必須能夠否定一切虛構出來的存有[8]，同時還要建立業果的世俗功能，因為業果法則是道德行為的基礎。[9]再者，我們所修的定必須是清晰的，不能被微細的昏沉或掉舉所覆蔽。

密續是高階的修行，需要長時間的準備。其實在那股想要修學密續的興奮中，有些人是覺得思惟輪迴的過患很乏味，觀修念死、念無常很無聊，還有關於戒律的教法實在讓人覺得很不方便。他們直接跳過了生起出離心和菩提心的練習，接受許多灌頂，而這要承擔可能會有的密續戒和誓言。過了一段時間，他們會變得很困惑，而且覺得持守密續戒和誓言很難。無法如他們所願地快速進步時，他們會變得頹喪，不是忽略他們的密續誓言，就是乾脆完全放棄修學佛法。

我們或許會問：為什麼西藏的師長們會願意為那些相對來說經驗不足的修行者給予無上瑜伽密續灌頂？我對這點也很疑惑！有可能是為了取悅那些求法的學生，或是在他們心相續中播下種子，在未來的生生世世中，他們能再值遇密續。也有可能在接受灌頂的人群中，確實有一些人已經具足資格，可以修學這個階段的方法了。無論如何，如果最後的結果是有人放棄佛法，那就太遺憾了。

要圓滿完整的成佛之道就像蓋一棟房子。我們得豎立牆壁，並且在穩固的牆壁上安放屋頂，不過在作這些之前，必須得先打下堅實的地基。10 同樣地，初學者如果能夠藉著思惟四聖諦，練習共下士道與共中士道的修行方法，而且依據經乘[11]（Sutra Vehicle）修習六波羅蜜，他們會對整體的修行過程有較好的瞭解。

有些初學者聽到三年的密續閉關，就很渴望能參加。但是因為他們還沒有準備好，所以通常在閉關結束時，他們主要的成就是非常善於打法器、用藏語唱誦法會的儀軌，還有製作多瑪[12]（儀式中使用的塑形糕點）。但是內心的轉化則很有限，所以他們的負面情緒幾乎沒有改善。有些人已經作過許多次的密續觀修，也持咒幾百萬遍，這些人可能會吹噓自己已經是有成就的密續修行者。有些人會在閉關之後，給自己冠上「喇嘛」（lama）的頭銜，不過我個人認為一次的三年閉關是遠遠不足以贏得這個頭銜的。有次我對前世噶瑪巴（Karmapa）的一位入室弟子提到我認為現在有許多人太早修學金剛乘了，而他完全同意我的看法。十九世紀偉大的寧瑪派喇嘛紮巴楚仁波切曾經說過（AKC12）：

無法利益自心的佛法，

只是裝模作樣，不是有意義的佛法。
除非它能改變你的心，
否則即使閉關一百年，也只是徒增痛苦。

這些剛學佛、卻已經參加三年閉關的人，具有強大的決心與自我規範的能力。我覺得只能坐著睡覺，然後第二天又得整天打坐是很困難的。所以我很佩服他們能作到這一點。但是對身體作這麼嚴格的要求，未必能轉化內心，他們可能只是在考驗自己的意志力罷了。有的人也許能夠規範身業和語業，心卻還是不受控制。紮巴楚仁波切說過（AKC14）：

即使我們已經圓滿幾年又幾個月的閉關，
也設法完成持誦幾百萬又幾百萬遍的咒語，
除非我們心中的貪著、瞋恚、愚癡減弱，

否則那樣的佛法，我想是空洞、沒有意義的。

這些人是本末倒置的。唯有透過學習四聖諦及修習菩薩行，才能建立正確的基礎。

檢視自己的禪修體驗

有些學生老愛談論自己曾經有過一些特殊的禪修體驗，不過一旦生活中有不開心的事情發生，他們卻是完全沒有準備的，而且沒有能力可以處理。會有這種情形發生是因為他們高估了自己的禪修體驗。看到像是一些影像、特別的夢或是感受到大樂（bliss）的特別經驗未必是證悟的徵兆。這些現象有可能是因為身體內風息（prāṇa）失調，受到外在的干擾，或是想像力過度活躍而產生。關於上述的原因，向師長請益是非常重要，他們能夠協助我們判斷這些體驗。

有些體驗是因為業力而生起的，例如預先感知未來會發生的事情。這些預感未必一定正確，而且也不是每個人都希望有一個預言將來會生病的徵兆，特別是當他們還沒有聽聽我們的意見之前！

我們在打坐時，也許會出現一些特殊或有趣的影像，或者我們可能會感受到身體內有特殊的覺受。其實這些大部分都是只會分散我們的專注力，我們應該忽略它們。

我曾經和一位自認為是密續修行者的西方人見面。他以充滿期待的語氣告訴我他所作的一個夢，夢中他見到許多本尊，而且把這個夢連結到月稱《入中論》中的「時能見百佛」[13]（At that time you will see one hundred buddhas），不過這個句子說的是一位現觀空性的見道位菩薩。這位西方人認為因為他夢見許多本尊，那麼他應該是聖位菩薩，所以等著我幫他認證。我告訴他：「能看到一百尊佛並不是見道位菩薩的唯一功德。他們還有許多其他的功德[14]，例如他們能夠活一百劫，而且顯現一百個化身等。所以請確認一下你是否也能做到這些事。」

保持謙虛的心態是一位真正修行人的基本特質。一個虛偽的人可能會為了供養、名聲和地位而哄抬自己，貶抑他人。我們不應該因此而脫離修行正軌。佛陀也教導過一些如何辨別一個人是誠實或是不誠實的方法（MN 113）：

但是一個誠實的人[15]會如此思惟：「一個人並不會因為名望很大，貪著、瞋恚、愚癡的心態就被滅除。即使是默默無聞的人，如果他能夠依據佛法而開始修行，修習適合的方法，而且根據佛法所教導的來生活，那麼他就是值得被尊敬的，值得被讚美的。」所以永遠把修行放在第一位，他不會為了自己的名聲而自誇，或是貶抑他人。

佛陀也曾經談到一個誠實的人不會為了任何原因而自讚毀他：他們的社會經濟地位、他們收到多少供養、他們是如何地苦修、他們是多麼嚴格地持守戒律、或者是他們已經達到某種程度的三昧。大乘的修心相關文獻都是強調同樣的重點：「切勿」因為修學佛法，而強化了自我中心的態度和我執無明，去「自我誇耀」以及「把神變成魔」。[16]

有一位西藏的瑜伽士在閉關時見到了度母。他的學生聽到之後非常興奮，但是那位瑜伽士不為所動。他的學生很疑惑，便問瑜伽士原因，他回答：「不論度母是不是真的向我顯現，我都必須持續地修行。唯有以微細心[17]現證空性才能真正讓我解脫。」

夢境是虛幻的，雖然有時候它們可能預言未來會發生的事件。我見過一些西藏人在還沒來過達蘭薩拉之前，就夢過達蘭薩拉，還有些人夢到他們在寺院裡，雖然他們還沒去過。無論如何，執著於這些夢境只會增加對實有的執取，而這會帶來修行上的種種障礙，所以很重要的是必須記住夢不是實有的[18]。當我們因為眾生而面對各種障礙時，思惟大悲心是最好的；當我們遭遇其他障礙時，最好的對治法就是思惟空性。

有時候我們會見到已經修行許多年的人，他們看起來有高深的禪修經驗，不過表現出來的行為舉止卻有道德上的爭議。當一個人看起來似乎有很高的證量，可是在道德行為上卻大相逕庭時，很有可能是他的證量並不如看起來得那麼高。雖然有能力保持心一境性或者非概念的狀態確實是一種證量，但卻不是很高深的證量。這不是證悟空性，而且那個人還是受到無明和業力所左右[19]。

真正的證悟應該是能夠改變我們的生命。獲得「聞所成慧」的特徵是我們的外在行為變得平靜。已經體悟中士道的教法的特徵是我們粗顯的煩惱在力量上會減弱。如果我們正確地修習菩提心，我們會成為更親切和藹的人，而且勇猛精進地學習佛法。在逆境中，瑜伽觀修者仍能保持正直、開放和悲心。從這樣的行為，我們可以推論他們已經透過深刻的禪修體驗調伏他們的心。然而，單憑這個表徵並不能說明他們已經現證空性了。

反思

一、你是否曾經不小心掉入上述的任何陷阱？
二、是哪些因素導致這種狀況發生？
三、現在你必須怎麼做，才能回到修行正軌？

進步的徵兆

如果我們投入自己的生命去熟悉佛法，我們必然會看到內心的改變。就像一句佛教諺語所預言的：「將來你一定能夠把整個世界和其中的一切事物都視為佛法的教導。」透過每天的修行，當我們的心已經開始熟悉佛陀的教法，而且在我們所遭遇的大部分情況中，我們也能夠修行，那麼預言就會實現。當我們有一些無常的體驗，我們會很清楚在每一剎那事物都在變化、生起以及消失。如果在我們心中，這種理解非常清晰、明確，我們對人和事物的執著便會減弱，因為這種執著無法帶來恆久不變的快樂。自然而然地，我們的心就會更放鬆、更自在。

當我們對道次第作分析修（analytical meditation）[20] 的時候，仔細地檢視每一點，用邏輯來思惟，而且把它連結到自己的經驗。不過在思惟時，不要讓心游移到會讓我們起貪著的對境上，或是變得昏沉、呆滯。試著讓心保持清楚，並且專注在那些你正在觀修的重點上，那麼你就能夠洞察它們的意義了。

修行道路上的某些路標可以幫助我們檢查自己的修行：是否正朝著正確的方向進行，而且是有效果的。如果我們持續地思惟如何依止一位師長 [21]，一旦我們不再挑師長們的毛病，而且真心誠意地尊敬他們的功德，感謝他們的親切和藹，那麼我們就是透過這樣的分析修成就了一個好的結果。如果我們思惟珍貴的人身時，而且有一種穩定的感覺：「我現在的生活有充裕的時間和機會可以修行，而這樣的人身是很難得到、非常珍貴的。我不希望浪費，我要運用這個人身把心導向熟悉菩提心和空性。」那麼我們就是往正確的方向前進了。如果我們越來越少注意現世的快樂，而是為來世作準備，那麼我們就是正在經驗思惟無常所達到的效果了。如果造作惡業會讓我們有反感，而我們想避開這些像毒藥般的惡業，那麼我們就是從思惟輪迴之苦中得到利益了。而體驗到思惟歸依的特徵是瞭解三寶的功德，並且對三寶引導我們如何修行的能力有深切的信心。這種感受可能會在一座分析修之中生起，但是當這種感受重複地生起時，就是真正進步的徵兆了。

我們如何知道自己已經對輪迴生起真正的出離心了呢？宗喀巴說過在不斷地串習後，一旦日日夜夜我們再也不渴望輪迴的安樂而希求解脫時，我們就已經養成希求解脫的真正決心。這樣的態度也會在我們的生活中產生變化。我們不再沉迷於世俗的快樂，而且以前會讓我們生氣的事，現在也起不了作用了。然而這並不是說在深沉的睡眠中，我們也會嚮往解脫，因為那是不可能的。同樣地，當我們處於觀修空性的甚深禪定之中，希求解脫的決心也不可能顯現。但是它並沒有消失，只是當我們的心專注在其他對境時，它雖然在，卻是潛伏的。

在不斷地串習與修行後，不論何時當我們聽到、看到或想到任何的眾生時，如果大悲心與希求證得菩提的願心就會同時在我們心中生起時，我們就已經證得菩提心了。就如同宗喀巴在《三主要道》（*Lam gtso rnam gsum*）中所說的[22]：已經確立對空正見的正確理解就是瞭解緣起和空性並非互相牴觸，而是互相補充，所以只要談到緣起，便會獲得對空性的瞭解，反之亦然。

要生起好的特質與證悟，牽涉到不散亂的專注力和分析的洞察力。宗喀巴說（LC 1:272）：

> 因此佛陀說在三乘中要成就任何一個好的特質，都需要具備一種心態，也就是同時要有（1）真正的止或類似止[23]的狀態，一心一意地專注正在思惟的善的對境上，而不會分心；（2）真正的觀或類似觀[24]的狀態，嚴謹地分析一個我們正在思惟的善的對境，並且辨別真正的性質（如所有性）以及現象的多樣性（盡所有性）。

如果我們認為「好的特質」和「證悟」的意義類似，那麼我們就必須具備止、觀或類似止、觀的心理狀態。這對於瞭解無我是絕對需要的，無我可能是一個概念而且是推論出來的（在加行道），或者是現觀的而且非概念的（在見道和修道）。諸如出離心、悲心或菩提心這些好的特質是一定要成就的，所以我們需要止或是類似止的心一境性。要證悟無我——不論是加行道上概念的、推論的證悟，或者是見道上現觀、非概念的證悟——需要兼具止和觀二者。在證悟無我之前，需要有類似止和觀的狀態。對於我們這些想要快速獲得成就的人來說，這似乎是個難以企及的高標準。不過這樣的描述會讓事情比較清楚，也就是說證悟並不是靈光一現的瞭解。證悟是一種穩定的心理狀態，唯有透過不散亂的專注力才能夠保持。不像難以複製的瞬間閃光，逐漸培養起來的體驗能夠重複地生起，而且藉著的一心不亂的專注力，能夠繼續強化。

反思

一、對你來說，有哪些是在修行道上切合實際的期望？

二、你打算如何實現這些期望？

三、當你在創造這些因緣時，如何保持愉快的心情並且培養安忍？

11 佛道上的自我省視

我的一天

常常有人問我個人的日常生活作息與佛法上的修持。我不是個好的修行者，但因為我確信佛法的修持是通往平靜與快樂之道，所以我持之以恆地努力。通常我在印度達蘭薩拉的居所時，會在凌晨三點半醒來，並且立即觀想佛陀，念誦龍樹菩薩所寫的歸敬偈（MMK 27.30）[1]：

瞿曇大聖主，
憐愍說是法，
悉斷一切見，

我今稽首禮。

有時我會把偈頌的最後一行改為：「願受佛啟發」。這句話對我特別有意義，因為它表達了由於佛陀的悲心，引領龍樹菩薩辨認無明為苦因，進而驅除無明，獲證究竟實相的智慧。無明並非只是缺乏知識，而是執妄——自性存在（inherent existence）——為真的扭曲理解。而菩提心則驅策他累積福德、淨化其心，並聞、思、修佛法。如此一來，他便成為了一位有能力授予無瑕教導，解脫眾生的覺悟老師。

如此深思增加我對佛陀及在佛道上修持轉化內心的自信。同時也有助於我辨識具足許多幸運特質的珍貴人身[2]：我出生在有佛出世且其教法仍存的時空背景下；我相信諸如戒、定、慧這些值得尊重之事。每天憶念這些能讓我保持愉悅的態度，而對沮喪和氣餒免疫。

念誦此偈三次之後，我觀想金剛總持融入自身並啟發自心。這樣做給予我一股勇氣並樂意堅持不懈地修持。接著我發起菩提心並提醒自己，儘管改變也許很小，我必定能見到自己內在的轉變發生。這激勵了我隨喜自己的善行並持續修持。

為了驅散心中睡眠帶來的混沌沈滯，我念誦文殊菩薩心咒——嗡阿惹巴紮那帝（Oṃ a ra pa ca na dhīḥ）[3]——並且盡可能在一口氣裡念誦多次的「帝」（dhīḥ），觀想文殊師利菩薩的智慧以種子字「帝」的形式融入到我舌後的「帝」。如此觀修文殊師利菩薩的同時，我思惟四聖諦，特別是道諦的解脫力量，以及現證滅諦所帶來的平靜。

接著在迅速觀修道次第重點[4]之後便開始大禮拜以及每日課誦，這些我所念誦及思惟的偈頌依序概述了通往覺悟的完整道次第。之後便進行正式的禪修，主要是以分析修來增長我對佛陀教法的理解。在此，我著力的重點是針對緣起、空性，以及悲心、菩提心的觀修。我也修持密續的本尊瑜伽（deity yoga），內容涉及了觀想死亡、介於此生與來世之間的中陰階段及投生[5]轉化為佛的三身。[6]

我持續禪修直到早上八點三十分，當中有幾次休息，包括吃早餐和運動。如果不用辦公，我就研讀佛法典籍。我喜歡反覆地閱讀印度與西藏的論典及注釋，每次從中都有新的發現。有句西藏諺語說：「如果一本書你讀了九遍，你會有九種體會。」因為這是我的經驗，所以我會一直持續學習到我生命結束那一刻，並且也鼓勵其他人這麼做。

由於辦公室職務的需要，以致於我的學習常常中斷。我的午餐安排在正午之前，之後我就去辦公室工作。下午的時間被一個緊接著一個的會面行程填滿。身為佛教僧侶，我不用晚膳，然後大約在晚上八點半的時候就寢。我睡得很熟，不需要服用任何安眠藥，並且享受非常平靜的禪修。

噶當祖師有一個稱作「四依處」（four entrustments）[7]的教法讓我特別有感觸：

心依於法
法依於貧
貧依於死
死依於壑[8]

這幾句話提到將我們自己完全投入於修持兩種菩提心——世俗菩提心及勝義菩提心——是我們一生中最重要的行動，重要到以至於從現在直到死亡，我們都願意用整個生命投入修持。由於放棄對世間八法的執著，讓我們的心隨著佛法帶來的解脫，經驗到如此多的喜悅與滿足，使得我們對於名聞利養絲毫不在意。在省思這個偈頌時，我不禁熱淚盈眶，因為這是我最崇高的願望。這也反映了我人生中最大的挑戰——在此生中如何平衡「禪定的修持」與「直接利益他人」。此二者皆關涉佛法修行與我們內在層面的發展。人們當前的迫切需求固然重要，但禪修更具吸引力，為了能更加利益他人，深化我個人的修行也是必須的。也許你們當中有些人在生活中也有在這兩者之間取捨的壓力。

我偶爾有機會可以去閉關。在閉關期間，我修持本尊與壇城的觀想並且持咒，但主要是閱讀並思惟這些偉大的印度佛典。能夠研讀和思惟這些卓越典籍的義理，對我來說是一大樂事。

逐步進展

如同佛陀能夠逐漸轉化其心，我們同樣也能夠做到。我從個人的生命裡，見證了自己從幼時到現在的進步。因為我成長在一個人人都會反覆念著「我歸依佛」的佛教國家的佛化家庭中，所以我從小就對佛陀有信心。即使那時候我對佛法的瞭解並不多，但我知道佛陀是位非凡之人。

我在五歲時來到布達拉宮，七歲開始學習。我哥哥和我一起在親教師的指導下學習。但身為一個幼童，我喜歡玩耍。親教師有一條鞭子，因此我是出於恐懼才學習的。實際上，親教師有兩條鞭子，一條是普通的鞭子，還有一條是專門用來鞭打神聖者的金鞭。但是疼痛並沒有聖凡之分啊！

年齡稍長，我開始學習「朗令」（道次第），這加深了我對佛法的興趣，並增長了對「三寶為真實歸依處」的信心。在十五、六歲時，我對佛法的修持變得非常熱衷。當我在接受教法或是禪修時，有時候會深受佛法的感動。

我受的教育包括了熟記根本典籍，並聽聞師長們對這些典籍的逐字講解。有七位來自不同僧伽學院的辯經老師教導我。我的蒙古辯經老師對空性特別有興趣，所以我在一九五八年到一九五九年間準備自己的格西考試時，必須研讀許多關於這個主題的典籍。我們計畫在一九五九年三月考試結束之後，去西藏南部朝聖參訪，接著將學習宗喀巴大師的《辨了不了義善說藏論》（*Drang nges legs bshad snying po*）。然而，在三月十日那一天，所有的事情都變了，我們逃離了西藏，在印度成為難民。我隨身帶了一些典籍並盡可能地隨時研讀，包括寂天菩薩的《入菩薩行論》、宗喀巴大師的《菩提道次第廣論》、《辨了不了義善說藏論》等等。

在二十幾歲晚期於西藏，到三十歲出頭於達蘭薩拉的這段期間，我加倍認真地聞、思、修空性，益發確信證得涅槃的可能性，並加深了對法寶──滅諦與道諦──的信心，繼而領會僧寶──直接證悟法寶者（現觀法寶者）──的超凡崇高，加深了我對他們的欽慕之情。這也依序助我發展出對我們的導師佛寶更深、更真切的信心。當時我心中冒出一個想法：如果我能夠證得涅槃，我就可以有個持久幸福的平靜了！

我對菩提心極為重視，而菩提心並不難理解，但實際上要生起菩提心似乎不容易。我的經驗十分符合偉大祖師們所言：要瞭解空性並不容易，尤其要維持表象與空性之間的張力，以及要在唯名安立（merely imputed）且缺乏任何自性存在的世間建立因果作用，特別是個挑戰。然而隨著時間過去，當我們思考空性與緣起時，它們會更加清晰，我們也會從而產生一些感受和信心。但另一方面，菩提心雖容易瞭解卻很難體驗。不過，我們除了必須付出努力外，沒有其他選擇了。

我們西藏人有「學生將自己的證悟供養給師長」這樣的傳統，亦即和我們的師長分享自己對佛法的瞭解。在七〇年代晚期及八〇年代早期，我有幾次與我的資深親教師林仁波切見面的機會，在會面期間，我特別談到自己對空性的理解。有一次，他非常仔細地聆聽並說道：「你很快會成為一位虛空瑜伽士（yogi of space）」，意思是一位證悟空性（emptiness）者。

我甚至經常在夢中與人討論佛法，或是禪修空性與菩提心。在過去的幾年中，對瞭解空性更感興趣、更熱衷，這也為我帶來了更深刻的信念與體驗。有一次我讀到一段文字：「人只是名稱的安立」（person is mere designation）[9]，我猶如被電擊般感到震撼。我想這也許就是無我。當我專注於我時，我確定它只是命名而有（merely designated）；但是當我專注於五蘊時，經驗到的卻不同。這表示我經驗到的是「缺乏自成實質存在的人」（absence of a self-sufficient substantially existent person），而不是「自性存在皆空」（emptiness of inherent existence）。[10]

如今我對無我的理解有所增進，這有助於大大降低煩惱的強度與頻率，特別是在執著與憤怒方面。理解空性對修行真正的慈心與悲心沒有負面影響，因為這些不是由無明所驅使的。事實上，理解空性可以讓我們對眾生的痛苦有更清楚的認知，進而強化了我們的利他心。修習空性與悲心是我日常修行的骨幹。

我不期望在短時間內就能獲得更深入的理解或體驗，這需要十年、二十年、三十年或更多年的修行，但是當我們堅持不斷地努力之後，改變一定會發生。你們當中的某些人可能不會再活個二十年或三十年，但如果你認真專注，讓自己熟悉空性與菩提心，那麼就會在你的細微心識裡留下許多關於這些主題的正面印記（positive imprint，正向習氣）。我在個人的經驗中認識到這一點。某些佛教主題對我而言容易理解，但是當我和一些資深學者討論時，有時候這些主題對他們來說好像不大容易。這表示我在過去生中對這些主題已經有些熟悉。因此即使你現在已經老了，就算只是花幾個月或幾年的時間學習和思惟，任何你在心續中存入的正面印記，都會帶到你的下一世並使你受益。

你現在所做的一切善行必定會使你投生於人道，並生活在有利的環境下，在那裡有更多機會學習和實踐佛陀的教導。那些像我年紀這麼大的人，不應該找藉口認為自己現在已經很老了，做不了任何事。這樣的想法將會導致一事無成。因此在你擁有珍貴的這一生時，請盡己所能加緊努力。

而那些仍年輕的人，你們有更多的時間研究和修行，要認真思考生活中哪些是重要的事，並在佛法上下工夫。當然，是否要修行，取決於你們自己。如果真的有興趣，修行是極有價值的事。請好好認真考慮。

一些其他宗教或精神信仰的追隨者可能出於好奇而閱讀這本書，請繼續你們目前的修持。佛陀從未將其信仰強加於任何人。每個人都有完全的自由來遵循他或她選擇的任何宗教，或者完全不遵循任何信仰。但是無論你做什麼，請做一個仁慈善良的人。

在西班牙的蒙特塞拉特（Montserrat），我遇見一位天主教修士，他隱居於修道院後面的群山中默觀了五年。他告訴我，他主要的靈修內容是觀修慈愛。當我凝視他的眼睛時，眼神中流露出一種特別的氛圍。我非常讚嘆且尊敬他。他的生命顯示如果我們花五年的時間禪修，必定會有一些成果。同樣地，如果我們每天努力訓練我們的心，我們心中的野猴子就會被馴服。[11]

發起菩提心

一九五九年的時候，昆努喇嘛仁波切（Khunu Lama Rinpoche）[12]來見我。那時候他告訴我，他主要修持的是菩提心，尤其是寂天菩薩的《入菩薩行論》。大約在那個時候，我也學習了昆努喇嘛仁波切著作的《菩提心讚：寶燈論》（*Byang chub sems kyi bstod pa rin chen sgron ma*）短篇典籍，並得知我的上師林仁波切已經接受過他的教導。一九六七年時，我請求仁波切授予此典籍的口傳。當他在唸誦《寶燈論》的時候，我淚如泉湧。

我在二十多歲時就很重視菩提心，但它似乎離我很遙遠。一九六七年，得到林仁波切的首肯，我請求昆努喇嘛仁波切教導《入菩薩行論》。他同意並在菩提迦耶授予這個法教。在那之後，感覺菩提心較近了些，而且恐懼和不信任是以自我中心為根源的體悟愈趨明顯。反過來說，如果我們真心關懷其他眾生，即使是鬼神，最終也會表示感激。當我們的基本態度是利他的時候，即使憤怒生起也會很快消失。這就像我們的心具有強大的免疫系統，可以保護它免受煩惱的侵擾。

大約在那個時候，我還另外修習了一部非凡的論典，龍樹菩薩的《寶鬘論》，以及一些其他的延伸典籍，每天我都持續觀修這些教材。因為從思惟龍樹菩薩對空性的教導當中，已對龍樹菩薩具有強烈的崇敬與信心，即使只是閱讀他著作中的一小段落，也對我產生深遠的影響。

在十三部偉大的傳統典籍[13]中，我從林仁波切那裡接受了彌勒菩薩的《現觀莊嚴論》以及月稱菩薩的《入中論》的口傳，而從昆努喇嘛仁波切那裡接受其他十一部論典的口傳。昆努喇嘛仁波切除了是一位偉大而謙遜的修行者，還是一位傑出的學者與老師。他的教導非常精確，可以輕而易舉地引經據典。當我詢問他是如何接受訓練時，仁波切告訴我當他在西藏康區的時候，他認為應該要把那些典籍拋諸腦後。儘管他必定已完全沈浸在那些教義中並深受感動。而其實真正的意思是不要執著於書籍本身。他在藏文與梵文兩者之間的翻譯無懈可擊。當我接受寂天菩薩著作的教法時，他經常提到：「這裡的藏文翻譯是錯誤的，原本的梵文是這樣說的……」我也據此訂正自己的副本，並於現在教授那部著作時，納入這些修正。

我的老師林仁波切對我非常慈愛。在我的修持上鼓勵我，並告訴我如果努力下工夫就能獲得證悟。但若是現在見到林仁波切，我必須承認即使多年過去了，我依然還沒有獲得那些證悟。

約在一九七〇年時，我感覺菩提心變得更加熟悉。過了一段時間，我更加確信如果我有足夠的時間禪修，我會在此生中成為一位菩薩。但是，我沒有足夠的時間。那是我的藉口。但對於那些有充分時間的人來說，是沒有任何藉口的！

我繼續接受菩提心的教法，並對菩提心作分析修。有時候，當我在房間裡禪修菩提心時，因如此地深受感動而眼眶泛淚。在我生命中有段時期，我對菩提心與空性進行長時間的禪修，幾乎每一天我都會有強烈的體驗且十分感動。宗喀巴大師在《辨了不了義善說藏論》的結語說到，當他深入省思所學時，對佛陀的信心便更為增強。有時候，當憶念起那爛陀大師們的慈悲時，他難掩對空性法教的欣賞；其他時候，當思惟有情眾生的苦時，悲心則充溢滿懷。他為此下了註解：這兩種感受似乎像在相互競爭。雖然我沒有宗喀巴大師那樣的證悟，但我在思惟空性與菩提心的時候，也會不時地像他一樣有深刻的感受。

現在每當我教授菩提心時，我都非常感動。這意味著我的心更善於接納且離菩提心更近了。和十五歲時候的我相比，對這些主題的理解已有相當大的改變。這證實了達到證悟的可能性是存在的。因為我所獲得的知識、一些體驗以及透過檢驗，我對三寶有堅定而深刻的信心。佛陀在無盡的利他與實相的智慧上無與倫比的教法至今確實仍廣為流傳。然而我卻缺乏密續上的經驗。

在某個時期，當我修持如密集金剛等密續時，我專注在生起次第，包括將自己融入空性，再顯現為本尊。我會盡量維持這個觀想的穩定持續，並且在這上面培養心一境性的專注。觀自身的時候，我會練習立即視自己為本尊，沒有任何凡庸之我的想法或樣貌，這是本尊顯相（divine appearance）[14]與本尊認同（divine identity）[15]的修持。

但在七〇年代後期，為了對我的學生和藏人社群盡我的職責，我變得非常忙碌。由於缺乏時間，我必須中斷較長的修持儀軌，現在已經退回到以前的程度。我出生於一九三五年，年紀越來越大，想要做更多的修持也許為時已晚。流亡的藏人社區現在已經有了民選政府，我要他們履行所有的政府與行政責任。在二〇一一年時，我終於能辭去政府職務，希望有更多的時間修行。

但我仍然有很多的訪客與會晤。我不能拒絕和那些經歷許多艱難、從西藏前來見我的藏族人民會面。當他們冒著生命危險一路前來看我，我不能忽視他們，然後說：「我正在閉關。」閉關的目的是要利益他人。與這些人見面會帶給他們一些益處，所以這也是我修行的一部分。我想我的餘生都將會如此度過。雖然會難過沒有機會做更多的閉關，但寂天菩薩在《入菩薩行論》的偈頌（BCA 10.55）卻是我最大的激勵來源：

乃至有虛空，
以及眾生住，
願吾住世間，
盡除眾生苦。16

我能否在這一世當中證悟成佛並不重要；但至少必須利益他人，特別是當眾生遇到難題時。而這股動力來自於菩提心。

第一世達賴喇嘛根敦竹（Gendun Drup）花了很長的時間閉關。在這段期間，他有了白度母與綠度母的淨相，並寫了非常感人且極具意義的度母禮讚文。在他閉關之後，他自願發心承擔更多的工作，其中有一些是困難而耗時的，例如：他每天教導學生不同的典籍，並在日喀則（Shigatse）建立了札什倫布寺（Tashi Lhunpo Monastery）。

此時他已經是一位皓首扶杖的年老僧人，但仍身兼建造者及監督寺院建造的領班二職。他也派人出去募款以便寺院能建造完成。身為寺院管理者的他，儘管年事已高，依然要指導寺院的日常運作與僧眾戒律。

他的某些學生難免會生事。有一次，根敦竹對他們大為光火，並說道：「如果我留在康堅寺（Kangchen Monastery），現在應該已經獲得更高的證悟。但是我為了幫助你們，幫助更大的佛教團體及更多的人而犧牲自己的證悟來到此地。」雖然這可能聽起來像是有點自抬身價，但他是在告誡他的弟子要戒慎恐懼、為長遠的利益著想，並且要感念這些仰賴他人得以學習佛法的機會。

在他生命即將結束的某一天，根敦竹說：「我現在已經非常老了。」他就這麼說著。

他的一位主要弟子接著提醒他：「有預言說您將直接前往淨土。您會那樣做嗎？」

根敦竹回答道：「我不想去這些更好的地方。我只希望能前往艱困的地方去服務。」這非常令人讚嘆！也真正地激勵了我！

佛陀的傳統是個活生生的傳統。如果我們實際去做，可以轉化我們自身。這不僅僅只是透過祈願，而是要透過禪修，主要是分析修而來。佛教的行持是以最佳的方式運用人類智慧，將善心的潛能開發到極致。

安於承受艱難

當我們研究我們的導師釋迦牟尼佛的生平時，我們關注到他所經歷的修持發展過程。生而為王子，為了追求精神上的修持，放棄了舒適的皇室生活成為一位出家人。他忍受了父親的反對，以及因居無定所的生活方式而必須面臨的惡劣生活條件。他也修持了六年的嚴苛苦行。歷經這些所有艱難之後，他展示了證得圓滿證悟的行誼。

他的一生成為樹立「在精神追求上必須能夠忍受艱苦」的最佳典範。許多其他精神傳統的導師，其人生也是如此。我們從他們生命的示現所得到的啟示是：作為這些導師的追隨者，為了能夠實現我們夢寐以求的修持目標，我們必須樂於歷經艱難並堅持不懈。

有時候我們仍下意識地持有這樣的想法：「是啊！佛陀歷盡艱辛才證得覺悟，但我毋須如此。我應該可以在不必放棄我所貪著的舒適和奢華享受的同時，以某種方式證得覺悟。」雖然我們可能不會說出來，但這樣的想法表示我們相信自己比佛陀更幸運。佛陀必須歷經如此多的磨難，而我們卻認為自己不需像他那樣過苦行生活並忍受困難，就可以達到同樣的精神證語。這是錯誤的。

佛陀教導中道，一條避免極端嚴苛的苦行和漫不經心的放縱之道。然而，如果我們要洞察實相本質，並且以菩提心對一切眾生敞開心扉，我們必須願意放棄我們所貪著的享樂。我們的優先順序必須明確：我們更重視的是目前的安全舒適，還是精神上的解脫？為了踏上修持精神之道，我們是否願意承受因為捨離貪著所帶來身體和情感上的困境？這些是我們必須深入省思的問題。

在修行道上，我們每個人都會面臨不同的困難。對於某些人來說，困難不在於簡樸地過生活，而是要忍受來自家庭和社會的批評。另外，當有些人苦於必須處理性欲強烈的問題時，其他人卻將面對即使健康出問題仍必須修行的困境。無論我們遭遇的是身體、情感或心理上的苦惱，我們必須培養內在的堅毅，持續不懈地修行。

保持快樂的心態

在修習佛法的時候，保持快樂的心態很重要。維持修行需要放鬆、熱忱及樂趣；這些要素不可能存在於抑鬱寡歡的心中。有人問我，身為難民已經超過五十年了，我是如何保持快樂的心態和輕鬆的舉止？有一次，一名新聞記者來採訪我並問我，在目睹了這麼多自己的祖國與人民被大肆破壞、殺戮的事實後，為何我不會因此而憤怒。我看著她回答說：「憤怒有什麼好處呢？只會讓我睡不好覺或消化不良。更何況我的憤怒根本無法改變局勢！」我猜想她原以為我會藉此機會向全世界訴說西藏人民在中共政權下遭受到的苦難，但她很訝異我沒有這樣做。

雖然我們偶爾可能會在心存不善之時感到快樂——例如當我們的渴望得到滿足時，或者當我們報復了傷害我們的對象時，所產生的那種快感——那種快樂對我們在覺醒之道上不但沒有幫助，而且還應該摒棄。無論如何，在此心態下，我不認為在我們的內心深處會有真正的快樂。

其他快樂的體驗則是深植於品德高尚的心理狀態。當我既慷慨又可以助人減輕貧困的壓力時，我的內心非常愉快。能夠以非暴力態度過著合乎道德的生活，使我感到歡喜並產生安適感。對他人充滿慈愛會為內心帶來喜悅，而持續我每日的禪修則深化了我對三寶的歸依，帶來極大的內在滿足。據說成就禪定會使內心充滿極大的喜樂。

我們常常受感官刺激而從佛法中分心，像是迷人或令人厭惡的景象、聲音、氣味、滋味或身體的觸感。但是當我們貪著的心缺乏足夠的感官刺激時，我們就會感到無聊。五種感官非常沉迷於外在世界的那些人，往往會發現自己陷入此種困境，並且經常感到不滿足；相反地，由信念、慈愛、悲心、智慧等等內在特質帶來快樂的那些人卻能體驗到許多的歡喜與滿足。他們不會被周遭環境中各種人事活動所淹沒。太多的感官刺激會讓我們筋疲力盡，降低我們的心智潛能。基於此，最好仔細關照我們的心。我不看電視或上網，但我收聽英國廣播公司（BBC）電台的新聞廣播，因此我知道其他眾生在生活中發生了什麼事。收聽新聞成為一種跟業果有關的禪修，並激勵我培養悲心。

在我個人的修持中，我會去除帶來某種短暫染污樂的有害心態，取而代之的是把精力放在培養健全的心理狀態。這讓我即使在艱難的情況下仍能夠保持一顆愉快的心，這對持續修持佛法很重要。

證悟者

有些人問我是否認識已經圓滿覺醒的人。佛陀的規定是除非有重大的目的，才能揭露個人的修證，否則不應該這樣做。談論自己個人的修持成就是違反出家戒律的，而聲稱自己已經證悟但實際上卻沒有，則是根本墮（root downfall），這樣的人已不再是個出家人。謊稱某人已經證悟空性是菩薩戒的根本墮。因此在真正的佛教修行者中，公開宣稱證悟是前所未聞的。

儘管如此，我曾經有機會遇見一些經驗超凡成就並可能近乎成佛之人。遇過這樣的人充分證明了法教仍活躍於世，帶給我們極大的激勵和決心。也因此，歸依「僧」——證量極高者——加強了我們修行的力道。

在作為提醒的本段中，我（卻准）想要進一步解釋，尤其是當今人們極力宣揚自身的優點與成就時，為什麼證悟者不會討論他們的修行成就。首先，談論成就會對我們的修行造成傷害。一旦有人開始公開談論自己的修行體驗，那些體驗就會被話語所取代。體驗的實際感受便會在心中退失，我們則變成演說這類令人著迷故事的專家。如果我們成為修道上的名人，那麼很容易變得傲慢和自滿。為了我們個人的修行，保持審慎謙虛的態度是最好的。

此外，在修道上尚未成熟的人容易將不尋常的禪修體驗與修持證悟混淆。即使他們立意良善，如果他們高談闊論自己非凡的修持能力並開始指導他人，天真的人很容易被帶離正道而誤入歧途。其後，如果那位老師的行跡敗露，那麼追隨者的幻想將會打從心底破滅，甚至可能會全然棄絕精神之道。不去特意宣稱過人之處的老師，可避免被追隨者形塑為虛假的偶像。

如果有人公開宣傳那些實際證悟的事蹟，會有什麼結果呢？很多人會崇拜這個人而不是聆聽他的教導。想像一下，如果佛陀在紐約出現，全身閃耀金光，人們會驚訝到目瞪口呆地盯著他看，並等待他展現神妙事蹟。媒體會想要採訪他，很快地就會出現一個新的服飾系列是以他命名的。

如果某人有真實而穩定的證悟，則那些接受力強且具有福德的人們就能看出這點，並對此人有信心。廣為宣傳個人的特殊本領是沒有必要的。一個好的廚師不需要向所有人宣揚自己的烹飪專長。當他煮好一頓飯時，人們吃了就會知道。

謙卑的舉止是修持成就的徵象。真正證悟的人不需要讚美、聲譽，以及隨之而來的各種誘惑和特殊待遇。對他們來說最重要的是維持穩定以及繼續提升自己的證量並利益他人。

在特殊情況下，老師可以私下以祕密的方式向關係密切的少數學生展露他或她的修行體驗。這或許是為了激勵那些已經致力於修道的學生，這樣他們就會為修行投入更多的精力。這些學生對於他們所聽到的內容應該要謹慎低調。

雖然公開討論證悟對我們沒有好處，但在密集修行的期間，請教我們在修道上的師長很重要。在會面時，我們向師長敘述我們修行的見地與體驗，師長會就此協助我們判斷與瞭解，並為我們提供進一步的指引與教授。如果一個修行者正進行嚴格的閉關，而她的修道師長不在附近，她可以與一位值得信賴且經驗豐富的同儕閉關者討論她的禪修體驗，以澄清和改善她的領會，同時避免誤判修行體驗。這對於修道上的進步很重要。

我從人生中學到了什麼？

曾經有人問我：「請總結一下，您在幾十年的人生經歷中學到了哪些最重要的事情？」我停下來回想過去。當然，我有許多不同的經驗——身為自己國家的一位國民，以及一位難民；曾經是一個年輕人，現在是一個老人；是一位學生，也是一位領導者。在佛教中，無論眾生的生命形態為何，我們總是為一切眾生祈求安樂；這對我有很大的影響。我認為，無論是任何人在什麼情況下，基本上都一樣：我們每個人都希望能夠快樂並且免於痛苦。抱著這樣的想法，無論我到哪裡，立刻覺得與人親近，沒有隔閡。

由於遇到了許多不同類型的人，也因為隨著年歲增長所帶來的經驗，我以不拘禮節的方式與每個人互動，並且以彼此都身為人的出發點談話。這種態度與行為消除了造成焦慮的任何原因。從另一方面來說，如果我想著：「我是達賴喇嘛，而且是一位佛教比丘，所以我應該以某種方式行事，人們應該以特定的方式對待我。」這樣會助長焦慮和憎恨。所以我忽略這些區別，視此為人與人的相遇。在情感的層面，我們是一樣的；在身心的層面，我們也是一樣的。以這種方式思考對我有幫助，也讓其他人感到自在。有時候在會面或談話開始之前，人們相當含蓄、僵硬，但不出幾分鐘，這個情況就會消失，開始感覺非常親近。

WALK TO FEED THE HUNGRY
www.buddhistglobalrelief.org
A WORLDWIDE WALK OF COMPASSION

12 在世間運用佛法

身為佛教徒，特別是身為菩薩道的修行者，我們是人類社會的一分子，有責任對社會的利益做出貢獻。我們應該扮演更積極的角色，運用我們擁有的天賦與能力，在社會上幫助他人，無論對象是否為佛教徒。如果人類社會幸福和平，我們所有人也會自然而然地受益。

人們不同的性格反映在兩種類型的悲心上。第一種悲心是希望他人能從他們的痛苦和問題中解脫，不過仍然以自己的快樂為優先。第二種悲心是不僅希望他人從痛苦中解脫，並且已經準備為此付諸行動。這兩種悲心帶來的體驗是相似的，但是由於一者是更聚焦在他人的安樂上，而另一者則是有著自我中心帶來的壞處，相較之下，第二種悲心是勇敢並積極投入利他的。

對於那些希望減輕痛苦的人來說，有許多方法可以將佛法的原則應用在他們與家庭、社會、周遭環境的互動中。在積極幫助他人的同時，我們必須繼續禪修「發起菩提心的兩種方法」[1]，運用理智和具體的例證來增加悲心的力量和範圍，並防止它退失。

當我們為眾生的利益奔走時，良好的健康與正面的態度是寶貴的資產，因此我們將轉而先探討這兩個主題。這一章並未包含「反思」的部分，因此請在每一章節的結尾稍作停頓，思惟其重點，並思考如何將其落實在你自身的經驗和祈願上。

良好的健康與處理疾病、傷害

每個人都渴望健康，對於佛法修行者來說，它有助促進我們的修行能力。為此，我們應該藉由攝取營養的膳食、運動以及充足的睡眠（但不要過度！）來盡己所能維持自己的健康，並同時保持良好的清潔衛生。在此，我們的動機不是要貪著享樂或害怕痛苦，而是健康提供了我們利用珍貴的人身修行佛法的機會，尤其是為了利益眾生而培養菩提心與智慧的機會。

維持平衡很重要。「中道」的其中一個含義，是避免極端的禁欲苦行與極端的自我放縱。身體上的苦自然會出現，純粹是因為我們有這個身體。刻意折磨自己的身體並不能淨化我們的心。事實上，如果動機是為了要獲得「有能力忍受痛苦」的良好名聲，嚴厲的苦行可能會成為另一種形式的自我中心。

自我放縱會耗費我們的時間，阻礙佛法修行。我們會花費過多的精力和時間嬌寵我們的身體，擔心它的健康及舒適與否，反而不會去修習佛法以超越此身受煩惱和業力影響的輪迴狀態。較明智的作法是去接受「只要我們是身處輪迴之人，我們就會有一個容易生病的身體」這點。生病不是我們獨自受苦的某些罕見或獨特的命運，也不是針對自身的懲罰或失敗的象徵。接受輪迴當中身體的限制，並瞭解它是我們珍貴人生的基礎，我們必須運用智慧使用它，而不要對它過度操心。

人們經常寫信問我關於生病的建議。雖然我的回覆會根據疾病本身以及當事人的習性而有所不同，但我會分享一些概括性的建議以利益大眾。

當你生病時，你應該諮詢醫生並遵循他或她的建議。不要放棄傳統醫學只求信仰的療癒。

有些人會對癌症患者下結論道：「是你的憤怒導致了癌症。」這樣的評論不僅缺乏慈悲心，而且是錯誤的。疾病是由許多原因和條件造成的，指責因為疾病而失去健康的人是無情的。

修心練習是將我們的疾病視為在過去世或此生早期所做有害行為的結果，這與指責受害者非常不同。如此看待疾病並不意味著我們就應該受苦：沒有人「應該」受苦。反而是因為我們做了什麼，就會經驗到與這些行為相應的結果。雛菊的種子會長成雛菊，它們不會長出辣椒。像這樣思考能使我們釋放憤怒與不公平的感覺，並且接受這樣的處境。這樣做可以將惡劣的處境轉化為學習的經驗，因為我們瞭解如果我們不喜歡受苦的結果，在未來就應該摒棄造作導致受苦的成因。這給了我們很大的動力去捨棄有害行為與不良習慣。

想想造成這個疾病的業力可能會成熟為更壞的苦果，這有助於我們以正確的觀點看待我們的慘事。癌症一點也不令人愉快，但如果此業力成熟於不幸的投生，我們可能會處於更糟的境遇中。如此思惟有助我們理解自己其實能夠忍受目前的痛苦。此外，由於業力已於當前成熟，它的能量已經被耗盡，不會再次折磨我們。

區分身體上的疼痛與心理上的痛苦至關重要。即使你的身體病了，你的心仍能保持平靜，而輕鬆的心態會減輕你的疼痛並助身體復原。靜靜地坐下來，仔細觀察實際由疾病或受傷所引起的身體疼痛，與由恐懼和焦慮導致的精神痛苦之間的差異。若是任由先入為主的想法不斷擴大，並想像因為疾病或傷害可能引發的各種可怕的事情，我們的心念會讓自己比實際的身體狀況更悲慘。因此與其深陷於焦慮中，不如聚焦於正面看待這個處境：思惟那些照顧你的人的體貼善心。由此，你會感激滿懷。

記住「悲劇不是只會發生在我們個人身上」，也有助於擴展我們的觀點，並防止我們陷入只會增加不幸的自憐當中。我們可以深入思考：「就在這個當下，更多人正在經歷更嚴重的苦難，他們之中有許多人沒有保護者、沒有避難所、沒有朋友幫助他們。我比他們更幸運的是我有三寶可以依靠，而且有很多的朋友、親人，甚至陌生人——例如醫院的工作人員——正在幫助我。以生病的人來說，我的狀況相當好。」接著，藉由希望他們脫離苦難並擁有所有的快樂而將慈悲分送給那些正在生病、受傷，或受到不法監禁的人們。你可以將這個部分與第七章描述的「施與受的觀修」（taking-and-giving meditation，或譯為「取與捨的觀修」）結合起來。

深知這些問題都是輪迴的特質，有助於我們生起想要出離與證得解脫的決心。這有助於在生活中把佛法擺在第一優先，而非世間八法，讓我們大幅提升佛法的修持。此外，經歷苦難有一些好處：它使我們更謙卑，並幫助我們以悲心對他人敞開心扉。

觀想的修行也會有幫助。在你感到痛苦的部位，觀想咒語的種子字或是一團光球。明亮而溫和的白光散發出來，遍布在疼痛或是患病之處，淨化了所有的疾病與疼痛，大樂遍滿這些部位。

另外也可以觀想佛陀（或者一位禪修本尊，例如觀自在或度母）在你面前或是在你的頭頂上。光芒與甘露從佛陀或本尊注入你的全身，淨化和治癒你的身體，並且恢復四大（element）[2]的平衡。

以淨化罪障來清淨導致疾病的業力也有幫助。淨化已經成熟或目前正要成熟的業力是不可能的，然而在未來會產生疾病的業力則可以被淨化。不過當業力極為重大的時候，防止它完全成熟是有困難的，但是淨化可以讓結果縮短或較不嚴重。淨化也會使心境更加平和，從而更有能力處理疾病。

保持正面的態度

除了極少數人能夠全天候二十四小時投入所有精力禪修外，大多數的佛教徒應該持續積極地幫助他們的社區。社會參與是必要的，但是如果沒有禪修，我們在社會上的作為可能不會成為真正的佛行事業；另一方面來說，如果少了社會的成分，我們利他的修行可能不會真正起作用。因此平衡很重要。

每當你可以提供他人直接的援助時，就去做。在西藏，每當我在路上看到動物正要被送去屠宰時，我會派人去買下牠們並給予庇護。在印度，看到卡車上籠子裡的動物讓我痛苦不堪，然而，我無法讓那些卡車停下來，然後買下那些動物。因此我會為他們念誦咒語和祈願文，思惟業力並生起悲心。

無數眾生深陷於輪迴的痛苦羅網中。他們全都受困於三種類型的苦當中：身體和心理上明顯的苦、快樂總是短暫的苦，以及受到煩惱和業力制約的苦。當然，我們無法解決所有的問題。只要輪迴仍在；事物永遠不會完美圓滿。但即使只是幫助一個人或十個人獲得內心祥和這種小小貢獻也是值得的。我們已經盡了一些力。放棄希望、退縮或無所事事是毫無意義的。我們都是地球上的過客，在此短暫停留，所以當我們停留於此之際，不要成為麻煩製造者！所有的眾生都想要快樂，且有權利如此。我們有責任為他們的安樂作出貢獻，我們必須盡己所能，這是我們人生的目的。

從佛教的觀點來看，輪迴從無始以來就有缺陷。一切眾生都受到煩惱與業力的影響，因此試圖透過重新安排外在條件來創造一個完美的世界是不可能的。由於這樣的世界觀，西藏人對外在情況並不會有過多的期待。他們更欣然地接受困難，也更容易感到滿足。如果我們培養一種不期待在輪迴裡得到虛幻的快樂與榮華的想法，我們將更滿足於我們所擁有的。與其變得冷漠或自滿，擁有適度的期望會使我們的心更加穩定，同時避免灰心喪志。

有人問我如何能夠承受西藏所遭受的苦難。當我把西藏的苦難與輪迴中的苦相比時，後者更為嚴重。我們無法閉上眼睛忽略任何形式的痛苦。看著自己的痛苦，我們生起要解脫的決心，這是對自己的悲心。而看到別人的痛苦時，我們生起大悲心和菩提心，並投入直接或間接有助於他們安樂的修行。

有時候我們希望能提供幫助，但情況可能不允許。在戰爭地區從事人道主義工作的人，談到他們處在人們有許多不安情緒而且無法清晰思考的地方所面臨的危險；這些救援人員一隻腳在險區，一隻腳則準備隨時要跑，因為被殺死是不值得的。即使是佛陀去到這樣的地方，也幫不了多少忙。在這樣的情況下，我們可能必須要離開那個局勢，但是可以持續發出我們的悲心並且為那些受困當地的眾生祈求安樂。我們可以積極教育身處被捲入衝突危險的人。雖然我們可能無法撲滅火勢，但我們至少可以阻止它蔓延。不要忽視這個價值。

人們出於善意，詢問我如何培養勇氣，嘗試在一個看起來如此混亂的世界裡持續做出改變。無論有多少的困難或多大的障礙，如果我們的目標是合理、有益的，我們必須堅持我們的決心並鍥而不捨地努力。如果某些事情對更多的群眾有益，那麼這個目標是否在我們的一生中實現並不重要；我們必須朝這方向持續努力。下一代可以繼續在我們已建立的良好基石上向上發展，而且隨著時間的推移，事情會有所改變。

以多元的方式利益他人

由於人身條件的限制，我們可能會發現很難知道什麼對他人有益。有時候我們的偏見、執著以及瞋恨會使情勢失真。我們對他人應該如何過自己的生活抱有先入為主的成見。因此幫助他人的第一步是清除自心的煩惱和自我中心。

其次，我們積極培養慈心、悲心與勇氣以獲得內在力量的支撐。

第三，我們開發智慧來決定何者為最善巧的方式以提供協助。在這方面我們可以修行四類覺醒事業：息（平息）、增（增益）、懷（調伏）、誅（憤怒）。一開始我們在禪修中練習這些技巧，首先想像以「息」（pacifying）鼓勵他人淨化他們的違緣來平息煩惱，然後想像「增」（increasing）激發他們以建設性的行為來增益他們的壽命、智慧和福德。接下來，我們想像「懷」（control）能夠透過我們智慧和悲心的力量來調伏他們的煩惱。最後對於那些棘手的人，我們想像「誅」（wrathful）用憤怒的手段來摧毀他們傷害他人的能力。

為了將這四種方法應用於實際的情況，讓我們以一個即將做出某種殘酷行為的人為例。有位菩薩因為缺乏神通力而完全不知道在這種情況下最好的做法，所以從平和的手段開始。她採取溫和的措施介入，安撫對方使他平靜，談談他關心的事，以道理勸他不要傷害某人。

如果這樣起不了作用，她會試著增加他的安樂。也許給他藥物或禮物，或者教導他會感興趣的主題。如果這樣做也沒有用，她會運用較強大的壓力或影響力試圖將他導向正軌。如果這也失敗了，她可能會以激進的手段嚇阻這個人，或是摧毀此人危害他人的能力。這種強力的行動必須以悲心而非復仇為出發點，並且僅作為最後的手段。

這裡的基本方法是應用任何最有效的技巧來緩解我們自己或他人的難題。這與菩薩無所不學的建議是一致的。我們不僅僅以佛法來預防或解決自他的問題，還要攝取健康的飲食、運動以及採取任何適合的醫療形式才是恰當的。運用其他方式與佛教的修行互補固然很好，但是要記得它們是不同的領域才是明智的。舉例來說，如果佛教徒產生了某些可以借助心理療法解決的問題時，他們可以，也應該要開始接受治療。佛法中心可以有同時是佛法學習者的諮商師。學生不會將諮商師視為心靈導師，而是與他們討論心理方面的問題。我很高興聽到一些佛教徒正在開發以佛教為基礎的心理治療方法。

從某個觀點來看，以菩提心為出發點的任何事都可以視為是佛教的範疇。然而不能僅僅因為一項修行方法被佛教徒所採用，就將此方法視為是佛教的修行。例如：為了達到解脫，佛教徒必須修行止禪[3]。但是它本身並不是佛教的修行，因為其他傳統的修行者也做同樣的修持。同樣地，除了觀無常和觀無我之外，「觀」[4]本身不能視為是佛教的修持內容，因為非佛教徒也會做此修行。佛教徒可以採用如心理治療專業領域的技巧，但並不會因而使這些技巧成為佛教的一環。從這個觀點來看，唯一可以明確稱為佛教的技巧或修行的是那些直接和解脫輪迴相關的目標，例如無我的禪修。

如果有其他的專業領域，諸如心理學或瑜伽，不需要相信一個永恆的靈魂或一位造物主，而且假如能讓我們成為更善良或更健康的人，我們就可以去運用它們。如果其他專業領域所教導的看法與佛教的觀點衝突，或造成我們在修行上的困難，那麼將它們擱置一旁比較明智。這是指一般的情況而言，但可能有一些例外，例如：為了幫助自卑的人改善對自身的看法，教導他們有個永恆的靈魂存在也許會有幫助。甚至在某些經文中，佛陀也教導了有一個恆常不變的我作為利益特定聽眾的一種善巧方便。[5]

任何佛教的教法像是正念、悲心或是施與受的觀修，都可以用來教導並幫助他人。但教授者不應該認為自己是佛教老師，也不應該把世俗化的佛教修行形式稱為「佛教」。他們可以簡單提及他們教導的技巧源自於佛教。儘管正念現在非常流行而且根源於佛法，但它在世俗社會中的教學和練習與在佛教中的脈絡背景不同。世俗的正念，目的是為了幫助人們現在生活得更好，而佛教徒則是為了證悟解脫及覺醒而禪修四念住（four establishment of mindfulness）6。世俗的正念只是觀察身心生起的感覺與念頭；佛教的正念具有智慧的要素，並且引導觀見無常、苦的本質與無我。

如果一個人對基督教和佛教都有信心，她可以將耶穌視為菩薩並且將他觀想為慈悲的象徵。但是我們不能說這是一種佛教的修行。我們可以向一般大眾講授佛教的原則，而不使用特定的佛教術語，也不將這些概念稱為是佛教的概念。然而我們不應該將非佛教的修行或概念納入佛教並且稱之為佛教。這會傷害了清淨佛法的住世。

入世佛教[7]與政治參與

我對談論政治及商業世界等主題有所保留。因為我不希望看起來好像我對每一個領域都有建議，特別是在我知識有限的那些領域。我也不希望我對這些話題的個人觀點被看作是所有佛教徒必須遵守的「佛教觀點」，因此我將簡單地討論關於動機等等的一般觀點，並留待讀者去應用。

如果有人想要在精神層面取得重大的進展，維持與外在隔絕的閉關並花最多的精力在深度禪修中是非常值得去做的事。然而對於希望保有家庭與工作的大多數人來說，這是有困難的。在此情況下，要以均衡的方式過生活：以對你實際可行的時間長度來維持每日禪修；依據正命（right livelihood）[8]來謀生；為社會大眾或特定個人的利益做出貢獻。你必須根據自己的情形決定如何維持時間與體力之間的良好平衡。

我們需要教育來為他人提供最有效的幫助。教育的目的不只是要對這個世界或生活於此的眾生有更多瞭解，而是為了建立一個更幸福的人類社會並同時也能利益動物的環境。以這樣的動機研究任何你感興趣的領域，並且尋求不傷害他人或合乎道德生活相關的職業。如此一來，你的整個生命從一開始就會與利益大眾有關。

我認為佛教團體有三種可以服務社會的方式。首先，我們可以更主動參與直接利益他人的計畫。佛法中心與寺院既可以提出自己的計畫，也可以參與現有的機構來幫助無家可歸者、為臨終病患提供臨終關懷、教育兒童、援助難民、輔導受刑人、為貧困者提供醫療保健和食物、保護瀕臨滅絕的物種或守護環境等等。有些中心已經致力於此類工作，我對此非常滿意。

巴巴安特（Baba Amte, 1914-2008）是聖雄甘地的一位追隨者，也是一位印度的社會工作者。他為數千名通常被社會忽視的漢生病患[9]建立了一個養護所，並訓練他們培養各種技能。當我看到他們使用工具時，我擔心他們會讓自己受傷，但是漢生病人卻勤奮並充滿自信地工作著。我把諾貝爾和平獎的部分獎金捐給了他的養護所。

我也見過印度一個大城市的貧民窟居民。他們因出身自低層種姓而感到沮喪。如果我們以慈心相待並尊重他們和我們一樣身而為人，沒有高低之分，他們會覺得比較有自信。有一次，一些工人正在修繕我在達蘭薩拉的住所。起初他們害羞而膽小，但是當我跟他們握手並與他們聊天的時候，他們露出微笑並且笑出聲來。我們不應該認為自己是特別的而看不起別人。我們曾經在過去世也身處於那樣的境遇中；如果我們對現在的所為毫無顧忌，來世可能也會面臨同樣的處境。

我們也應該直接幫助個人。我在印度傳授教法的寺院外面常常有許多嚴重殘疾的乞丐，其中有些人在地上拖著自己的身體。看著他們令我感到非常難過，所以我鼓勵前來參加法會的人去幫助他們。

其次，我們可以運用佛教的基本準則與技巧來促進社會大眾的悲心、利他、自信、無畏、堅毅與安忍。佛教中有許多結合心智的觀念和技巧可以用來幫助沒有信仰及信仰其他宗教的人。社會運動者可能想學習克服憤怒的方法。教師可能會想要在學生當中推行培養同理心、悲心以及良好溝通能力的練習。我們應該在世俗的環境中向他人說明這些方法，而毋須談論佛教教義或鼓勵人們成為佛教徒。

童年是一個關鍵的時期，但是許多孩子卻在幾乎沒有愛心的氛圍中成長。他們的父母吵架並離婚；他們的老師沒有對他們個別付出關心。當這些孩子長大成人而行為毫無良知或悲憫心時，誰能責怪他們？他們從未經歷過較深刻的人類情感。佛教團體可以在學校和家庭做出重大的貢獻；幫助人們建立更溫暖、更有愛心的家庭，以及引導教師們如何與學生建立緊密的互動，並以耐心與悲憫心對待學生。家長與教師們以及整個社會必須瞭解：教育孩子成為良善的人比幫助他們成為富人或名人更為重要。

第三，我們可以引介佛教的思想與修行練習來幫助那些感興趣的人。身患絕症者可能會想得知有關投生的內容。醫護專業人員可能對佛教典籍中描述的死亡階段感興趣。佛教教法可以幫助心靈迷失的年輕人，而教導受監禁者佛性和悲心能給予他們一個新的生活願景。

來自不同佛教團體的代表可以開會，考慮就某些議題採取一致的立場。透過這種方式，佛教徒可以齊心協力參與環境保護，以及包括動物在內的生態保育工作。在我們的世界中，許多不會製造問題的物種被犧牲以滿足人類——我們才是麻煩製造者——的目的。我們無法立即改變這些事情，但是表達我們的關切並且盡一切可能去努力是值得的。

有些人認為宗教修行和政治參與是矛盾的，一個真正的修行者不應該參與政治。這裡有幾項因素必須考慮。雖然政治本身不是貪腐或邪惡的，但人的動機會導致它如此。一個人利用政治使人改信其宗教，或強加其宗教所特有的信仰於整個社會，是缺乏對所有生命的尊重。然而以悲心為出發點的政治作為可以是解決人類問題的另一種方法，就像工程、教育、農業、醫療保健和工廠作業可以使人類受益一樣。

對政治人物來說，符合道德的行為與悲心的培養尤其重要，他們的個人精神修為可以幫助他們做到。有時候我會告訴印度的政治人物，他們應該要真正地虔信宗教，因為他們的行為對社會有強烈的影響力。如果山裡的隱士缺乏適當的道德約束，很少有人會因此受到傷害；但如果政治人物這樣做，整個國家甚至整個世界都會受到不利的影響。在龍樹菩薩為娑多婆漢那王（Śātavāhana king）所寫的《寶鬘論》中，他寫了許多教導如何公平有效地治理國家的偈頌。這邊有一些例子（RA 399, 256, 134）：

> 那時〔身為一位統治者〕，你應該堅定地將布施、持戒與安忍的修行融入內心，
> 這些修行是特別為在家人教導，並以悲心為其本質。
> 就像你一心一意地思考可以做什麼來幫助自己，
> 同樣地，你應該專注思考可以做什麼來幫助他人。

> 就像國王們的真實話語本身會帶給人們堅定的信賴；
> 同樣地，他們虛妄的話語極其容易造成人們不信任。

龍樹菩薩也鼓勵國王對人民公平課稅，資助公共教育體系，確保教師得到很好的待遇，並建設有休息站的公共道路，以及讓人們可以放鬆享受的公園。

近年來，許多人在當代議題上已轉向佛教經典尋求指引。其他人則已經在佛法中尋求確認他們的政治或社會觀點。經典中當然可以發現支持這個觀點或那個觀點的引文。但是我們必須要有開闊的心胸，避免認為每個自稱為佛教徒的人都應該對所有的政治和社會議題意見一致。佛陀主要是教導解脫輪迴之道。當他就社會、家庭、政治和其他議題提出建言時，是在西元前五世紀的印度文化背景之下說的。這些建言中的一部分，而非全部，可以採用並適應於當前的環境。

有些人認為西藏議題是政治問題，而他們身為佛教修行者並不想涉入其中。然而如果我們想要西藏佛教蓬勃發展並續存於世界上，我們需要自由的西藏。我們的國家西藏在沒有自治權的情況下，藏人將極難保存自己的佛法形態。如此一來，將對世界

〔258〕

其他地區產生不利的影響。雖然我不期望所有佛法修行者都積極為西藏的人權和自由而努力，但你的同理心與道德支持確實會發揮作用。

消費主義與環境

就我們所知，喪失人道主義價值的人類活動正在威脅地球上生命的永續及和平。大自然和天然資源的破壞是由無知、貪婪以及漠視依賴地球維生的眾生所造成的結果。環境的惡化也是對未來世代的巧取豪奪，如果自然環境以目前的速度持續破壞下去，後代將繼承一個極度惡化的星球。保護這個地球是一項道德議題。

雖然環境的破壞在過去可歸咎於無知，但是時至今日我們已擁有更多的資訊。我們必須學會為我們都關心的事物——我們的地球以及生活於此的眾生的存續與繁榮——共同努力。雖然科學、科技與工業化帶來了很多好處，但也成了當前許多悲劇的根源，包括全球暖化與污染。當我們能夠認知並原諒過去無知的行為時，我們就會獲得正向解決當前問題的力量。

科學對環境變化的預測是一般人難以完全理解的。我們知道全球暖化與海平面上升、癌症發病率增加、資源耗竭、物種滅絕與人口過剩等問題。全球經濟的增長可能伴隨著極端的能源消耗率、二氧化碳的產生及森林濫伐。我們必須深思，在不久的將來，我們所面臨到的全球苦難與環境惡化將不同於任何以往的人類歷史。因此我們必須在可以預防的事情上盡最大努力去預防，並為無法防止的情況做好準備。

受到眼前的欲樂和便利所驅使，而不關心未來所有眾生及其生存環境的人類活動不能再繼續。以實際的辦法保護大自然與天然資源，並將我們的貪欲置之其後。在國與國之間及其國內的團體之間，財富更平等地分配是必要的，而教育大眾環境保護的重要性與彼此間的相互關懷也同等重要。

要記得，我們之間的相互依賴是對治有害行為的關鍵。每位眾生都想要快樂而非痛苦。培養真誠而富有悲心的普世責任感是極其重要的。我們以智慧、悲心為動機所行的結果能利益每位眾生，而不僅是我們自身而已。

消費主義與環境惡化的難題密切相關。雖然科學和科技的進步也許能夠彌補過度消耗自然資源的有害影響，但是我們不應該過於自信而把我們所造成的問題留給未來的世代解決。我們人類必須思考，有一天科學和技術可能再也無法幫助我們面對資源有限的情況。我們共享的地球並非永不耗竭。

不論是身為個人或社會群體，我們必須練習以知足來對治我們想要更多、更好的貪欲。無論我們試圖做什麼來滿足自己的欲望，都不會完全滿意，因為這是身外之物所無法提供的。採取自制與知足的內在訓練，加上慈愛、悲憫和內心自由等喜悅，才能從中獲得真正的滿足。

每個國家和每一個人都希望提高自己的生活水準。假如貧窮國家的生活水準提高到富裕國家的水準，自然資源將無法滿足這樣的需求。即使我們有資源為這個星球上的每個人提供一部車，我們會想要嗎？我們能控制它們所產生的污染嗎？

富裕國家的生活方式遲早必須因應新的迫切需求而有所調整。雖然人們期望成功繁榮的經濟可以每年成長，但是成長有其侷限。我們應該培養滿足感與自我約束，而不是事到臨頭碰上問題又毫無準備。這樣我們也許能避免或至少降低過度消費帶來的災難性後果。懷著善心與智慧會促使我們採取必要的行動來保護彼此以及自然環境。比起必須適應將來會出現的嚴峻環境條件，這要容易得多。

商業界與金融界

每一個人都對人類負有道德上的義務，有責任考慮我們共同的未來。除此之外，每個人都有潛能為公眾利益做出貢獻。商業界和金融界的人也不例外，他們對全球福祉有極大的潛力與責任。如果他們只考慮當前的盈利，我們所有人都得承受其後果。由於不受規範地追求龐大商機而造成的環境破壞已經很明顯。

至於全球方面，富裕的工業化國家與人民僅為滿足基本生存需求而掙扎的其他國家之間，存在巨大的差距。當富裕國家的孩童在抱怨無法獲得最新的科技產品時，貧窮國家的孩童正面臨營養不良的困境。這令人非常難過。在每個國家內部的情況也是如此，富人增加了他們的財富，而窮人卻依然貧窮，而且在某些情況下甚至變得更窮。這不僅在道德上是錯誤的，而且是實際問題的根源。

儘管政府在理論上或許會確保平等的權利和機會，但這種巨大的經濟差距使得窮人在獲得良好教育與就業方面處於劣勢。因此他們感到不滿和沮喪，加深了對特權階級的忿恨。這不但促使他們開始參加合法抗爭，甚至還從事幫派、犯罪和恐怖行動。社會的不和諧影響了貧富雙方的幸福。

每一個人都希望在離世之前做出正面的貢獻；每一個人都希望確保他們的子孫孫過好日子。因此我請求那些參與商業和政治活動的人在做決定的當下，都要考慮到未來的世代。

在所有領域的人類活動中，當所從事的活動考慮到一切眾生的相互依存時，這些活動都是有益的。體認到所有眾生以及我們共享的地球之間有著深刻的關聯，激發了我們對他人的責任感與關懷、對社會安樂的奉獻、對後果的覺察，以及對有害行為的克制。當我們只關注短期利益或特定群體的好處，或目的只是為了積累錢財或權力時，我們的行為不可避免會帶來令人不快的結果。

我們的動機至關重要。為了使人類的任何努力都有助益，我們必須先檢查自己的動機，並且盡可能地淨除無知和自我中心的意圖。在健康且富有成效的動機中，最重要的因素是對他人的關懷以及對大局與長遠結果的體認。懷有這樣的動機做生意和賺錢都很好。這些行為本質上並沒有瑕疵或敗壞。

有些商人告訴我，誠實地做生意會降低利潤，並使他們陷入繁複手續的困境中。他們表示走捷徑對促進交易是有益的，因為增加利潤也有利於社會以及他們的員工。我對這種論點存疑。

當牽涉到商業事務時，道德標準與道德行為既不麻煩也並非不切實際。對我來說，道德意味著「做正確的事」，意思是對自己和他人有益的事。也許有時候長期利益和短期利益可能會有衝突，但更多時候它們是一致的。過分強調短期利益往往會損害長期利益，而有智慧地關注長期目標通常會得到回報。

如果一家公司欺騙它的客戶或顧客，該公司的利害關係人將會意識到這種情況並停止與該公司之間的業務往來。此外，這些顧客和客戶會將該公司的詐欺行為告訴其他人，因此其他人將會避免與該公司做生意。當客戶受到尊重而且收費公平時，他們將與該公司長期合作，並且也會轉介給他們的朋友，從而增加該公司的長期利潤。

當因為非法的商業行為而被逮捕時，執行長以及他們的家屬會蒙羞與受辱。他們的行為會導致大眾對股票市場失去信心，繼而傷害企業和國家經濟。企業因為他們的不法行為而花費巨額的訴訟費用，所以即使我們只是考慮此生的幸福成功，不誠實的商業行為仍會輕易毀掉個人與公司。

佛教修行者有更大的理由不從事非法與詐欺的商業行為，因為他們瞭解這涉及惡業以及由它所生的三種苦果。他們知道誠實的商業交易、與他人的善意互動是有益的行為，會在未來世帶來富足與良好的關係。因為意識到幸福來自於有顆知足的心，而不是貪婪地抓住更多的財富，真正的佛法修行者以誠信處理商業事務。雖然在短期內的獲利不像不實商人那麼多，但是從長遠來看，他們遇到的問題比較少，而且更為心安理得。

在商業界中，悲心是合作、責任與關懷的同義詞。現在有些公司更關心他們的員工、客戶以及顧客。他們發現在愉快的工作環境中，當個人受到重視、被尊重並且有發言權時可以提高生產力。雖然關心他人的主要動機可能是為了在財務上獲利，不過他們知道自己的成功依賴於他人，所以重視善意與公平。最終造就了更快樂的員工、良好的工作環境，而公司也因此獲得更好的聲譽，贏得大眾的認可與支持，進而使公司獲利。

有些人認為在商場上有悲心意味著過於軟弱、放棄競爭，因此不會成功。這些假設並不正確。競爭有兩種類型。一種是負面的，譬如說，為了攀上高峰，盡一切努力積極製造競爭對手的障礙或是欺騙顧客。另一種是有益的：我們想要提升自己，並努力實現我們的目標，但不會犧牲他人。我們接受其他人和我們一樣也有成功的願望與權利。

想要實現目標不必然是自私的。在修持上，我們想要成佛並非是自我中心；它不會犧牲別人的利益來抬高自己。反而是為了更有能力利益他人，我們朝著目標努力發展自己的能力與天賦。

想成為最優秀的並沒有錯，這樣的動機使我們具有主動性並促使我們進步，然而讓我們變成最優秀的並非總是財富和地位。如果一家公司獲利頗鉅但也賺得惡名，那就不是最優秀的！較競爭對手讓更多人受惠並且為社區服務得更好的企業，才是最棒的。

商業界與金融界的每一個人都要對他或她自己的目標與行為負責。在一天結束之時，我們必須能夠坦然面對自己，並對我們的所作所為感到滿意。無論我們從事什麼行業，人類的價值觀很重要。我從來沒有聽過有人在臨終時說「我應該要賺更多的錢」、「我希望我更常加班」，或「我應該要徹底摧毀那位競爭對手」。

改變商業界與金融界的價值觀需從個人層面著手。當一個人改變時，可以在這個人的活動範圍內感受到其影響。通過漣漪效應（ripple effect）會將這種正面影響力傳給更多人。

媒體與藝術

媒體在調查重大議題並引發大眾對此關注方面扮演了極其重要的角色，我非常讚賞他們在這方面的努力。新聞自由對社會有極大的助益。同時，那些媒體工作者需要對整個社會懷有悲心，而不是以聳動的新聞事件來獲取更大的銷售量。我覺得令人震驚的是人們不斷地在新聞當中被餵養暴力內容並作為娛樂消遣。難怪會有人說他們得到憂鬱症、變得絕望，以及孩子成長為暴力的成年人。

平衡報導是非常重要的。在任何一個大城市的一天之中，有少數人受到很大的傷害，但同時也有許多人獲得在醫療、教育、友誼等各種形式上的幫助。然而傷害事件的新聞占據了頭版，人們每天給予彼此的大量幫助卻被忽略。如此一來，市民會對人性產生曲解，猜疑、恐懼和不信任也會增加。如果媒體也能報導人們每天為彼此和地球所做的善行，人們就會有更切合實際的看法，也會知道人類非常善待彼此。這將會使大眾對未來更加樂觀，並且促使他們更努力為自己和他人創造美好的未來。

電影劇情與娛樂節目通常圍繞著暴力和性的主題。我的一位美國學生告訴我，她有一天聽到一個小孩向他的玩伴建議：「我們來演離婚的戲吧！」孩子們接著開始口角並且爭吵，模仿他們從電視節目上所看到的那些行為。媒體具有相當大的潛力能影響他人，同樣也有責任明智地運用這些潛力。電影呈現給人們如何以公平、互利的方式發展解決衝突的技巧，既能發揮娛樂效果，還可以傳授良好的溝通技巧。

媒體、影視與線上遊戲的製造者對大規模槍擊事件的悲劇負有一定的責任。當暴力變成娛樂時，當兒童每週在電視或網際網路上看到數以百計的案例是如此平常時，這會在他們的心識種下種子，而影響他們的行為。那些在媒體、遊戲設計與廣告界工作的人必須心繫整個社會的安樂，更遑論自己孩子的福祉。他們應該運用自己優秀的創造力與智能，帶給年輕人正面的影響，傳達有益的人類價值觀、慈愛並尊重他人。

縱觀歷史，藝術向來既是用來表達崇高的人類價值與抱負的媒介，也是表現絕望與墮落的媒介。許多畫家、作家、演員、舞蹈家、音樂家等等藝術工作者，詢問我有關藝術在精神修持上的作用。和其他職業一樣，這取決於藝術家的動機。如果藝術創作只是為了讓自己出名，而不關心它對別人所造成的影響，這樣的精神價值是有問題的。另一方面，如果藝術家對他人的福祉具有悲憫心，並透過其天賦造福他人，則其藝術作品在藝術上及精神上都是非凡而動人的。

科學

一般來說，佛陀的教義分為三種：佛教科學（Buddhist science），包括佛陀對外在世界、身體與心識本質的描述；佛教哲學（Buddhist philosophy），包含佛陀的實相理論；佛教宗教（Buddhist religion），關於精神之道的修持。

相互依賴與因果關係是佛教哲學的核心概念，如今已應用在各個領域。科學家尤其知道，改變一件事會在別處衍生出縱橫交錯的發展，現代科學與佛教科學、佛教哲學之間已經展開成果豐富的對話。佛教徒提到佛教科學和從佛教哲學而來的特定概念，好比「細微無常」（subtle impermanence）與「互依」。一些科學家也對佛教主張「究竟實相缺乏獨立存在」（ultimate reality lacks independent existence），以及「現象的存在只是名稱的安立」（phenomena exist by mere designation）感興趣。我們佛教徒不與科學家討論佛教的宗教修持或是像過去世與未來世、因果業力以及解脫等佛教觀念。身為佛陀的追隨者，這些主題是「我們自己的事」。

在這個跨領域的討論中，我們並沒有試圖用科學來驗證佛法。佛教的修行證悟者，在透過親身體悟來實證這條道路的功效上，具有悠久的歷史。佛教在沒有科學的支持或認可下已經存在將近兩千六百年，我們仍會持續下去。然而我們的對話對社會有益，因為它是古代與現代相互學習、相輔相成的一個例子。多年來，這樣的對話已經激發出許多計畫，舉例來說，教導正念以幫助減輕身體疼痛與精神壓力，以及開發相關課程供教師教導學生以悲心去思考和行動。此外，我們藏人已經在一些僧院與尼寺開始了科學教育，而一些西藏僧侶現正於西方的大學研習科學，並將所學帶回辯經場。

我非常欣賞科學的觀點。科學家追求真理、尋找真相。他們以開放的心態著手進行研究，而且當研究的結果不符其原本的理論，他們很樂意修正自己的想法。身為佛陀的追隨者，我們也在尋找真理與實相。佛陀希望我們檢驗他的教法，而非盲目接受。這符合科學方法。如果科學家可以提出證明反駁佛經中的觀點，我們必須接受他們的研究結果。由於我們的方法相似，我不認為和科學家討論會有任何危害。他們的態度是客觀的，他們對新事物的研究是開放的，而且他們很聰明。

在佛教科學中，正如我們在第八章所看到的有三類現象：現行境（evident phenomena）[10]、稍隱蔽境（slightly obscure phenomena）[11]和極隱蔽境（very obscure phenomena）[12]。到目前為止，與科學家對話的共同主題集中在現行境及一些稍隱蔽境，例如細微無常與空性。在現行境的範疇中，我們討論了物理學、神經科學、認知科學、心理學等方面的主題。

佛教徒研究科學的發現相當有用。例如：雖然佛教文獻談到微塵（subtle particle，細微粒子），但是關於這個主題的科學知識卻更為先進。學習關於大腦在認知與情緒中的作用對於佛教徒來說是嶄新而有趣的。不過在認知與心理學方面，佛教文獻卻更為豐富，心理學家與神經學家發現佛教在注意力和情緒上面的研究與經驗非常有幫助。

佛法和科學皆可以造福人類，但兩者也有其侷限。科學有助我們瞭解當我們活著時心識所依賴的身體基礎。然而由於科學研究需要對外在現象進行實體測量，因此缺乏工具來研究超出我們身體感官範圍以外的事物。儘管科學為人類研究某些主題的知識有極大的貢獻，但是科學缺乏可以全盤瞭解人類各個面向所需的工具。佛教擁有關於心的豐富知識，科學家可以從中學習而受益，例如：感官認識（sensory consciousness）[13] 與意識（mental consciousness）[14] 的辨別、直接感知對境的心（mind that directly perceive their object）[15] 以及經由意象而認知對境的概念意識（conceptual consciousness that know their objects via conceptual appearance）[16] 之間的區分。佛教還詳述了各種層次的心識以及其運作的方式，以及心透過開發「心一境性的三摩地」（single-pointed concentration）所獲得的力量。佛教心理學刻畫了有益於人類快樂的心理狀態，以及那些不切實際並帶來痛苦的心理狀態。

我相信在本世紀會有許多新的想法和研究成果出現，進而擴大科學的研究領域。佛教徒和科學家之間的持續對話很重要，兩者都可以因此擴展知識、研究方法及思考方式。與科學家的對話已得到豐碩的成果，而我從中獲得的一些觀點也包含在本書當中。

我鼓勵更多的佛教寺院將科學引進寺院的課程中。研究科學上的發現並與科學家對話，有助於我們培養以分析與研究為基礎的信念。此外，為了使佛教在西方世界以及在印度受現代教育的西藏青年當中獲得重視，佛教修行者與教師們必須熟悉科學假設。

同樣地，我鼓勵科學家延伸他們的研究領域。終極實驗室就在我們自己的身與心，因此，禪修很重要。科學家透過禪修培養由內在覺察自己認知和情緒的過程，將會為科學探索注入活水。

我與科學家對話的主要目的，是為了對「合乎道德的生活方式對於社會的價值」帶來更深入的體察。我們有許多問題都是來自人們並不關心自身行為是否合乎倫理道德及其對他人造成的影響。我們需要做出更多的努力來發揚內在價值，但如果只是基於宗教理念，僅向特定宗教追隨者呼籲的話，則會有困難。應對所有宗教信徒與無信仰者倡導具有普世價值的世俗倫理。

科學家已經找到而且陸續發現我們的心理狀態一方面與我們的身體健康有關，另一方面則與社會互動的品質相關。科學發現證明了悲憫心、祥和的心與道德生活的好處。由於科學的研究結果在國際上受到尊重，他們的研究發現可以用來支持對社會有益的世俗倫理的發展。

性別平等

女性在所有領域享有平等機會的權利必須予以尊重。我不相信在過去的一般社會或佛教制度中會特別故意歧視女性。確切地說，他們只是輕忽，並且簡單地假設男性應該領導，因為他們比較高大強壯的身體使他們更適合帶頭。但是這個概念不再令人信服，而且甚至在歷史上這點並不正確。拿破崙雖然體格矮小但非常聰明，而且還成為一位強勢的領導者。

此外，男性以為他們在智力上更優越，且更少受情緒左右。然而正如佛陀所指出的，男性和女性都有同樣的煩惱，男性和女性同樣都被這些煩惱束縛在輪迴之中。對於文明社會而言，智力遠比體力更重要，在這方面，男性與女性平等。每個人都應該受到良好的教育，並且能夠運用自己的天賦與能力為社會做出貢獻。平等的機會意味著平等的責任，男性與女性應該共同分享、一起承擔。

人們強烈地傾向以性別作區別。但是正如聖天菩薩指出（CŚ 226-27）的，沒有這是男性、女性或其他性別的自性存在的「內在自我」。身體也不是一個自性存在的男人或女人，因為構成身體的元素沒有性別之分。雖然從空性的角度來看，男女之間沒有區別，但這不是忽視性別歧視的藉口。佛教制度中的男女地位不平等，這對女性修行者與男性修行者以及西方社會，對佛教的接受度產生了有害的影響。佛教制度、教師與修行者必須平等對待每個人。所有形式的排他性都基於「自他對立」的態度。對真正的修行者而言，這種態度並不恰當。真正的修行者是謙虛的，視每個人為老師，並且努力使一切眾生受益。

女性必須培養自信，把握一切讓自己在各個領域平等的機會。有些女性是有成就的修行者，但是她們很害羞，因此沒有擔任教學或領導階層的職位。那些修行菩薩道的人尤其應該培養極大的自信、內在的力量和勇氣。她們必須採取主動，學習並開展出自己的特質，不要被「社會都是性別歧視者」這種失敗主義的認命想法擊倒。如果遇到社會和宗教機構的偏見，應該勇敢說出來，我們必須一起努力解決這些問題。

佛教在過去缺乏知名的女性典範。這有一部分是由於對過去偉大的女性修行者缺少瞭解，因此需要更多的書籍與文章聚焦於過去與現代的女性修行者身上。在印度，佛陀的繼母是佛陀親自讚許的非凡比丘尼[17]。印度的吉祥比丘尼（Bhikṣuṇī Lakṣmī）

曾有千手觀自在的淨觀，也是這個修行法門的第一位傳承持有者。那洛巴的姊姊尼古瑪（Niguma）是一位偉大的密續成就者，西藏的瑪姬拉準（Machik Labkyi Dronma）和金剛亥母（Dorje Pakmo）同樣也是。金剛亥母的轉世傳承很早就開始了，與噶瑪巴的傳承大約同時，並且持續至今。

律藏記載當佛陀開始建立比丘尼僧伽時，他說女性能夠獲得解脫並成為阿羅漢，經文中提到許多女性證悟解脫的故事。經乘[18]與三個較低階的密續[19]說明在證得佛果之前的最後一世必須身為男性，但在西藏佛教中被視為最終權威教證的無上瑜伽密續中，女性與男性同樣能夠達到圓滿覺悟。無上瑜伽密續強調培養對女性的尊重，其中一項密續根本戒律禁止輕蔑女性[20]。

由於佛陀當時及後世的社會形勢對女性做出的歧視言論，它們隨著經文被實際載入佛經。既然歧視是因文化偏見（cultural bias）而起，所以可以改變也必須改變。其他諸如「比丘是比丘尼的戒師」一事，似乎是個歧視，可是但憑一己之力很難改變。這需要來自所有佛教傳統的僧伽長老一起會面並同意改變這件事。

根據律藏，比丘入座及行走要位於比丘尼之前。雖然比丘尼有更多戒律要遵守，但大多數都是為了要保護比丘尼。由於女性比男性更容易遭遇強暴或欺凌，為了降低這些風險，佛陀制定了避免女性遭遇危險情況的戒律。

無論如何，男女在權利方面都是平等的。正如男性享有成為出家人的權利與機會，女性也有權利和機會成為出家人。受了具足戒的比丘尼在比丘尼僧團中負責審核與訓練適合接受沙彌尼戒及具足戒的人選。他們負責管理自己的僧團並且負責教導其他尼眾。比丘尼受戒的過程是由男女二部僧眾一同參與，而且比丘必須依要求為比丘尼說法。由於尼眾的完整受戒傳承並沒有傳入西藏，我希望這個傳承能夠建立起來，並且在西藏社會中有比丘尼戒的傳授。我也希望更多的比丘尼能夠透過自己的努力成為教師及尼寺的住持。這個情況在某種程度上已經在西方的西藏佛教寺院中開始，當然在中國佛教的僧團也是如此。

一個出自巴利大藏經（SN 15.2）的故事，講述索瑪比丘尼（Bhikkhunī Soma）有一天在森林裡禪修。邪惡化身的魔羅（Māra）出現，並且意圖使她失去禪定，便說：

那個難以證得的狀態〔阿羅漢果〕，
唯有非凡見地者才能證得，
只有兩指智慧[21]的女人，
則無法達到。[22]

索瑪比丘尼立刻意識到是魔羅試圖使她害怕、失去自信和禪定。她堅定地回答說：

當一個人正確地觀見佛法，
即當這種領會穩定地流動，
以及心念集中之時，
身為女性又有何妨？

一個想著「我是個女人」、

「我是個男人」或「我是任何什麼」的人，
才會聽信魔羅所說的話。[23]

在這個例子中，「領會」是指阿羅漢的心續當中對四聖諦的了悟。身為一位阿羅漢，索瑪比丘尼已經根除了障礙解脫的所有煩惱。只有執著貪欲、自負與邪見這些隱藏在虛妄概念背後的煩惱者，才會接受魔羅的胡言亂語。那些有識見者不會執著我或虛構的身分，也不會落入魔羅的圈套。他們毫無畏懼的持續其修持與善行。

不同信仰之間

佛教徒應該努力與其他信仰的人建立友好而尊重的關係。對我來說，佛教是最好的，它完全適合我。但它未必對每一個人都是最好的。因此我接受並尊重所有的宗教傳統。

耆那教徒（Jains）、佛教徒以及印度數論派（Hindu Sāṃkhyas）的其中一支，不相信有一個造物主，而猶太教徒、基督徒和穆斯林則相信有。如果我們只關注這一點，我們會看到宗教之間的巨大差異。然而沒有造物主與有造物主的宗教理論，其目的均是相同的：使人類更好。人心是如此多樣互異，因此只有一種哲學存在，並無法適合所有的心性。許多哲學是為了順應各式各樣心性的需要。

所有偉大的宗教領袖都努力引導他們的追隨者遠離自私、憤怒和貪婪，也都強調捨棄暴力以及盛行的唯物主義。經由瞭解宗教共同的功能與目標，我們看到宗教教義的表面差異是源於人們在特定的時空背景下不同的心靈需求。瞭解這一點，我們可以避免宗派主義、黨派偏見以及貶低任何真實的宗教教義。

宗教的多樣化是祝福，而不是阻礙。正如有大量各式各樣的食物，讓每個人都有機會享用適合自己口味和體質的食物，種類繁多的宗教讓每個人都能選擇最適合他們的信仰體系。試圖讓每個人都接受同樣的宗教是不可能的，也不會有益。

有些人覺得相信造物主更安心自在；身為一位敬畏上帝的人，他們受到戒律規範並且謹慎行事，此種方式有益於他們。另一些人則是當他們相信責任在己時，可能會對自身的動機和行為更戒慎恐懼。這兩種信仰途徑的共同的目的都是為了鼓勵人們過著符合道德的生活並且善待彼此。

我的基督教與伊斯蘭教朋友們在向神禱告時會因對神的虔信而落淚，他們奉獻一生致力於為他人服務。我欣賞我的基督教兄弟姐妹們盡心盡力教育他人。印度教徒也從事教育與醫療工作。他們為了奉獻造物主而無私地盡力幫助他人。其他宗教信仰的人則認真修行造善業，因而將有美好的來世。然而光有善行將無法通往涅槃，因為這有賴於證悟無我。

雖然有些人可能誤解了他們自己宗教的教義，或是利用宗教來激起敵意，但是我從未見過真正的宗教教義是鼓吹仇恨和暴力。我們應該放棄所有這些以宗教為名所從事的行為。

許多世紀以前佛教徒在印度經歷伊斯蘭教徒入侵的苦難，然而現在菩提迦耶的伊斯蘭教徒會幫助前往參訪的佛教朝聖者。每年我去菩提伽耶時，他們會邀請我，我們會一同分享食物。真誠的伊斯蘭教行者是非常善良的人。重要的是記住這一點：我們不要因少數人濫用其宗教來支持其毀滅行為的合法性所犯下的惡行，便以偏概全地認為信奉此宗教的人皆是如此。

雖然所有的宗教都有類似的目的與價值觀，但我們不能模糊那些差異。我們不需要為了和睦相處就說我們的信仰是一樣的。我們可以留意並尊重這些相異處，知道這是由於宗教的多樣性讓每個人都能找到適合自己的信仰。

在我們宗教間的討論，深入探究用字遣詞與思想的含義很重要。有時候我們草率地下結論說因為使用相同的詞彙，所以表達的是相同的意思。例如：在佛教與有神論的宗教中，「祝福」這個字所要表達的含義是不同的。相反地，我們也可能會認為，因為宗教間使用的語彙不同，所以它們代表的意義是不相關的，儘管可能並非如此。

為了促進彼此間的理解與和諧，在宗教領袖之間及其追隨者之間需要進行更多的接觸與交流。就這方面我建議四項行動。首先，宗教學者與神學學者應該會面討論信仰之間的相似與差異之處。這將促進人們瞭解所有宗教類似的目的並尊重其教義上的差異。在澳大利亞舉行的一次跨宗教會議上，一位基督徒介紹我並總結說：「達賴喇嘛是一位非常好的基督行者。」然後當我發表談話時，我感謝他親切的話語，也表達他是一位好的佛教徒。

此外，各種信仰的修行者應該聚在一起討論、祈禱和禪修。這樣將帶來更深入的體驗，從而看見其他宗教的價值。再者，人們可以一起朝聖，不是以觀光客的身分，而是在不同的宗教聖地一起參訪和祈禱。如此一來他們將透過親身經驗瞭解其他宗教的價值。

最後，宗教領袖應該聚集在一起祈禱和討論如何改善世界上的問題並允許媒體報導此活動。當地球公民看到宗教領袖和諧共事時，他們會感到更有希望也會對彼此更加寬容。

我非常欽佩的圖圖大主教（Bishop Tutu）提出了第五項作法：宗教應該就全球關注的議題統一發聲，例如：貧富不均、人權、環境以及裁減軍備。我也支持這一點。

宗教和諧的一個重要因素是相互尊重，這需要克制使人改變信仰的強烈意圖。正如第一章所述，當我在西方講授佛教主題時，我告訴大眾應該遵循家族信仰，除非其不符所需。傳統上一直都是佛教的國家也應如此：當地人應維持佛教信仰，除非佛教不適合他們。在蒙古、中國、韓國和其他一些佛教國家，基督教傳教士大力宣揚他們的宗教信仰。我聽說在蒙古，某些教堂會給改信基督教者五十美元。有些蒙古人顯然很精明，多次受洗！

有時候需要明白地向他人說明，企圖改變他人的信仰是有害的。它會導致家庭失和，尤其是當一個家庭成員改變信仰，然後迫使其他家人也改信時。有一次，一些傳教士來見我，我直率地告訴他們不要試圖在傳統佛教國家改變人們的信仰，因為這會造成社會的不和諧與混亂。另一次，一些摩門教徒邀請我到他們的總部並安排我在鹽湖城公開演講。在那裡我也坦白地說：「在沒有信奉宗教——以哲學為根基——的人們當中傳教是好的，特別是如果他們用動物獻祭儀式或其他有害的習俗。然而，在人們遵循他們自己的傳統宗教——具有道德與哲學的根基——所在之處，令其改變信仰是不好的。保持社會和諧更為重要。」

納入其他宗教的修行

改變宗教是一件嚴肅的課題，不應該掉以輕心。有些人比較喜歡遵循他們自出生以來的宗教，但是他們發現將其他傳統中的某些方法融入自己的精神修持中是有幫助的。我的一些基督徒朋友們在保有對他們自己的信仰深切投入的同時，也練習從佛教學來的培養禪定的修行技巧。他們也使用觀想等方式來深化悲憫心，以禪修來加強堅忍和寬恕。而這並不妨礙他們對上帝的歸敬。

同樣地，佛教徒可以學習並且將基督教教義的某些作法融入他們自己的修行中。一個明顯的例子是在社會工作領域方面。基督教教會組織有很長的社會工作歷史，特別是教育與醫療保健領域，佛教界在這部分落於人後。我的一位德國佛教徒朋友，在訪問尼泊爾之後告訴我，在過去的四、五十年間，西藏喇嘛建造了許多大型寺院，但是他們為民眾建造的醫院和學校卻很少。他觀察到如果基督徒建造了新的教堂，同時也會為一般民眾建學校和醫院。回應他的觀察，我們佛教徒只能羞愧低頭，同意他是對的。

我的一些基督徒朋友對佛教的空性哲學非常感興趣。我告訴他們由於空性理論是佛教獨有的，他們深入研究空性可能不太明智。這樣做可能會造成他們在基督教修行上的困難，因為如果他們追究構成佛教世界觀基礎的緣起空性理論，就會挑戰建立在絕對、獨立、永恆的造物主信仰基礎上的世界觀。接受佛教的空性思想會有損他們對上帝的深切信仰，這對他們沒有好處。

當我們是心靈之道的初學者時，培養對所有宗教傳統的老師一種虔敬感是好的。在踏上心靈之道的初期，我們可以同時修持佛教與基督教或猶太教。然而隨著我們進一步深入心靈修持，我們達到某個程度是需要接受一種哲學觀點並加深對它的理解。這類似於大學新生從學習許多科目中獲益，但在這之後要選擇一個主修。

從正在深入心靈之道的個人觀點來看，只修持一個宗教很重要。但是從整個社會的角度放大來看，支持多元宗教與多元真理的原則也很重要。乍看之下，「一個真理，一個宗教」（one truth, one religion）對上「多元真理，多元宗教」（many truths, many religions）這兩個概念似乎是矛盾的。但是如果我們仔細檢視就會瞭解它們在各自的脈絡下都是正確的。從心靈修持者個人的角度來看，一個真理一個宗教的概念是有根據的。從較廣的社會觀點來看，多元真理多元宗教的概念是有說服力的。這裡並沒有矛盾，必須根據背景來理解與定義真理。即使在同一個宗教中，例如佛教，我們也談到世俗諦與勝義諦兩個真理。

不分教派的進路

在過去，宗派主義（sectarianism）24造成了許多問題，並傷害了個人和佛教團體。它的產生主要是由於不同佛教傳統的修行者之間欠缺親身接觸，導致彼此間缺乏教義與修行的正確資訊。不幸的是，近年來這已經擴展到國際間的修行者和佛法中心。現在，透過更方便的交通運輸工具與通訊設備，來自不同傳統的修行者能夠更容易地相互學習和會面。

宗派主義有很多形式。有時它是出於嫉妒或自負的動機；其他時候，它是打著「悲心」之名，告訴學生如果他們學習其他傳統的教法，他們會感到困惑；或者其他傳統只是他們自己這種更高階傳統的前行。有時候出現宗派主義是由於無知；有人認為他理解另一套系統，但事實上他的理解並不正確。有些人由於對自己老師或傳統的忠誠用錯地方，而對其他的傳統或老師懷有偏見。

當針對特例所做的評論一直被拿來以偏概全的時候，導致宗派主義的誤解可能就會出現。密勒日巴貶低學者的言論就是前述的情形。他談論的是在那個時代的特定對象，而不是說所有的學者都沒有清淨的修行，也不是說身為學者是沒有價值的。如果人們誤解並且認為對經文的所有研究都是浪費時間，那將會造成博學的佛教徒與不學習的佛教徒之間的摩擦，損害了佛法的住世，並阻礙了想要學習的人。

唯一解決宗派主義的方法，是在我們自己的佛教傳統之外，也研究和修行其他的佛教傳統，並且培養對佛陀所有的教法廣泛的理解。我們應該只視自己為佛教徒，而不用特定的傳統來做身分認同；畢竟，當我們歸依時，對象同樣都是三寶，而不是特定的佛教傳統或老師。你還是可以遵循一個主要的佛教傳統，但是當你在特定的領域需要獲得澄清時，可以從任何最完整呈現此重點的傳統中去學習詳細的內容，並將這個解釋納入你的修行中。

在過去，尤其是十九世紀晚期的西藏以及現在的印度，許多西藏大師原則上都是不分教派的。頂果欽哲仁波切、他的主要上師欽哲確吉洛追，以及他的主要弟子初璽仁波切（Trulshik Rinpoche）全都主張不分教派。他們屬於寧瑪傳統，但是從他們年輕的時候開始，他們就接受許多不同師長的教導。在四〇年代，安多的一位格魯派喇嘛邀請頂果欽哲仁波切到他所在的地區給予教導，而仁波切也接受了這位格魯派喇嘛的教導。

過去世的達賴喇嘛曾修行多個傳統。根據他們的傳記，前三世的達賴喇嘛基本上都是格魯派，但他們採用不分教派的方式，並且接受了所有傳統的法教。第五世達賴喇嘛接受薩迦派和寧瑪派上師的教法，雖然並未如來自噶舉派上師的教法那麼多。第七世達賴喇嘛與寧瑪派或薩迦派的往來較少；第十三世達賴喇嘛則以不分教派為原則，他同時接受了寧瑪派和格魯派的教法，在他的著作中，內含了一部寧瑪派傳統重要本尊普巴金剛的法本。來自蒙古的洛追確尼（Lodro Chonyi）是我的一位辯論老師，他是一位偉大的學者和優秀的修行者。他的主要上師也修寧瑪派傳承，主要是修持馬頭明王（Hayagrīva）。他告訴洛追確尼，第十三世達賴喇嘛主要修持的兩位本尊是大威德金剛（Yamāntaka）和普巴金剛。

當我年輕的時候，我是一個嚴格的格魯派，但是後來成為不分教派者。我建議人們不要崇拜雄天鬼神（spirit Shugden）的一個原因是因為我重視不分教派的方法和接受各種不同修道師長們教法的自由，而此鬼神卻持反對態度。除了宗喀巴大師對心的不同層次的解釋之外，我透過聽聞大圓滿和大手印的法教，大大加強了我對光明（clear light）的瞭解。現在我閱讀佛教所有傳統的典籍；研究從不同觀點對同一主題的解釋，極有助於我獲得更全面的理解。在佛法式微的今日，不分教派主義是絕對必要的。以宗教的名義爭吵和對抗是錯誤而愚蠢的。

根據修行者的說法，對某個主題的各種解釋都是殊途同歸。譬如說，在大圓滿裡，有時候你禪修空性，空性有如具實修經驗的偉大學者在典籍中所教授的「引生肯定的否定」（affirming negative）。雖然空性是「不引生肯定的否定」（nonaffirming negative），但由於這種特定的修行方式，將空性視為「引生肯定的否定」可能有用。[25] 知道這些不同的觀點會有幫助。有一天，我們會透過自己的實證經驗瞭解。

有一位上了年紀的出家人請我根據噶舉的文本教授菩提心。我對這部文本並不熟悉。對於未能實現他的願望，我感到難過。不幸的是，能夠教授西藏四大教派所有傳承的西藏喇嘛並不多。我希望將來西藏和西方的修行者可以彌補這一點。對彼此傳統的知識瞭解更多，可以豐富我們自身的修行。修行者應該盡可能具有廣泛的觀點，但不要因為有多樣的觀點而丟三落四或混淆不清。

此外，西藏佛教與禪宗、淨土宗和上座部佛教傳統的往來還不足夠。在我流亡的這些年裡，我與教宗和其他基督教領袖的關係似乎比我與上座部、禪宗和淨土宗大師的關係更密切。在個人層面上，我希望與其他佛教徒有更多的接觸，為了佛教在世界上正面的發展，我希望所有佛教傳統的關係更為密切。

我撰寫《達賴喇嘛說佛教》這本書的一個原因，是為了讓佛教徒從所有傳統中獲得關於彼此的教義與修行的正確資訊。在這樣的過程中，更清楚可見我們所有傳統的基礎都是一樣的。我們歸依同樣的三寶，我們透過四聖諦的觀點來瞭解這個世界，我們都修習三增上學以及培養慈心（慈）、悲心（悲）、喜心（喜）和平等心（捨）。所有佛教傳統都談到無我與緣起。雖然我們可能從不同的角度探討其中一些主題，但沒有理由去互相批評。

在西藏佛教中，我們發現學者會互相反駁彼此的立場。我們應該檢視他們為什麼這樣做，以及他們用什麼理由來支持自己的立場。如果我們不同意，我們可以用支持我們的立論去回應。這樣做可以加深我們自己及他人對法的理解，而非不尊重。在對「知母」（Recognizing the Mother）的觀點進行辯論時，章嘉若悲多傑（Changkya Rolpai Dorje）說：「我並不是不尊重你。如果你覺得被冒犯，請原諒我。」為見解辯論和妄自尊大自己的傳統而詆毀其他傳統不同。雖然我們可能不同意其他傳統，但尊重他人與其傳統是很重要的。

身為同一位導師的弟子，我們佛教徒將會有更密切的關係。我們可以為難以解決的社會與環境議題共同發聲，並且促進非暴力與寬容的社會環境。這必定會帶給佛陀歡喜並且利益一切眾生。

注釋

開場白

1 校按：傳統譯為「小乘」（Lesser Vehicle/Inferior Vehicle/Smaller Vehicle），譯自梵語 Hīnayāna，但這個譯語有貶低或歧視之意，故此處採「基乘」或「根本乘」（Fundamental Vehicle）來翻譯。

2 校按：「甘丹赤巴」意為「格魯派甘丹寺的法座持有者」，宗喀巴大師是第一任甘丹赤巴，其繼任者被認為是宗喀巴大師衣缽的繼承者，因此在格魯派享有非常崇高的地位。龍日南傑格西是第一百零一任甘丹赤巴。

前言

1 譯按：道次第的典籍中一般譯為「珍貴的暇滿人身」（dal 'byor gyi mi lus rin po che），與英文在表達上略有差異。

2 譯按：或譯為「道前次第」。

3 譯按：即道次第典籍中「依止善知識」的內容。

4 譯按：即事物的表象。

5 譯按：即事物的實相。

6 譯按：即無分別地現觀。

7 譯按：此書已有中文發行，見《達賴喇嘛說佛教：探索南傳、漢傳、藏傳的佛陀教義》（橡實文化出版）。

8 譯按：或譯為「道前次第教材」。

一、探索佛教

1 校按：或譯為「精神之道」。

2 校按：相當於《別譯雜阿含經》卷12（236經）：「意劫將諸趣，意苦惱世間，意名為一法，世間得自在。」（CBETA, T02, no. 100, p. 459, b14-15）。另參T29, no. 1558，《阿毘達磨俱舍論》，p. 13c。

3 校按：mental factor。即佛教術語中的「心所」。

4 校按：consciousnesses。即佛教術語中的「識」，亦即「心」或「心王」。

5 校按：sensory consciousnesses。即佛教術語中的「前五識」：眼識、耳識、鼻識、舌識及身識。

6 校按：mental consciousness。即佛教術語中的「第六意識」。

7 校按：mental state。同mental factor，即佛教術語中的「心所」。

8 校按：相當於《中阿含經》卷45〈3心品〉（175經）：「此世間如是欲、如是望、如是愛、如是樂、如是意，令不喜、不愛、不可法滅，喜、愛、可法生。彼如是欲、如是望、如是愛、如是樂、如是意，然不喜、不愛、不可法生，喜、愛、可法滅，」（CBETA, T01, no. 26, p. 712, c6-10）。

9 校按：physical happiness and suffering (which occur at the level of our senses)。即與前五識相應的樂受與苦受。參 T29, no. 1558，《阿毘達磨俱舍論》，p. 14c。

10 校按：mental or emotional happiness and suffering (which occur at the mental level)。即與第六意識相應的樂受與苦受，依序又稱為喜受與憂受。參 T29, no. 1558，《阿毘達磨俱舍論》，p. 14c。

11 校按：spiritually realized being。即在精神修持上有所體悟或成就者。

12 校按：law of causality。或譯為「因果法則」。

13 校按：fundamentalist。直譯為「基本教義派的」。

14 校按：spiritual priciple。直譯為「精神原則」。

15校按：ethical value。

16校按：five senses。即眼等前五識。

17校按：換句話說，前五識無法認識到的現象便不存在。簡言之，此派僅承認現量而不承認比量。參《宗義寶鬘》（台北：法爾，2004），頁40。

18校按：nihilistic view。或譯為「斷滅見」或「斷見」。

19校按：梵語為 ṛṣi (m)，意思是「詩人；仙人，神仙；隱士」。

二、佛教的生命觀

1校按：即 citta。

2校按：對應的藏文為zhe sdang。

3校按：對應的藏文為'dod chags。

4校按：its emptiness of independent or inherent existence。直譯為「其獨立或自性存在的空性」，但這樣的翻譯容易被誤解為：心的空性是獨立存在或自性存在。

5校按：參《大般若波羅蜜多經（第1卷–第200卷）》卷36〈8勸學品〉：「是心非心，本性淨故。」（CBETA, T05, no. 220, p. 202, a12-13）。

6 校按：sperm and egg of parent。即「父精母血」。

7 原注：即對境反映在心中。當視覺認知看見它時，它類似、但不同於對境在視網膜所形成的影像。看見其行相（aspect）——表徵（representation）——即是看見對境的意思。（原書24頁15行）

8 校按：對應的藏文為 rgyu mthun pa。例如稻種為稻芽的隨順因。

9 校按：對應的藏文為 rgyu mi mthun pa。例如麥種為稻芽的不順因。

10 校按：對應的藏文為 nyer len gyi rgyu。或譯為「近取因」。

11 校按：對應的藏文為 gang zag。嚴格來說，應譯為「補特伽羅」（梵 pudgala），即包含佛、菩薩、獨覺、聲聞及六道眾生的廣義生命體，並非只侷限於「人類」。

12 校按：rebirth。即於輪迴中再次投生。

13 校按：five psychophysical aggregates。即「五類心理與生理的組合體」或「五類身心的組合體」。

14 校按：即「離蘊之我」或「與五蘊毫無關係的人」。

15 校按：即「即蘊之我」或「與五蘊完全等同的人」。

16 校按：即「人」與「五蘊」是不一不異的關係。

17 校按：即依賴五蘊而施設的人。

18 校按：afflictive saṃsāric existence。即「於三界中流轉」或「輪迴」（saṃsāra）。

19 校按：即「父精母血」與「心相續」。

20 原注：Duḥkha（巴 dukkha）經常被譯為「痛苦」（suffering），但這個翻譯會誤導。它的意義要更細微，是指一切無法令人滿意的狀態和經驗，其中有許多並非明顯的疼痛。雖然佛陀說受煩惱及染污業影響的生命是無法令人滿意，但是他並非說生命是痛苦的。（原書 28 頁 3 行）

21 原注：梵文術語 āsrava（漏）被譯為「受染污的」（polluted）、「受染污的，受毒害的」（contaminated）或「受染污的」（tainted），意味著受無明或其習氣所影響。（原書 28 頁 10 行）

22 校按：字面直譯為「疼痛之苦」。

23 校按：字面直譯為「變異之苦」。

24 校按：即「有漏樂受」。

25 校按：「被提」是基督教末世論中的一種概念，認為當耶穌再臨之前（或同時），已死的信徒將會被復活高升，活著的信徒也將會一起被送到天上與基督相會，並且身體將升華為不朽的身體。「被提」有二義，一是指「與主在空中相會」，另一是指「最後復活」。

26 校按：不同教派對「恩典」的認知持有不同的看法。天主教、東正教相信聖事（或稱「聖禮」）對於信徒得到恩典的重要性；而大部分新教教派，如浸信會等，認為對上帝的信仰對於得到救贖恩典才是最重要的，即「因信稱義」、「唯獨信仰」。

27 校按：字面直譯為「遍布的受制約之苦」。

28 譯按：在這裡的語境中，「我」並不指某一個人，而是指自性存在、獨立存在或真實存在。而「無我」是指沒有自性存在、獨立存在或真實存在，但不是指沒有人。

29 原注：在這個語境中，「我」（self）並不是指人（person），而是指自性、獨立或實有。「無我」（Selflessness）是缺乏獨立存在，而不是沒有人（原書30頁16行）

30 校按：對應的藏文為lhan cig byed rkyen。或譯為「俱作緣」或「疏緣」。

31 校按：對應的藏文為rgyu mi mthun pa。或譯為「非同類因」。

32 校按：即異熟果。

33 校按：即等流果。

34 校按：即增上果。

35 校按：參《佛說稻稈經》卷1：「汝等比丘。見十二因緣。即是見法。即是見佛。」（CBETA, T16, no. 709, p. 816, c24-25）。另參《佛說大乘稻稈經》卷1：「諸比丘！若見

因緣，彼即見法：若見於法，即能見佛。』」（CBETA, T16, no. 712, p. 823, b28-29）

36 校按：defilement。或譯為「雜染」。這個語詞包含了「不善」和「有覆無記」這兩種性質的「煩惱」。參《阿毘達磨大毘婆沙論》卷195：「彼欲界繫有四種，謂：善、不善、有覆無記、無覆無記。」（CBETA, T27, no. 1545, p. 973, b28-c1）

37 校按：這種「外來偶發的染污」經常被漢譯為「客塵煩惱」。亦即染污並不會進入心的清淨光明本質當中，而只能覆蓋其外。參《大般涅槃經》卷8〈如來性品4〉：「諸眾生身亦復如是，雖有四大毒蛇之種，其中亦有妙藥大王，所謂佛性。非是作法，但為煩惱客塵所覆，若剎利、婆羅門、毘舍、首陀，能斷除者，即見佛性成無上道。」（CBETA, T12, no. 374, p. 411, b26-c1）

38 原注：「光明」（clear light）這個術語依語境而有不同的意義。它也可以指自性存在的空性或極細心。（原書36頁13行）

39 譯按：清淨光明這個詞依不同語境有不同的含義。它也可以指自性空或微細心識。

40 校按：afflictive obscuration。

41 校按：cognitive obscuration。

42 校按：此處的「存在」即「三有」，也就是輪迴。參聖天菩薩造頌；甲操傑大師造釋；唐玄奘大師．法尊法師譯頌；觀空法師講授並校正；任杰聽受譯釋，《菩薩瑜伽四百論釋善解心要論》，（台北：福智之聲，民94），頁305。XIV.25。「識為諸有種，境是識所行，見境無我時，諸有種皆滅」。

43 原注：以下這個標題省略為《釋量論》（原書37頁34行）

44 校按：buddha nature。

45 校按：buddha potential。

46 校按：nirvāṇa。

47 校按：emptiness of mind。

三、心和情緒

1 校按：參法稱著；法尊法師譯，《釋量論略解》的「有時貪欲等，以壯等增長。」（II.79ab）（台北：新文豐，2008）頁114。

2 校按：即善的情緒。

3 校按：即不善（惡）的情緒。

4 譯按：即樂受、苦受和捨受。

5 校按：參《大乘阿毘達磨集論》卷4〈諦品1〉：「何等相故？謂若法生時相不寂靜。由此生故身心相續不寂靜轉，是煩惱相。」（CBETA, T31, no. 1605, p. 676, b3-4）

6 校按：即俱生無明或俱生我執。

7 校按：參《阿毘達磨俱舍論》卷19〈分別隨眠品5〉：「即諸煩惱說名隨眠，由此隨眠是相應法。何理為證知定相應？以諸隨眠染惱心故，覆障心故，能違善故。謂：隨眠力能染惱心，未生善不生，已生善退失，故隨眠體非不相應。」（CBETA, T29, no. 1558, p. 98, c21-26）。另參《阿毘達磨俱舍論》卷19〈分別隨眠品5〉：「煩惱睡位說名隨眠。於覺位中即名纏故。何名為睡？謂：不現行種子隨逐。何名為覺？謂：諸煩惱現起纏心。」（CBETA, T29, no. 1558, p. 99, a3-6）

8 校按：英語直譯為「關於人的身分認同的觀點」（view of a personal identity）。

9 校按：參《阿毘達磨俱舍論》卷19〈分別隨眠品5〉：「我我所斷常，撥無劣謂勝，非因道妄謂，是五見自體。」（CBETA, T29, no. 1558, p. 99, c28-29）。

10 校按：參《雜阿含經》卷9：「貪欲瞋恚癡，世間之三毒」（CBETA, T02, no. 99, p. 61, b13）。

11 校按：參《阿毘達磨俱舍論》卷19〈分別隨眠品5〉：「隨眠諸有本，此差別有六，謂貪瞋亦慢，無明見及疑」（CBETA, T29, no. 1558, p. 98, b21-22）。此處的「隨眠」即煩惱。而六根本煩惱即：貪、瞋、慢、無明、見及疑。

12 校按：即中觀應成派，其代表人物有佛護、月稱及寂天。

13 校按：或譯為三昧或等持，即禪定。

14 校按：或譯為「決斷法」（對應的藏文為 gcod），是將《般若經》的空性概念結合特殊禪修及密續儀軌的修法，目的在斷除我們內在的心魔——我執。

15 校按：即三惡趣——地獄、餓鬼及傍生（動物）。

16 校按：即彌勒菩薩在其《現觀莊嚴論》中所說的「智不住諸有，悲不滯涅槃」之意。

17 校按：即執一切現象為實有的執著，必須透過空性慧來斷除。

18 校按：即自愛執，必須透過愛他勝自的菩提心來斷除。

19 校按：或譯為「因等起」，對應的藏文為 rgyu'i kun slong。

20 校按：或譯為「時等起」，對應的藏文為 dus kyi kun slong。

21 校按：即證悟三輪體空的智慧。

22 校按：要修持密續，皆須先經過灌頂獲得授權。

23 校按：「事物如何存在」（how things exist）是指事物的實際情況或實相。

24校按：此處的藏文轉寫似乎是shes rab nyon mongs can的誤植。

25校按：即「修心」（藏blo sbyong）這類修習如何生起世俗與勝義二種菩提心的教授。

26譯按：被動攻擊型（passive-aggressive）為心理學術語，指一個人對另一個人的不滿，通過一些被動的、不直接的方式表達出來，如感到不滿，但卻不直接反對，而是不停挑剔、吹毛求疵、不提出實質建議、刻意拖延、製造危機等的方式表達內心的不滿。

27校按：佛洛伊德（Freud, Sigmund, 1856-1939）於一八九四年提出的概念，即把自己的性格、態度、動機或欲望，投射到別人身上，認為對方就像自己所認定的那樣。

28校按：類似《大方廣佛華嚴經》卷6〈淨行品7〉：「以水滌穢，當願眾生，具足淨忍，畢竟無垢。」（CBETA, T09, no. 278, p. 431, b1-2）

29校按：類似《大方廣佛華嚴經》卷6〈淨行品7〉：「若上樓閣，當願眾生，昇佛法堂，得微妙法。」（CBETA, T09, no. 278, p. 430, c11-12）

30校按：「實有之空性」（emptiness of true existence）意思是「空掉實有的狀態」，而不是說「空性是實有的」，此處的英語直譯很容易讓人產生這種誤解。

31校按：因為智慧所理解的「實有之空性」正好和無明所執取的「實有」對立，加上前者有許多正理支持而後者沒有，因此前者可以對治後者。

32 校按：參《阿毘達磨俱舍論》卷22〈分別賢聖品6〉：「欲修如是不淨觀時，應先繫心於自身分，或於足指、或額、或餘。隨所樂處，心得住已。依勝解力，於自身分，假想思惟：皮肉爛墮，漸令骨淨，乃至具觀全身骨鎖。見一具已，復觀第二。如是漸次，廣至一房、一寺、一園、一村、一國。乃至遍地，以海為邊，於其中間，骨鎖充滿。」（CBETA, T29, no. 1558, p. 117, c3-9）。

33 校按：參《阿毘達磨俱舍論》卷22〈分別賢聖品6〉：「欲修如是不淨觀時，應先繫心於自身分，或於足指、或額、或餘。隨所樂處，心得住已。依勝解力，於自身分，假想思惟：皮肉爛墮，漸令骨淨，乃至具觀全身骨鎖。見一具已，復觀第二。如是漸次，廣至一房、一寺、一園、一村、一國。乃至遍地，以海為邊，於其中間，骨鎖充滿。」（CBETA, T29, no. 1558, p. 117, c3-9）。

34 校按：「慈心」對應的藏文為byams pa。

35 校按：「悲心」對應的藏文為snying rje。

36 校按：其中，「一視同仁」（對應藏文btang snyoms，直譯為平等捨）及「友善」（對應藏文byams pa，直譯為仁慈）依序即《菩提道次第廣論》（頁215的科判）的「於諸有情令心平等」（即在不帶有貪、瞋的情況下，平等看待一切有情）及「修此一切成悅意相」（將一切有情視為如同自己鍾愛的子女一般生起悅意感）這兩個科判所述的內容。此二者為生起慈心、大悲心、增上意樂及菩提心的所依。

37 校按：對應的藏文為 rang bzhin gnas rigs，即自性住佛性。

38 校按：對應的藏文為 rgyas 'gyur gyi rigs，即隨增性佛性。

39 校按：即有漏業，包含有漏善業及不善業。

40 原注：見羅素寇慈（Russell Kolts）和圖丹．卻准，《心胸開闊的生活》（*An Open-Hearted Life*）有關與擾人情緒共處及培養有益的溝通技巧的深度解釋。（原書 72 頁 19 行）

四、佛法和佛典的傳播

1 校按：即教授佛法。

2 校按：「方便」即「方便分」，在此處是指相對於「智慧分」或「智慧資糧」來說的「福德資糧」。

3 校按：參月稱《入中論》〈第一菩提心極喜地〉的「設有一類，唯聞佛說緣起，善達勝義，而不現生證般涅槃，然彼行者於他生，亦必能獲得所求果報，如定業果。聖天云：『現已知真實，現未得涅槃，他生決定得，猶如已造業。』《中論》亦云：『若佛不出世，聲聞已滅盡，諸辟支佛智，無依而自生。』」

4 原注：上座部佛教徒將佛陀的生歿年代定在西元前 563-483年，而許多跟隨梵語傳統的人經常將佛陀的年代斷定為西元前 448-368年。而從不同觀點分析傳統歷史記載後，牛津大學的梵語教授理察德．貢布里奇（Richard Gombrich）＊則將佛陀年代鑑定為西元前 485-404年。〈佛陀年代的鑑定：揭露掩人耳目的事實〉（Dating the Buddha: A Red Herring Revealed），收於海音慈．悲賀（Heinz Bechert）編輯的《歷史上佛陀的年代鑑定》（*The Dating of the Historical Buddha*），第2冊，（Göttingen: Vandenhoeck & Ruprecht, 1992），237-59。（原書78頁10行）

＊譯按：理察德．貢布里教授是巴利聖典學會前主席、英國牛津大學佛教研究中心創始人、西方最負盛名的梵文、巴利文學者，也是公認的最有影響力的南傳佛教研究專家之一。

5 原注：這個詞語（bhāṇakas）為bhante（尊者）這個頭銜的根源。（原書80頁17行）

6 原注：這個年代是根據佛陀生平的古老鑑定方式。而依據貢布里奇有關佛陀生平所提出的鑑定，這個年代需要修正。（原書80頁30行）

7 原注：某些學界學者們說根本說一切有部派（Mūlasarvāstivāda school）位於北印度的馬圖拉（Mathurā）＊，後來或許遷徙至喀什米爾（Kashmir），並從那裡傳至西藏，而其律（vinaya，或音譯為毘奈耶、毘尼）在當地成為主流的出家戒。（原書81頁13行）

*譯按：馬圖拉（印地語：मथुरा，IAST: mathurā），又譯為馬土臘，古譯名為秣菟羅、摩偷羅，印度北方邦境內的一座古城，曾經是印度列國時代蘇羅娑的首都。位於阿格拉以北五十公里，德里以南一百五十公里處。該城是北方邦下轄的馬圖拉縣的行政中心。印度教徒相信馬圖拉城是廣受崇拜的大神黑天的出生地，因此馬圖拉是印度教的一座聖城。

8 校按：阿婆商夏語，中世紀印度的特殊方言。

9 原注：某些人說顛鬼語（Paiśācī）是一種書面語而非口說的俗語（Prakrit）。其他人則說它是巴利（Pāli）早期的名稱。（原書82頁9行）

10 原注：許多現代學者相信毘婆沙宗（Vaibhāṣikas）是說一切有部（Sarvāstivāda）的一支，因為毘婆沙宗的主要典籍《大毘婆沙論》（*Mahāvibhāṣā, Great Detailed Explanation*）是有關說一切有部阿毘達磨的最後一部著作《發智論》（*Jñānaprasthāna, the Foundation of Knowledge**）的注釋。關於十八部派的一些說明，見傑佛瑞．霍普金斯（Jeffrey Hopkins）的《禪修空性》（*Meditation on Emptiness*）（Boston: wisdom, 1996），713-19。（原書82頁24行）

11 原注：史蒂芬．柯林斯（Steven Collins），〈論巴利藏經的原初概念〉（On the Very Idea of the Pāli Canon），《巴利聖典協會期刊》（*Journal of the Pāli Text Society*），15 (1990): 89-126。（原書84頁5行）

＊校按：根據梵語 Jñānaprasthāna 的意義及本章注30，此處的 Foundation of Knowledge 似乎是 Attainment of Knowledge 的誤植。

12 原注：喬納森．沃特斯（Jonathan Walters），〈大乘上座部及其大寺派起源〉（Mahāyāna Theravāda and the Origins of the Mahāvihāra），《斯里蘭卡人文期刊》（The Sri Lanka Journal of the Humanities），23.1-2（Sri Lanka: University of Peradeniya, 1997）。（原書84頁19行）

13 校按：朱羅王朝又名注輦，是一世紀至十三世紀時印度半島古國，其地在今泰米爾納德邦。朱羅王朝最早起源於高韋里河（Kaveri）流域，以歐賴宇爾（Urayur）為國都。朱羅王朝的統治者們曾經征服印度半島南部，吞併斯里蘭卡，並佔領了馬爾地夫，甚至還成功地入侵馬來群島的王國。在西元1010年至1200年期間，領土南到馬爾地夫群島，最北到安得拉邦的達戈達瓦里河沿岸。朱羅王朝在十三世紀進入衰退，隨著潘地亞王朝的崛起而最終滅亡。

14 原注：菩提比丘（Bhikkhu Bodhi）於2010年2月21日致強巴策諄比丘尼（Bhikṣuṇī Jampa Tsedroen）的通信：「Theravāda（後期上座部）是指源自於古老Sthaviravāda（早期上座部）的一個現代佛教學派，但是後者的歷史要更悠久，它是許多現已不存的古印度學派的根源……單純地認定Theravāda等同Sthaviravāda是一種誤導，而且後者只是精確表明前者意義的梵語化形式而已。」「我也不認為將 Theravādins（後期上座部論師）與Mahāvihārans（大寺派論師）等同視之是恰當的。後面這個術語，當佛教學派在斯里蘭卡以他們的寺院（vihāras, monasteries）為中心來命名的這段期間，是意義深遠的。在那個時代，是指那些以位於阿努拉德普勒（Anurādhapura）*的大寺（Mahāvihāra）為據點者。他們因為對於佛教典籍的獨特態度，以及被保存在巴利注釋書當中的詮釋方法而聞名。但在今天，所有大寺派遺留下來的只是其廢墟……而我們所謂的Theravāda，較古代大寺派論師所能想像的以更複雜的方式發展。」（原書85頁2行）

*校按：阿努拉德普勒是西元前377-1017年間斯里蘭卡僧伽羅人（Sinhalese）所建立的一個王國，首都定於今天同名城市所在的地方。除了短暫被外敵入侵的時候，這千多年間阿努拉德普勒一直是斯里蘭卡的政治和宗教中心。因保存良好的古蹟，阿努拉德普勒於1982年成為聯合國世界文化遺產。阿努拉德普勒無論古今都是斯里蘭卡的一處佛教聖地。其中位於東面市郊15公里外的Mihintale，是古印度孔雀王朝阿育王的Mahinda王子（摩哂陀）於西元前255年（另一說法是西元前260年）把佛教帶到斯里蘭卡的地方。

15 原注：彼特．思基林（Peter Skilling），〈歷史中的上座部〉（Theravāda in History），《平靜世界：佛教研究學院期刊》（*Pacific World: Journal of the Institute of Buddhist Studies*），3.11（2009秋）：72。（原書85頁19行）

16原注：沃特斯（Walters），〈大乘上座部及其大寺派起源〉（Mahāyāna Theravāda and the Origins of the Mahāvihāra）。（原書85頁20行）

17原注：柯林斯（Steven Collins），〈論巴利藏經的最初概念〉（On the Very Idea of the Pāli Canon）。（原書85頁30行）

18原注：沃特斯（Walters），〈大乘上座部〉（Mahāyāna Theravāda）。（原書86頁11行）

19原注：一部是來自於巴基斯坦、載明西元第一或第二世紀的大乘經典。也有來自於犍陀羅（Gandhāra）、西元第一世紀的般若波羅蜜多（Prajñāpāramitā, Perfection of Wisdom）寫本。另一部以俗語撰寫、載明從西元前第一世紀的另一部般若波羅蜜多經的內容，確認它是已經發展良好的文獻。也可參見理察德．薩羅孟博士（Dr. Richard Salomon）的著作及初期佛教寫本計畫（the Early Buddhist Manuscript Project）。有一些日期載明西元第一或第二世紀、以犍馱邏語（Gāndhārī）撰寫的大乘寫本。（原書87頁2行）

20原注：某些歷史學者將無著（Asaṅga）置於第四世紀，但其他學者則說他生於第四世紀後期而卒於第五世紀的前二十五年。（原書87頁12行）

21原注：彼特．思基林（Peter Skilling），〈印度中的擴展、大乘及菩薩〉（Vaidalya, Mahāyāna, and Bodhisattva in India），於《菩薩典範：關於大乘出現的評論》（*The Bodhisattva Ideal: Essays on the Emergence of the Mahāyāna*），（Kandy: Buddhist Publication Society, 2013），151n178。（原書89頁4行）

22 原注：甘珠爾（Kangyur）於十七世紀被譯成蒙古文，而丹珠爾（Tengyur）則是在十八世紀。（原書90頁23行）

23 原注：三部額外的經典被發現僅存於緬甸藏經，包括《彌蘭王問經》（Milindapañha, Question of King Milinda），即那先比丘（monk Nāgasena, 或譯為龍軍）和犍陀羅王孟南德（Gandhāran king Menander）之間的對話。（原書91頁21行）

24 原注：南條文雄（Nanjio, Bunyiu），《漢譯佛教三藏目錄：於中國及日本的佛教徒聖典》（*A Catalogue of the Chinese Translation of the Buddhist Tripiṭaka, the Sacred Canon of the Buddhists in China and Japan,* San Francisco, Chinese Materials Central, Inc., 1975）*。這部目錄包含漢譯三藏內容的完整清單，而且每一個標題如有藏譯本，則會詳加註明。（原書93頁14行）

* 原書的日文題名為「日本真宗南條文雄譯補大明三藏聖教目錄」，英文標題為A Catalogue of the Chinese Translation of the Buddhist Tripiṭaka by Bunyu Nanjio，1883年於牛津出版。

25 原注：前述三段的資訊是以私人通信的方式，由來自鹿野苑（Sarnath）中央西藏研究大學（the Central University of Tibetan Studies）的洛桑多傑惹凌博士（Dr. Lobsang Dorjee Rabling）

所提供。（原書93頁35行）

26 原注：在漢譯藏經中歸屬於彌勒的五部著作是：《瑜伽師地論》（*Yogācārabhūmi, Treatise on the Stages of Yogic Practices*）、《大乘莊嚴經論》（*Mahāyānasūtrālaṃkāra, the Ornament of Mahāyāna Sūtras*）、《辨中邊論》（*Madhyāntavibhāga, Middle beyond Extremes*）、《金剛經》（*Vajracchedikā Sūtra, the Diamond Sūtra*）的注釋*、《分別瑜伽論》（*Yogavibhāga*），此論被認為已散佚。在藏譯藏經中，彌勒的五部著作是：《大乘莊嚴經論》、《辨中邊論》、《辨法法性論》（*Dharmadharmatāvibhāga, Distinction Between Phenomena and Their Nature*）、《現觀莊嚴論》（*Ornament of Clear Realizations*）及《上續論》（*Uttaratantra or Ratnagotravibhāga, Sublime Continuum*）*。最後兩部著作在無著圓寂後幾世紀才出現於印度，而玄奘在他雜糅的印度唯識典籍*中從未提及它們，他也沒有將它們歸為彌勒或無著。華人說《上續論》的作者是堅慧（Sāramati）或安慧（Sthiramati）。（原書95頁12行）

*校按：即達摩笈多三藏譯的《金剛般若論》（T1510）。

*校按：或譯為《大乘最上秘義論》，即漢譯的《究竟一乘寶性論》（T1611）。

*校按：應該是指玄奘法師的《成唯識論》（T1585）。

27 校按：又名「忉利天」（Trayastrimśa），為欲界六天之第二層天。

28 原注：毘婆沙諸師說佛陀於多處宣講阿毘達磨，而由後人結集。（原書96頁5行）

29 原注：在巴利藏經中的七部〔阿毘達磨〕是：《法集論》（*Dhammasaṅgaṇi, Enumeration of Factors*）羅列了各種存在的要素（factor）或諸法（dhamma）；《分別論》（*Vibhaṅga, Analysis*）解釋諸蘊、處、界、諦、根、緣起、念住、覺支、禪那（jhāna）、四無量心、八聖道、認知的類型，以及在其他主題中的宇宙起源論；《界論》（*Dhātukathā, Discussion of Elements*）依蘊、處、界來探討一切現象；《人施設論》（*Puggalapaññatti, Descriptions of Individuals*）探討不同種類的人；《論事》（*Kāthavatthu, Points of Controversy*）是探討不同觀點的一部論；《雙論》（Yamaka, The Pairs）解決對於術語的誤解；《發趣論》（*Paṭṭhāna, Foundational Conditions or Relations*）探討一切現象之間的關係。《論事》據說是目犍連子帝須（Moggaliputta Tissa）於西元前三世紀所撰寫。（原書96頁7行）

30 原注：稱友（Yaśomitra）*列出七部梵語〔阿毘達磨〕論典：迦多衍尼子（Kātyāyanīputra）的《發智論》（Jñānaprasthāna, the Attainment of Knowledge）、世友（Vasumitra）的《品類論》（Prakaraṇapāda, Topic Divisions）、天寂（Devaśarman）的《識身論》（*Vijñānakāya, Compendium of Consciousness*）、舍利子（Śāriputra）的《法蘊論》（*Dharmaskandha, Aggregate of Dharma*）、目犍連子（Maudgalyāyana）的《施設論》（*Prajñaptiśāstra, Treatise* on Designation）、

摩訶拘瑟耻羅（Mahākauṣṭhila）的《集異門論》（*Saṃgītiparyāya, Combined Recitation*）、滿慈子（Pūrṇa）的《界身論》（*Dhātukāya, the Compendium of Elements*）。（原書96頁9行）

＊校按：在稱友的《阿毘達磨俱舍論疏》的〈分別界品第一〉（尚無漢譯）中有提及，參《中華大藏經・丹珠爾》（對勘本），第80卷，p. 21。

31 原注：這是最古老的阿毘達磨典籍之一，現僅存於漢譯。有來自於十八部派的多樣化觀點。（原書96頁10行）

32 原注：《俱舍論》（*the Treasury of Knowledge*）有八品：分別界品（examinations of the elements）；根品（faculties）；世間品（world, 宇宙及居住其中的有情）；業品（karma）；隨眠品（pollutants）；道與賢聖品（paths and persons）；智品（exalted wisdom）；定品（meditative absorptions）。世親（Vasubandhu）關於這部典籍的自釋還有第九品＊，其中提出經部宗（Sautrāntika）的觀點。（原書96頁18行）

＊校按：即〈破執我品9〉，參T1558, p. 152。

33 原注：西藏人認為無著雖是中觀師（Mādhyamika），卻依唯識（Cittamātra）見解說法，目的是為了利益傾向該見解的那些人。其弟世親雖持唯識見解，卻依據毘婆沙師（Vaibhāṣika）及經部師（Sautrāntika）的宗義，撰寫一些典籍，以利益賞識那些見解的人們。（原書96頁21行）

34 原注：有趣的是，在西藏藏經中，《藥師經》（*Bhaiṣajyaguru*）被置於甘珠爾的密續部，而《極樂莊嚴經》（*Sukhāvatīvyūha*）＊則置於經部。（原書97頁7行）

＊校按：即《阿彌陀經》。

35 校按：此處似乎應該作Cittamātrin（唯識宗）。

36 校按：此處似乎應該作Mādhyamika（中觀宗）。

37 原注：關於宗義體系（tenet system），它們於何時及何處興盛、它們的哲學立場的細節，以及在傳入西藏之前，這些宗義在印度被體系化到什麼程度，現代學者們之間意見分歧。（原書98頁17行）

五、佛法自成一體

1 校按：three capacities of practitioners。即《菩提道次第廣論》所說的「三士」：下士、中士及上士。

2 校按：four tenet systems。即印度佛教四個主要宗派——毘婆沙宗、經部宗、唯識宗及中觀宗——的學說體系。

3 校按：three turnings of the Dharma wheel。初轉法輪針對毘婆沙宗及經部宗開示四聖諦法輪、中轉法輪針對中觀宗開示無相法輪及末轉法輪針對唯識宗開示善辨法相法輪。

4 校按：authenticity of the Mahāyāna scriptures。即「大乘經典是否佛陀所說？」等議題。

5 校按：即「增上生」，也就是人天二善趣。

6 校按：即「決定勝」，包含解脫和成佛這兩類決定勝。

7 校按：higher training in concentration。或譯為增上心學。

8 校按：thirty-seven aids to awakening。或譯為三十七覺分。參《阿毘達磨俱舍論》卷25〈分別賢聖品6〉：「論曰。經說覺分有三十七。謂四[2]念住．四[3]正斷．四[4]神足．五[5]根．五[6]力．七等[7]覺支．[8]八聖道支。」（CBETA, T29, no. 1558, p. 132, b2-4）[2] Smṛty-upasthāna.。[3]Samyak-prahāṇa.。[4]Ṛddhi-pāda.。[5] Indriya.。[6] Bala.。[7] Bodhy-aṅga.。[8] Āryaṣṭâṅgo-mārgaḥ.。

9 校按：action。即正確的行為。

10 校按：livelihood。即正確的生活方式或生計。

11 校按：four supreme strivings。或譯為四正斷。

12 校按：emptiness of a mind from which defilements have been eradicated。或譯為染污已被根除的心的空性。

13校按：即「三相」（遍計所執相、依他起相及圓成實相）或「三性」（遍計所執性、依他起性及圓成實性），依序對應的「三種無自性」（相無自性、生無自性及勝義無自性），換言之，遍計所執相是相無自性，依他起相是生無自性，而圓成實相則是勝義無自性。參《解深密經》卷2〈無自性相品5〉：「勝義生！當知我依三種無自性性密意，說言一切諸法皆無自性，所謂相無自性性、生無自性性、勝義無自性性。」（CBETA, T16, no. 676, p. 694, a13-15）、《解深密經》卷2〈無自性相品5〉：「善男子！云何諸法相無自性性？謂諸法遍計所執相。何以故？此由假名安立為相，非由自相安立為相，是故說名相無自性性。」(CBETA, T16, no. 676, p. 694, a15-18)、《解深密經》卷2〈無自性相品5〉：「云何諸法生無自性性？謂諸法依他起相。何以故？此由依他緣力故有，非自然有，是故說名生無自性性。」（CBETA, T16, no. 676, p. 694, a18-20）及《解深密經》卷2〈無自性相品5〉：「云何諸法勝義無自性性？謂諸法由生無自性性故，說名無自性性：即緣生法，亦名勝義無自性性。何以故？於諸法中，若是清淨所緣境界，我顯示彼以為勝義無自性性，依他起相非是清淨所緣境界，是故亦說名為勝義無自性性。復有諸法圓成實相，亦名勝義無自性性。何以故？一切諸法法無我性名為勝義，亦得名為無自性性，是一切法勝義諦故，無自性性之所顯故。由此因緣，名為勝義無自性性。」（CBETA, T16, no. 676, p. 694, a20-b1）

14 原注：學者們並不清楚書寫何時初次在印度變得流行，而有各種關於這方面的理論，但最遲在西元前三世紀的阿育王（King Aśoka）時期，書寫已經很普及。印度河流域文明（Indus Valley civilization）從西元前2000年開始使用書寫，因此某些學者相信使用於阿育王時期的婆羅米文（the Brahmi script）是源自於它。諾爾曼（K. R. Norman）《佛教論壇第五卷：文獻學對於佛教的探討》（*Buddhist Forum Volume V: Philological Approach to Buddhism*），（London: School of Oriental and African Studies, 1997），78。諾爾曼也評論（頁81）：出身於統治階層或商人種姓的僧侶，他們熟悉西元前三世紀阿育王已有的書寫，卻沒有記載下來，會是很令人驚訝的，即使不是整部，但至少應該註記對他們自己修行或教導別人有用的內容。（原書105頁32行）

15 譯按：maṇḍala。或譯為「壇城」或「中圍」。

16 原注：對於所有精神修持的宣稱要加以檢視而不要天真地接受它們才是明智的。因為某些人曲解了他們在禪修中所擁有的經驗。（原書108頁19行）

17 校按：trail blazer。英文直譯為「先驅者」。龍樹與無著二者在佛教歷史上，被稱為「兩大開轍師」，前者開啟中觀思想的道軌，而後者則開啟唯識思想的道軌。

18 原注：見堪蘇＊強巴特秋（Khensur Jampa Tegchok），《實用倫理學與甚深空性》（*Practical Ethics and Profound Emptiness*），（Boston: Wisdom, 2017），第367-93偈（原書109頁30行）

＊校按：為藏文mkhan zur的音譯，意即卸任住持。

19 校按：the primordial emptiness of inherent existence。亦即：原本即無自性。

20 譯按：施戒忍精進，定智悲為體，佛說大乘義，有何邪說過？

21 譯按：由施戒利他，忍進為自利，定慧脫自他，略攝大乘義。

22 譯按：略說佛正教，謂解脫自他，六度波羅蜜，故此為佛宣。

23 原注：約翰．班乃迪克．布埃雪（John Benedict Buescher），《毘婆沙宗與上座部學派的佛教二諦教義》（*The Buddhist Doctrine of Two Truths in the Vaibhāṣika and Theravāda Schools*），博士論文，（維吉尼亞大學，1982），44。關於引自巴利聖典協會（Pali Text Society）出版的翻譯，他的腳注寫道：「P. Maung Tin,《殊勝義注》（*The Expositor*），pp. 5ff. 覺音為此所提的經典先例，是《蜜丸喻經》（*Madhupiṇḍika Sutta*）＊中附帶而來的內容。」（原書113頁14行）

＊校按：參《中阿含經》卷28〈林品5〉，《蜜丸喻經》第九（CBETA, T01, no. 26, p. 603, b11）。

24 譯按：Four Authenticities。或譯為「四正量」。

25 譯按：或譯為「聖教量」。

26 譯按：或譯為「傳記量」。

27 譯按：或譯為「師訣量」。

28 譯按：或譯為「覺受量」。

29 校按：例如有天趣、餓鬼趣及地獄趣，以及有佛國淨土等。

30 校按：inference by authoritative testimony。直譯為「由權威證言所作的推論」。

31 校按：driect experience。直譯為「直接經驗」。

32 校按：參《阿毘達磨俱舍論》卷23〈分別賢聖品6〉：「言一坐者，從煖善根乃至菩提不起于座。」（CBETA, T29, no. 1558, p. 121, a1-2）。說明菩薩從煖善根（即加行道煖位）至證得無上菩提（即無學道），是在同一個禪坐中完成。

33 校按：或譯為「化身」，屬於佛的「色身」之一。佛的色身包含應化身及受用身二類。

34 校按：或譯為「報身」或「圓滿報身」，屬於佛的「色身」之一。

35 譯按：即今日的新龍縣。

36 校按：即經、律、論三藏當中的律藏。

37 校按：在位期間為西元629-650年。

38 譯按：即別解脫戒。

39 校按：即顯教大乘。

40 校按：transformative practice。例如在無上密續中，有將三有（死有、中有及生有）依序轉化為三身（法身、報身及化身）的修法。

41 校按：即道次第。

42 原注：這些典籍的藏文標題依序為：《心性休息論》（*Sems nyid ngal gso*）、《大車疏》（*Shing rta chen po*）、《普賢上師言教》（*Kun bzang bla ma'i zhal lung*）、《解脫寶莊嚴論》（Thar pa rin po che'i rgyan）、《顯明能仁密意論》（*Thub pa'i dgongs gsal*）及《菩提道次第廣論》（*Lam rim chen mo*）。（原書121頁34行）

43 校按：即赫魯嘎（Heruka）。

44 校按：lama。「喇嘛」義即「上師」。

45 校按：Abhidharma。或譯為「毘曇」，即經、律、論三藏當中的「論藏」。

46 校按：即「止」或「奢摩他」。

47 校按：依梵語直譯，即《大毗盧遮那現證菩提續》。

六、審視教法

1 譯按：佛陀在這部經中總結了十項準則，即一、不因為他人的口傳、傳說，就信以為真。

二、不因為奉行傳統，就信以為真。三、不因為是正在流傳的消息，就信以為真。四、不因為是宗教經典書本，就信以為真。五、不因為根據邏輯，就信以為真。六、不因為根據哲理，就信以為真。七、不因為符合常識外在推理，就信以為真。八、不因為符合自己的預測、見解、觀念，就信以為真。九、不因為演說者的威信，就信以為真。十、不因為他是導師、大師，就信以為真。

2 原注：這十七位那爛陀寺班智達是：龍樹（Nāgārjuna）、聖天（Āryadeva）、佛護（Buddhapālita）、清辨（Bhāvaviveka）、月稱（Candrakīrti）、寂天（Śāntideva）、寂護（Śāntarakṣita）、蓮華戒（Kamalaśīla）、無著（Asaṅga）、世親（Vasubandhu）、陳那（Dignāga）、法稱（Dharmakīrti）、解脫軍（Vimuktisena）、師子賢（Haribhadra）、功德光（Guṇaprabha）、釋迦光（Śākyaprabha）及阿底峽（Atiśa）。（原書128頁14行）

3 校按：即阿闍世王。

4 校按：即十二緣起支的第九取支。

5 校按：即十二緣起支的第十有支。

6 校按：但在《佛說大般泥洹經》卷6〈隨喜品18〉：「佛言：『善哉！善哉！文殊師利！人中之仙安慰眾生，善說如來方便密教。』爾時文殊師利，復說偈言：『恭敬於父母，增加其供養；緣斯孝道故，死墮無擇獄。』『世尊！此偈說無明、恩愛以為父母，眾生隨順令其增長[10]造諸惡業，死即當墮無擇地獄。』」（CBETA, T12, no. 376, p. 898, c5-11）卻說「無明、恩愛以為父母」，若是如此，則是指十二緣起支的第一無明支及第八支愛支。

7 校按：即《菩提道次第廣論》（頁131）所說的「由福田門故力大者」。其中的「福田」（或資糧田）即諸佛、菩薩等聖者。

8 校按：或譯為「聖境」。即前注的福田。

9 校按：即清辨針對其所造的《中觀心論》所撰的注釋。

10 校按：即「極隱蔽境」。換言之，必須透過真正的佛經（聖言量）才能瞭解的現象。

11 校按：英文直譯即「有識別能力的智慧」。

12 校按：參《中阿含經》卷60〈例品4〉（即《箭喻經》）：「我聞如是：一時，佛遊舍衛國，在勝林給孤獨園。爾時，尊者鬘童子獨安靜處，宴坐思惟，心作是念：『所謂此見，世尊捨置除却，不盡通說，謂世有常，世無有常，世有底，世無底，命即是身，為命異身異，如來終，如來不終，如來終不終，如來亦非終亦非不終耶？我不欲此，我不忍此，我不可此。若世尊為我一向說世有常者，我從彼學梵行。若世尊不為我一向說世有常者，我當難詰彼，捨之而去。如是世無有常，世有底，世無底，命即是身，為命異身異，如來終，如來不終，如來終不終，如來亦非終亦非不終耶？若世尊為我一向說此是真諦，餘皆虛妄言者，我從彼學梵行，若世尊不為我一向說此是真諦，餘皆虛妄言者，我當難詰彼，捨之而去。』」（CBETA, T01, no. 26, p. 804, a23-b9）。

13 校按：或譯為「鬘童子」。

14 校按：這些問題即所謂的「十四無記」或「十四捨置記」。參《阿毘達磨俱舍論》卷19〈分別隨眠品5〉：「云何有問但應捨置？謂若有問：『世為◯1常、◯2無常、◯3亦常亦無常、◯4非常非無常？世為◯5有邊、◯6無邊、◯7亦有邊亦無邊、◯8非有邊非無邊？如來死後為◯9有、◯10非有、◯11亦有亦非有、◯12非有非非有？為◯13命者即身？為◯14命者異身？』此問名為『但應捨置』。」（CBETA, T29, no. 1558, p. 103, c22-27）。

七、慈悲的重要性

1 校按：「修心」的藏文為 blo sbyong，其中的「心」即菩提心，包含世俗菩提心及勝義菩提心二類；因此「修心」的目的主要是要透過「七重因果教授」或「自他等換」這兩種發起菩提心的教授，將我們一般人的心態轉化為世俗菩提心（如果生起即進入大乘資糧道下品），甚至勝義菩提心（如果生起即進入大乘見道）。

2 校按：參《聖龍猛派吉祥密集地道論疏》，（台北：盤逸，2019），頁95的「死歿次第」。其中的「死有光明心」即此處的「俱生光明心」。一般人是在死亡階段才會出現，但無上密續的修持者可以在生前即開發此種極細微的心。

3 校按：英文原書此處的 and latencies（和習氣）似乎多餘，因為從輪迴解脫僅需斷除煩惱的種子即可。而且這會跟緊接著的成佛情況重覆。

4 校按：即寂天菩薩《入菩薩行論》，VI.113的「一切有情與諸佛，於成佛法此二同，不敬眾生只敬佛，豈有此種言教理？」（sems can rnams dang rgyal ba las/ sangs rgyas chos 'grub 'dra ba la/ rgyal la gus byed de bzhin du/ sems can la min ci yi tshul）。

5 校按：此句對應的藏文為stong nyid srung ba bla na med。

6 校按：即所謂的「三輪體空」（'khor gsum mi dmigs pa，藏文直譯為：三輪不可得）。

7 校按：即菩提心是不分親疏、遠近，平等對待一切眾生的利他心。

8 校按：「以自我為中心的想法」（重視自己勝過他人）對應的藏文為rang gces 'dzin（自愛執），它的反面或它的對治法是 gzhan gces'dzin（愛他執），也就是 bdag pas gzhan gces pa'i byang chub kyi sems（重視他人勝過自己的菩提心）。所以當修行者無造作發起世俗菩提心（進入大乘資糧道下品的門檻）時，便能克服這種重視自己勝過他人的「以自我為中心的想法」。

9 校按：此處的「我執」（self-grasping）和「無明」（ignorance）是同義詞，也就是「執一切現象為實有的分別心」，「我執」對應的藏文為bdag 'dzin而「無明」對應的藏文為 ma rig pa，它的反面或它的對治法是 bdag med rtogs pa'i shes rab（瞭解無我的智慧），也就是 stong nyid rtogs pa'i shes rab（瞭解空性的智慧）。所以當修行者生起現觀空性的瑜伽現量時（進入大乘見道的門檻）時，便能開始斷除偏計我執及其種子。

10 譯按：修心八偈的中文翻譯，引自如石法師，《入菩薩行導論譯按》，（台北：藏海，民83），頁387。

11 校按：即執有為無的「無邊」、「斷邊」、「斷滅邊」或「損減邊」。

12 校按：即執無為有的「有邊」、「常邊」、「實有邊」或「增益邊」。

八、有體系的進路

1 校按：或譯為「聖提婆」。

2 譯按：《四百論》第190偈之翻譯，參考自聖天菩薩著，法尊法師譯，《慧光集（31）中觀四百論廣釋——句義明鏡論》（台北：寧瑪巴喇榮三乘法林佛學會，2007）。

3 校按：即「空去實有」或「無實有」。

4 校按：即白現心（white appearance）、紅增心（red increase）和黑近得心（black near-attainment）。

5 原注：這些＊是：慷慨給予物質上的協助（布施）、依聽眾的素質教導佛法並和藹地談話（愛語）、鼓勵他們去修行（利行），以及以身作則依教法度日（同事）。（原書174頁19行）

＊校按：即四攝法（four ways of gathering disciples）。

6 校按：對應的藏文為skyes bu chung ngu khyad par can。

7 校按：對應的藏文為skyes bu chung ngu tsam po ba。

8 校按：即上士。

9 原注：上述與精神發展層次相關的主題大綱＊會依〔不同著作的〕說明而稍有不同。例如觀修業果（meditation on the law of karma and its effects）被涵括在道次第（lamrim）的共下士道當中，但在三主要道（three principal aspects of the path）＊的說明裡，則被歸於共中士道的範疇。（原書177頁3行）

＊校按：即科判。

＊校按：或譯為「聖道三要」。

10 校按：此處可參究給・企千仁波切著，周銘賢譯，《遠離四種執著》，台北：橡樹林，2009年。

11 《修心》（*Mind Training*），圖登錦巴（Thupten Jinpa）譯（Boston: Wisdom, 2006），517。（原書177頁12行）

12 「自性存在的邊」即「增益邊」、「實有邊」或「常邊」。「完全不存在的邊」即「損減邊」、「虛無邊」或「斷邊」。

13 校按：此處採單數的 a sa'sāric being（一位輪迴者）即希求解脫的中士自己，因為中士的目標是自己獨自解脫輪迴。

14 校按：對應的藏文為 mngon rtogs rgyad don bdun cu/ dngos brgyad don bdun cu，或譯為「八事七十義」。

15 原注：八個現觀（eight clear realizations）是：一切相智（exalted knower of all aspects, omniscient mind）、道智（knower of path）、基智（knower of bases）、圓滿一切相加行（complete application of all aspect）、至頂加行（peak application）、漸次加行（serial application）、剎那加行（momentary application）及果法身（resultant truth body）。*（原書179頁13行）

*校按：參法尊等譯述，《現觀莊嚴論中八品七十義略解．現觀莊嚴論略釋．大乘修心七義論釋》，（臺北：新文豐，民76），頁18。即其中的「徧相智道智，次一切智性，一切相現

觀，至頂及漸次，剎那證菩提，及法身為八。」

16 原注：可以描述一切相智的十個要義（ten points）是：發心（bodhicitta, mind generation）、教授（spiritual instructions）、四種決擇分（four branches of definite discrimination，即大乘加行道）、大乘修行所依的法界自性（buddha potential, natural abiding lineage that is the basis of Mahāyāna attainments，即本具的佛性）、所緣（observed object of Mahāyāna attainment）、所為（objective of practice，即大乘修行的目的）、甲鎧正行（attainment through the armor-like practice）、趣入正行（attainment through engagement）、資糧正行（attainment through the collection）及出生正行（definite emergence）。＊（原書179頁16行）

＊校按：參法尊等譯述，《現觀莊嚴論中八品七十義略解．現觀莊嚴論略釋．大乘修心七義論釋》，（臺北：新文豐，民76），頁18。即其中的「發心與教授；四種決擇分；正行之所依，謂法界自性；諸所緣所為；甲鎧趣入事、資糧及出生，是佛徧相智。」

17 校按：即隨法行者。

18 校按：即隨信行者。

19 校按：即印度四個佛教學派（毘婆沙宗、經部宗、唯識宗及中觀宗）的學說。

20 原注：噶當教典派（gzhung, the Kadam great text tradition）＊主要研讀六部印度典籍：聖

勇（Āryaśūra）的《本生鬘》（*Jātakamālā*，*Garland of Jātaka Tales*）及〔法救匯集的〕《法句經》（*the Collection of Aphorisms*）用以培養虔敬與歸依；無著（Asaṅga）的〈菩薩地〉（Bodhisattvabhūmi, Bodhisattva Grounds）及彌勒（Maitreya）的《大乘莊嚴經論》（*Ornament of Mahāyāna Sūtras*）是為了學習禪定與菩薩地道；以及寂天（Śāntideva）的《入菩薩行論》（*Engaging in the Bodhisattvas' deeds*）及《集學論》（*Śikṣāsamuccaya*）是為了學習菩薩行。從另一個觀點而言，前兩部典籍是為了學習並遵循業果，中間兩部是為了培養菩提心，而後兩部是為了理解正見並證悟空性。除了博多瓦（Potowa）的教典派之外，還有其他兩個噶當傳統：道次派（stages of path tradition）*與口訣派（pith instructions tradition）*。前者主要學習朗令（lamrim, 即道次第）典籍，而後者主要依賴他們的老師的實修手冊及口述教授。（原書 181 頁 34 行）

*校按：對應的藏文為 gzhung pa ba，代表人物為博多瓦格西（1031-1105）。

*校按：對應的藏文為 gdams ngag pa，代表人物為金厄瓦格西（1038-1103）。

*校按：對應的藏文為 man ngag pa，代表人物為普穹瓦格西（1031-1109）。

21 原注：「口訣」（man ngag, pith instructions, 或譯為要訣）及「耳傳」教法（snyan brgyud, "ear-whispered" teachings）是從老師直接傳給學生的口述教授（gdams ngag, oral instructions）形式，但這種風格的教誡現在已形成專屬此類型（genre）的典籍。這些教法傾向於簡明與實用，

直指修行的核心與心的本質，這樣的教法存在於所有西藏佛教傳承，而尤以寧瑪派及噶舉派為主。（原書 183 頁 6 行）

22 校按：以下四點即《菩提道次第廣論》（頁8）一開頭提及的「四種殊勝」。

23 校按：即《菩提道次第廣論》（頁8）的「通達一切聖教無違殊勝」。

24 校按：即《菩提道次第廣論》（頁11）的「一切聖言現為教授殊勝」。

25 校按：參本書第五章。

26 校按：即《菩提道次第廣論》的「易於獲得勝者密意殊勝」，頁14。

27 校按：即《菩提道次第廣論》的「極大惡行自趣消滅殊勝」。此處的「極大惡行」即謗法的惡業，頁 14。

28 譯按：《寶行王正論》卷1〈安樂解脫品1〉(CBETA, T32, no. 1656, p. 493, b15-19)。校按：另參《中觀寶鬘論頌顯明要義視》（台北：福智之聲，1999）頁13-14。

29 校按：即較佳的投生，也就是人、天二善趣。另參《入中論》，II.7的「諸異生及佛語生，自證菩提與佛子，增上生及決定勝，其因除戒定無餘。」

30 校按：即至善，包含「解脫決定勝」（即解脫）及「成佛決定勝」（即成佛）二類。另參《入中論》，II.7的「諸異生及佛語生，自證菩提與佛子，增上生及決定勝，其因除戒定無餘。」

31 校按：即特殊下士道階段。

32 校按：即中士道階段。

33 校按：即上士道階段。

34 校按：《解深密經》中似乎沒有提及「四依」，但在《大般涅槃經》卷6〈如來性4〉：「如佛所說，是諸比丘當依四法。何等為四？依法不依人，依義不依語，依智不依識，依了義經不依不了義經。」（CBETA, T12, no. 374, p. 401, b27-29）及其他經典則有提及。

35 校按：即不了義的見解。

36 校按：參《入楞伽經》卷3〈集一切佛法品3〉：「佛告聖者大慧菩薩言：大慧！我說如來藏常，不同外道所有神我。大慧！我說如來藏、空、實際、涅槃、不生、不滅、無相、無願等文辭章句，說名如來藏。大慧！如來、應、正遍知，為諸一切愚癡凡夫，聞說無我生於驚怖，是故我說有如來藏；而如來藏無所分別、寂靜、無相，說名如來藏。大慧！未來、現在諸菩薩等，不應執著有我之相。大慧！譬如陶師依於泥聚、微塵、輪、繩、人功、手、木、方便力故，作種種器。大慧！如來世尊亦復如是，彼法無我離諸一切分別之相，智慧巧便說名如來藏，或說無我，或說實際及涅槃等，種種名字章句示現，如彼陶師作種種器。是故大慧！我說如來藏不同外道說有我相。大慧！我說如來藏者，為諸外道執著於我，攝取彼故，說如來藏，令彼外道離於神我妄想見、心執著之處，入三解脫門，速得阿耨多羅三藐三菩提。大慧！以是義故，諸佛、如來、應、正遍知說如來藏，是故我說有如來藏，不同外道執著神我。是故大慧！為離一切外道邪見，諸佛如來作如是說，汝當修學如來無我相法。」（CBETA, T16, no. 671, p. 529, b26-c18）。

37 校按：即佛的密意。

38 校按：即無實有的狀態。

39 校按：即現觀空性的無分別瑜伽現量。

九、成佛之道所需的工具

1 校按：intention。即佛的真正用意。

2 校按：Mind and Awareness texts。即探討各種認知（包含心與心所）類型的典籍，內容主要引自法稱的《釋量論》及無著的《阿毘達磨集論》。

3 校按：admiring faith。

4 校按：aspiring faith。

5 校按：believing faith。

6 校按：此即補特伽羅無我及法無我，或合稱「二無我」。

7 譯按：法尊法師譯《緣起讚》：「見如義善說，有隨尊學者，衰損皆遠離，滅眾過根故，由背尊聖教，雖久依疲苦，後後過如呼，我見堅固故，希有諸智者，善達此二別，爾時於聖尊，豈不從髓敬？」

8 原注：噶文．基爾提（Gavin Kilty）譯，《秋月皎潔：宗喀巴的祈請文》（*Splendor of an Autumn Moon: The Devotional Verse of Tsongkhapa*）*，（Boston: Wisdom Publications, 2001），231-33。（原書196頁3行）

* 校按：對應的藏文為 sKabs gsum pa（《三世者》），是宗喀巴向本師釋迦牟尼佛、菩薩及上師們的祈請文或禮讚文。

9 譯按：「噫愚壞我慧，於如此德聚，雖曾久歸依，未知德少分，然幸將近終，命相續未沒，於尊略生信，想此亦善根。」

10 原注：圖登錦巴（Thupten Jinpa）譯，http://www.tibetanclassics.org/html-assets/In%20Praise%20of%20Dependent%20Origination,pdf.（原書196頁18行）

11 譯按：一、即拔除力。二、依止力。三、對治力。四、防護力。

12 校按：一、頂禮。二、供養。三、發露懺悔。四、隨喜功德。五、請轉法輪。六、請佛住世。七、迴向。

13 譯按：或譯為「慧甲」、「般若鎧」、「智鎧」。

14 譯按：較為熟知的翻譯為：「佛說罪莫能洗滌，佛手無能取眾苦。佛證無能轉他人，唯示法諦得解脫。」

15 校按：http://www.fpmt.tw/e_news.php?id=2

16 譯按：或譯為「本覺」。

17《廣論》：四法爾道理，謂火燒熱性，水濕潤性等，於彼法性應發勝解，是為世間共許法性，難思法性，安立法性。

18 譯按：尋思理者，謂正尋思四種道理，一觀待道理，謂諸果生，觀待因緣。此別尋思世俗勝義及彼諸事。

19 譯按：那麼心的因果法則呢？

20 譯按：人。

21 譯按：或譯為「觀待」。

22 校按：此處似指「近分（定）所攝奢摩他」。參宗喀巴大師著，法尊法師譯，《菩提道次第廣論》，頁394。

23 校按：此處的「完全專注」似指「最後作意（加行究竟果作意）是證離欲根本定時所有作意」，即「根本定所攝奢摩他」。參宗喀巴大師著，法尊法師譯，《菩提道次第廣論》，頁395。

24 原注：近分定（access concentration, 似指近分定所攝的止）是以止（serenity, 或譯為奢摩他）所達到的禪定階段；而完全專注（full concentration, 似指根本定所攝的止）的定境更深。（原書207頁28行）

25 校按：即心類學或認知理論當中的「顯而未定知」。

26 譯按：法尊法師：「若汝貪自品，不喜他品者，不能趣涅槃，二行不寂滅。」參考達賴喇嘛開示：https://www.youtube.com/watch?v=b3KsabhhPdE。5:22開始。

27 譯按：密續專科學院。

28 「觀修」是多餘的，因為只有「練習」，也可能是「練習辯經」，但這裏不是。

十、進步

1 校按：依《現觀莊嚴論》的「地道理論」，此即「五道」的第三「見道位」現觀空性的瑜伽現量，此時開始根除遍計煩惱的種子，在此之前的資糧道及加行道二階段則只能伏煩惱現行而無法斷煩惱種子。

2 校按：awakening in this life。經常被誤譯為「即身成佛」，因為我們不可能以此肉身成佛，依無上密續的理論，成佛必須成就幻身才有可能。

3 原注：五道（five paths）和菩薩十地（ten bodhisattva grounds）是菩薩逐步通往圓滿覺悟的旅程所劃分的階段。在前兩道——資糧道和加行道（paths of accumulation and preparation）——時，菩薩創造能於第三見道（path of seeing）時現觀空性的因。十地是以見道為起始，其後〔的二至十地〕與下一個道——修道（path of meditation）——並存，直至證得無學道（the path of no-more-learning）佛果（buddhahood）為止。（原書218頁34行）

4 譯按：或譯為「善知識」或「善友」。

5 譯按：即瞋恚。

6 校按：即貪、瞋、癡三毒。

7 原注：蓋．紐稜（Guy Newland），《簡介空性》（*Introduction to Emptiness*），（Ithaca NY: Snow Lion, 2008），112。（原書222頁16行）

8 譯按：即「實有」或「自性存在」。

9 譯按：即駁斥實有而成立「勝義諦」（空性或無實有）時也須兼顧「世俗諦」（業果），如此才是不落常斷二邊的中道。

10 譯按：或「然而在豎立牆壁並且在穩固的牆壁上安放屋頂之前，必須得要先打下堅實的地基。」

11 譯按：即顯教。

12 譯按：即食子。

13 譯按：月稱論師造；法尊法師譯，《入中論》談到菩薩十地功德時的：「菩薩時能見百佛」（1a）。

14 校按：《入中論》提及初地菩薩還有另外十一種百功德。

15 譯按：多翻為「善士」或「賢者」，但是在巴利課中討論過這樣的翻譯無法表達經文的內涵。

16 原注：見切喀瓦格西（Geshe Chekawa）所造的《修心七義》（*Seven-Point Mind Training*）及南喀悲（Nam-kha Pel）所造的《修心日光》（*Mind Training Like Rays of the Sun*）。（原書 225 頁 30 行）

17 譯按：即「俱生原始光明心」，這種微細心必須隨著粗的氣息入、住、融於心間中脈，開發微細的氣息才能顯現。

18 譯按：空去實有。

19 譯按：或譯為驅使。

20 校按：或譯為伺察修。

21 譯按：即善知識。

22 譯按：似乎是把「現分緣起不欺誑，空分遠離實執意，若時二者別現見，爾時仍昧牟尼旨。現見緣起全不誣，即滅實執取境相，若時同起非更迭，乃圓成正見觀察。」這幾個偈頌混合解釋了。

23 校按：或譯為「隨順止」。

24 校按：或譯為「隨順觀」。

十一、佛道上的自我省視

1 校按：即《中論》〈觀邪見品27〉第30偈。

2 校按：對應的藏文為 dal 'byor mi lus rin po che（珍貴的暇滿人身）。值得注意的是，英文將mi lus（藏文直譯為「人身」）譯為 human life 而非譯為 human body。

3 原注：藏語發音為：Om ah ra pa tsa na dhi。（原書 232 頁 13 行）

4 校按：對應藏文的 shar sgom。

5 校按：其中，「死亡」（死有）、「中陰階段」（中有）及「投生」（生有）三者，即所謂的「三有」。

6 校按：即「轉三有為佛的三身」，亦即將「死亡」（死有）轉化為佛的「法身」、將「中陰」（中有）轉化為佛的「報身」、將「投生」（生有）轉化為佛的「化身」。

7 校按：或譯為「四依止」。即「噶當派十秘財」（四依止、三金剛及三得）當中的四依止。

8 原注：圖登錦巴（Thupten Jinpa）譯，《噶當祖師的智慧》（*Wisdom of the Kadam Masters*），（Boston: Wisdom, 2013），頁5。（原書233頁9行）

9 校按：或譯為「補特伽羅僅僅是假名安立」。

10 校按：此處的「缺乏自成、實質存在的人」，意思是沒有獨立於諸蘊的自成、實質存在之人，換言之，有依賴諸蘊之非自成、施設而有的人。在佛教內部除了犢子部等五個部派（僅承認沒有常、一、自在之人，但不承認缺乏自成、實質存在的人）外，皆一致同意這種人無我。其中，毘婆沙宗、經部宗、唯識宗及中觀自續派均主張這種人無我為自性成立。但對於應成派而言，這種人無我則是自性成立皆空。因此，瞭解「缺乏一個自成實質存在的人」仍未必瞭解應成派主張的「自性成立皆空」，因為後者較前者更細微。

11 原注：圖丹．卻准在1984或85年，我和另外二、三位尼眾一起拜訪蒙塞拉特山（Montserrat）時，有去山中的關房拜訪這位修士。我們到達時沒有事先告知，他邀請我們進去。在他的聖壇上鋪著一條長哈達（khatak, 西藏人作為禮儀使用的長條絲織品）及尊者送他的觀音像。當陽光傾瀉而入，照亮聖壇，他邀請我們跟他一起禪修。我們觀修一段時間後安靜地離開。在他眼中，尊者留意到的異於尋常的相同目光，依然在那裡。（原書236頁32行）

12 原注：昆努喇嘛仁波切登津簡參（Khunu Lama Rinpoche Tenzin Gyalsten,* 1894/95-1977）生於印度金瑙爾縣（Kinnaur, India），在西藏學習，而在1950年後期去瓦拉那西（Varanasi），駐錫該地度過餘生。有一則故事可以顯示其修行的深度：在1970年代中期，有一些西方人去見他，並問他是否需要什麼。他回答：「不，我已擁有所需的一切，因為我有菩提心。」隔天，他獻給這些西方人每位一塊錢盧比。（原書236頁34行）

*校按：此處的 Gyalsten 似乎是 Gyaltsen 的誤植。

13 原注：這些是功德光的《別解脫經》（*Prātimokṣa Sūtra*）及《律經》（*Vinayasūtra*）、世親的《阿毘達磨俱舍論》（*Treasury of Knowledge*）、無著的《阿毘達磨集論》（*Compendium of Knowledge*）、龍樹的《中論》（*Treatise on the Middle Way*）、聖天的《四百論》（Four Hundred）、月稱的《入中論》（*Supplement to the Middle Way*）、寂天的《入菩薩行

論》（*Engaging in the Bodhisattvas' Deeds*），以及彌勒的五部論典（five treatises）*。（原書237頁22行）

*校按：一般稱為「彌勒五論」。

14 校按：即「殊勝天相」，觀想自己現為本尊。參《聖龍猛派吉祥密集地道論疏》，（台北：盤逸），2019年，頁146-147。此殊勝天相為「庸常顯」或「凡庸的顯現」（mal gyi snang ba）的對治，屬於「身遠離」的階段，而身遠離聯繫生起次第與圓滿次第二者。

15 校按：即「尊天慢」或「佛慢」，具有自己即是本尊的自信。參《聖龍猛派吉祥密集地道論疏》（台北：盤逸，2019年），頁147。此尊天慢為「庸常執」或「凡庸的執著」（mal gyi zhen pa）的對治，屬於「身遠離」的階段，而身遠離聯繫生起次第與圓滿次第二者。

16 校按：此偈為如石法師所譯。

十二、在世間運用佛法

1 校按：即阿底峽尊者所傳的「七重因果教授」及寂天菩薩所傳的「自他等換教授」。參《菩提道次第廣論》（台北：華藏教理學院，民81）頁8。

2 校按：即佛典所說的地、水、火、風四大元素。

3 校按：serenity 對應的藏文為 zhi gnas（梵語 śamatha, 音譯為奢摩他）。即令心專注於所緣境而生起身心輕安的止。

4 校按：insight 對應的藏文為 lhag mthong（梵語 vipaśyanā, 音譯為毘婆舍那）。即令心觀察所緣境而生起身心輕安的觀。

5 校按：例如在月稱的《入中論》中，提及「說有賴耶數取趣，及說唯有此諸蘊，此是為彼不能了，如上甚深義者說。」（VI.43）及「如佛雖離薩迦耶，亦嘗說我及我所，如是諸法無自性，不了義經亦說有。」（VI.44）。其中的「賴耶」即阿賴耶識、「數取趣」即補特伽羅（包含佛、菩薩、獨覺、聲聞及六趣眾生）、「薩迦耶見」（或譯為壞聚見、有身見）即執我即我所為實有的執著。換言之，佛說阿賴耶識、數取趣、諸蘊、我及我所等等，都是引導眾生最終悟入空性的方便。

6 校按：對應的巴利語為 Cattāro satipaṭṭhānā，或譯為「四念住」。參《雜阿含經》卷 24：「云何為善聚？謂四念處。所以者何？純善滿具者，謂四念處，是名善說。云何為四？謂身念處，受、心、法念處。」（CBETA, T02, no. 99, p. 171, c26-29）。

7 校按：或譯為「左翼佛教」。意指佛教徒應該努力將他們內在的禪定經驗與佛法教義應用在社會、政治、環保、經濟之上，並且主動反抗不公義的事物。其理念為一行禪師（Thich Nhat

Hanh）所提倡，並在西方世界成長。

8 校按：對應的藏文為 yang dag pa'i 'tsho ba，為「八正道」或「八聖道」之一，即賴以活命的生計是正當的，或從事正當的職業。

9 校按：即所謂的「痲瘋病患」。醫學領域將此疾病稱為「漢生病」或「韓森式病」（Hansen's Disease）。

10 校按：對應的藏文為 mngon gyur。即明顯的現象。

11 校按：對應的藏文為 cung zad lkog gyur。即稍微隱蔽的現象。

12 校按：對應的藏文為 shin tu lkog gyur。即極為隱蔽的現象。

13 校按：即前五識（眼識、耳識、鼻識、舌識及身識），皆是無分別識。

14 校按：即第六意識，包含有分別和無分別兩類。

15 校按：即無分別心，包含眼識、耳識、鼻識、舌識、身識及意識。

16 校按：即有分別的第六意識。

17 校按：即佛陀的姨母「摩訶波闍波提」（mahāprajāpatī），即「大愛道比丘尼」。

18 校按：即顯教大乘或波羅蜜多大乘。

19 校按：即事續、行續及瑜伽續。

20校按：即密續十四根本戒的最後一戒。

21原注：「兩指」（Two-fingered）是指女人的智慧，因為身為家庭主婦，她檢視兩指之間的米是否煮熟。而且當兩指之間持著棉球的同時，她還要剪線。（原書270頁15行）

22譯按：佛陀諸聖賢，修證成羅漢，其他平庸輩，求得已困難，女流二指智，絕然不可攀。

23譯按：我心能守一，智循羅漢向。佛法心領會，女性有何妨？斷除一切貪，斷除癡愚闇，魔羅汝當知，吾已斬斷汝。

24校按：或譯為「山頭主義」，即「門戶之見」。

25原注：作為「不引生肯定的否定」（nonaffirming negative），空性缺乏自性存在；它無法成立任何肯定的事物。而「引生肯定的否定」（affirming negative）則是在否定一個事物之外，建立另一個事物。「心是空性」（emptiness of the mind）即否定心的自性存在。而「心的空性」（mind’s emptiness）則成立心具有空性這個屬性。（原書277頁22行）

名詞解釋

A

Abhayagiri 無畏山寺或無畏山寺派

斯里蘭卡早期的一座佛教寺院，以初期佛教教法為根基，並受到大乘和後期密續教法的影響；以此為名的一個部派。

Abhidharma 阿毘達磨

佛教教法的一個分支，涉及了涵蓋對現象詳細分析的智慧；三藏中三個合輯之一。

absolutism 絕對主義或實有論

認為現象以自性存在的信念。

access concentration 近分定

透過寂止而達到的禪定層次。

affirming negative 引生肯定的否定或非遮

暗示其他事物的否定。

afflictions; kleśa 煩惱

擾亂內心平靜的心所，例如不安的情緒和不正確的見解。

afflictive obscurations; kleśavaraṇa 煩惱障

主要妨礙解脫的障礙；煩惱、煩惱種子和染污業。

Āgamas 阿含

漢文典籍中的經典選集，相當於巴利語典籍五部尼柯耶的其中四部。

aggregates; skandha 諸蘊

（1）生命體的四或五個成分：身（生於無色界的眾生則無此色）、受、想、行和識。（2）一般來說，蘊是將所有無常事物分門別類的一種方式。此處的色包括五感官對境（五境）、能認知它們的五種感官（五根）和跟意識有關的色（無表色）。 〔286〕

analytical meditation（vicārabhāvanā, 藏 dpyad sgom）分析修

為理解對境所進行的禪修。

arhat 阿羅漢

已斷除所有煩惱障並解脫輪迴的人。

ārya 聖者

已直接且無分別地證悟自性存在皆空的人。

B

basis of designation 命名的基礎

即由各個部分或因素所成的組合體，依此而去命名一個對境。

bhāṇakas 傳誦師

負責記憶和背誦經典的一群僧侶。

bhikṣu and bhikṣuṇī 比丘和比丘尼

受具足戒的男性出家眾和女性出家眾。

bodhicitta 菩提心

世俗菩提心。願帶給他人安樂及伴隨願自己證得圓滿覺悟所引發的主要心理意識。參見勝義菩提心。

bodhisattva 菩薩

已發起為了利益一切有情而想成就佛果這種自發願望的人。

bodhisattva ground; bodhisattvabhūmi 菩薩地

聖位菩薩的相續中以智慧和悲心為特色的認知。它是開發所有良善特質及根除無明、錯亂顯現的基礎。

C

cessation; nirodha 滅或寂滅

終止導致投生於輪迴的煩惱、煩惱種子和染污業；解脫。

clear light 光明

一直存在且持續清淨的心；空性。

jñeyāvaraṇa 所知障

主要妨礙圓滿覺醒的障礙；無明習氣和由它們所引起微細的二元見解。參見煩惱障。

collection of merit 福德資糧

菩薩在修行方便層面的道中所累積的福德。

compassion; karuṇā 悲

願有情遠離所有苦及苦因的希求。

conceptual appearance 分別心的顯現

出現在分別意識中的對境意象。

consciousness; jñāna 智

清淨且能知者。

conventional existence 世俗有

存在（存在的現象）。

corrupted intelligence 染污慧
獲致不正確結論的一種分析心所。
cyclic existence 輪迴
見「輪迴」（**saṃsāra**）項。

D

ḍākinī 空行母
高度證悟的女性密續修行者。
definitive teachings; nītārtha 了義的教法
談論關於實相的究竟本質且能從字面上接受的教法（根據應成派 **Prāsaṅgikas** 體系）。參見「不了義的教法」（**interpretable/provisional teachings; neyārtha**）項。
dependent arising; pratītyasamutpāda 緣起
分三：（**1**）因果緣起——事情是由於因和緣而生起、（**2**）互依緣起——現象彼此依存，以及（**3**）依賴而立——現象的存在唯由術語和概念所安立。
Dhamma 法
法（**Dharma**）的巴利文。
dhāraṇi 陀羅尼
咒語，抒發精神內涵的一組音節。
Dharmaguptaka 法藏部
十八個早期部派之一，今日的東亞仍受持其戒律。
duḥkha 苦
輪迴中無法令人滿意的感受，有三類：苦苦、壞苦（變異之苦）和周遍行苦；第一聖諦。

E

emanation body; nirmāṇakāya 化身或應化身
為了利他而出現在一般有情面前的佛身。
emptiness; śūnyatā 空性
缺乏自性存在（自性存在皆空）、缺乏獨立存在（獨立存在皆空）。
enjoyment body; saṃbhogakāya 報身或受用身
為了教導諸聖位菩薩而出現在各種淨土中的佛身。
evident phenomena 明顯的現象或現行境

一般人能透過他們的五官所感知到的現象。〔288〕

exalted knower 聖智

了悟空性的智慧認知。

F

feeling; vedanā 受

五蘊之一；對對境的感受有樂、不樂或不苦不樂。

form body; rūpakāya 色身

佛能在有情面前顯現的佛身；色身還包括應化身（化身）和受用身（報身）。

four truths of the āryas 四聖諦

苦諦、其因（集諦）、其滅（滅諦）和通往滅的道（道諦）。

full awakening 圓滿覺醒

成佛；斷除所有障礙及無限發展所有功德的狀態。

functional phenomena 有作用的現象

由諸因緣所生並能產生結果的事物。

fundamental, innate mind of clear light 原始俱生光明心

心的最微細層次。

Fundamental Vehicle 根本乘

通往聲聞解脫和獨覺解脫之道。

G

gāthas 偈頌

用於修心練習的短句。

god; deva 天

仍在輪迴中流轉的天眾。

H

highest yoga tantra; anuttarayotantra 無上瑜伽

四部密續中最高階者。

I

ignorance; avidyā 無明

受到蒙蔽而執取與存在現象相牴觸的心所。分為兩類：對於實相的無明，此即輪迴的根本，以及對業及其果報的無明。

inferential cognizer; anumāna 推論的認知或比量

透過正確的理由而能確定其對境的分別心。

inherent existence; svabhāva 自性存在

沒有依賴任何其他因素而存在；獨立存在。

insight; vipaśyanā 觀、勝觀或毘鉢舍那

伴隨在寂止（奢摩他）中由分析所緣境之力所引生之特殊輕安（special pliancy）的簡擇智慧。

interpretable/provisional teachings; neyārtha 不了義或尚待解釋的教法

未談論現象勝義本質的教法，以及（或）無法從字面上理解的教法。參見「了義的教法」（definitive teachings）項。〔289〕

J

Jetavana 祇陀林寺或祇陀林寺派

斯里蘭卡早期的一座佛教寺院，以初期佛教教法為根基，並受到大乘和後期密續教法的影響；以此為名的一個部派。

K

karma 業

故意的行動。

L

lamrim 朗令或道次第

通往覺醒的不同階段的道；依據對於修行者的三種資質（三士）的解釋來教導這些道次第的典籍。

latencies; vāsanā 習氣

偏好、特性或傾向。有業習氣和煩惱習氣。

liberation; mokṣa 解脫

脫離輪迴的狀態。參見「涅槃」（nirvāṇa）項。

M

Mahāvihāra 大寺或大寺派

許多世紀以前斯里蘭卡的一座寺院，其教法在斯里蘭卡和〔後期〕上座部中成為主流；斯里蘭卡的一個佛教部派。

Mahāyāna 大乘

成佛之道；描述成佛之道的經典；佛教內部的一個發展或修行方式，在印度成為主流並傳播到中亞和東亞。

meditational deity 禪定本尊

在某些類型的禪定中被觀想的佛教本尊，他是佛陀或非常高階的菩薩。

meditative equipoise on emptiness 緣空性的根本定

心一境性地專注於自性存在皆空的聖者之心。

mental factor; caitta 心所

認知的一個層面，它能瞭解對境的特質或能執行特定的認知功能。

merit; puṇya 福德

善業。

mind; cittajñāna 心智

能認知、體驗、思考和感受等生命體中，清楚、非物質及覺察的那個部分。

mind training 修心

訓練我們的心發起世俗菩提心和勝義菩提心的方法。修心典籍由簡短扼要的教授所構成。

mindstream 心續

心的相續或心的續流。

monastic 僧人

已受具足戒者；男性出家眾或女性出家眾。 〔290〕

Mūlasarvāstivāda 根本說一切有部

初期的佛教學派，是說一切有部的一個分支；其戒律傳承主要在西藏。

N

Nālandā tradition 那爛陀傳統

源自於印度那爛陀寺和其他寺院大學的佛教傳統，於六世紀至十二世紀後期蓬勃發展。

nature truth body; svābhāvikadharmakāya 自性法身

即佛心的空性和佛陀的滅諦這類的佛身。參見「法身」（**truth body**）項。

nihilism 虛無主義（即斷滅論）

認為我們的行為不受道德規範的信念；將存在的事物——如三寶、四諦和因果法則——視為不存在的信念。

nikāya 尼柯耶

（1）巴利文典籍中的經文集、（2）〔後期〕上座部佛教內的傳統。

nirvāṇa 涅槃

解脫；止息煩惱障和它們所導致的輪迴投生。

nonaffirming negative 不引生肯定的否定或無遮

沒有暗示其他現象的否定。

nondualilty 無［主、客］二元［對立］

在聖者緣空性的根本定中，不會現出主體和客體、自性存在、隱蔽諦（世俗諦）和分別心的顯現。

O

object of negation 所破境

被否定或反駁的對象。

P

Pāli tradition 巴利語傳統

以巴利語經典為基礎的佛教形態。

parinirvāṇa 般涅槃

佛陀的圓寂。

permanent, unitary, independent self 常、一、自在的補特伽羅

非佛教徒所主張的靈魂或自我（ātman）。

permanent 常

不會剎那變化、靜止的。但未必是永恆。

person; pudgala 補特伽羅

依四蘊或五蘊所命名的眾生。

polluted 受到染污的

受無明或無明習氣所影響。

Prajñāpāramitā 般若度

即般若波羅蜜多（智慧的完成），它是以此為名的一類大乘經典所述的主題。

prātimokṣa 別解脫戒或波羅提木叉

有助於證得解脫的不同類別的戒律。

pure vision teachings 淨相教法

由一位證悟大師在禪定中觀見禪定本尊淨相所傳的教法。

R

reliable cognizer; pramāṇa 可信賴的認知或量

不受欺誑的覺察，它對於境的理解是無容置疑的，而且能讓我們達成目的。

S

samādhi 三摩地或三昧或等持

心一境性的定。

saṃsāra 輪迴

受制於煩惱和業而來的不斷投生。

Sanskrit tradition 梵語傳統

以原文為梵語及其他中亞語言的經典為基礎的佛教形態。

Sarvāstivāda 說一切有部

北印主流的早期佛教學派之一。

scriptural authority 經典權威或教證

已符合認證其為可靠之三種標準的經典權威。

self; ātman 自我

根據上下文（語境）來判斷，（1）人，或（2）自性存在。

self-centeredness 以自我為中心

（1）一般來說，相信我們的幸福比其他人還重要的心態，（2）只尋求我們個人解脫的心態。

self-grasping; ātmagrāha 我執

執著自性存在的無明。

self-sufficient, substantially existent person 自成實質存在的補特伽羅

能主宰身、心的自我。這樣的自我並不存在。

sentient being; sattva 有情

任何心未脫離染污的眾生；即不是佛陀的眾生。這包括凡夫，還有阿羅漢和菩薩。

serenity; śamatha 止、寂止或奢摩他

從禪定所生、伴隨身心輕安喜樂的專注，心於其中毫不費力、沒有起伏、隨己所願地安住在任何所緣境上。〔292〕

six perfections; sadpāramitā 六度或六波羅蜜多

即布施、持戒、忍辱、精進、禪定和智慧等修習，它們以菩提心為動機，並被視它們為兼具性空和緣起二者的智慧所印可。

slightly obscure phenomena 稍微隱蔽的現象或稍隱蔽境

最初只能透過推論的認知（比量）去認識的現象。

solitary realizer; pratyekabuddha 獨覺或緣覺或辟支佛

追隨根本乘、尋求個人的解脫並著重於理解十二緣起支的人。

śrāvaka 聲聞

修習通往阿羅漢果位的根本乘修行者，著重對四聖諦的觀修。

stabilizing meditation 安住修

培養專注的觀修。

Sthavira［早期］上座部

早期佛教學派。傳說後期上座部（**Theravāda**）起源於它。

Sūtrayāna 經乘

以經為依據的覺醒之道。

sutta 經

經（**sūtra**）的巴利文。

T

Tantrayāna 密乘

密續中所描述的覺醒之道。密乘修行者必須對根本乘和大乘顯教的教法有扎實的理解才能修此。

tathāgata 如來

佛陀。

terma 伏藏

珍貴的教法；隱藏在某個環境中的教法或現為影像的教法。

terton 伏藏師

發現伏藏的佛教導師。

Theravāda〔晚期〕上座部

在現今的斯里蘭卡、泰國、緬甸、寮國、柬埔寨等等所修的佛教主要形態。

thirty-seven aids to awakening; bodhipakṣya-dharma 三十七菩提分法或三十七道品或三十七覺分

〔293〕七組——四念住、四正勤、四神足、五根、五力、七覺支和八正道——能共同通往證得止和觀的學處。

three higher trainings 三增上學

在歸依三寶後所要修習而且是構成解脫道的戒、定和慧三種學處。

Tripiṭaka 三藏

佛陀教法的三種分類：律、經和論。

true cessation 滅諦

部分煩惱或部分所知障的止息。

true existence 實有

即自性存在（根據應成派體系）。

truth body; dharmakāya 法身

包括自性法身和智慧法身的佛身。

turning the Dharma wheel 轉法輪

佛陀開示教法。

U

ultimate bodhicitta 勝義菩提心

以世俗菩提心為基礎而直接了悟空性的智慧。參見「菩提心」（**bodhicitta**）項。

ultimate truth; paramārthasatya 勝義諦

所有人和現象的究竟存在模式；空性。

unfortunate rebirth 不幸的投生或惡趣

投生為地獄眾生、餓鬼或動物。

V

veil truth; saṃvṛtisatya; conventional truth 隱蔽諦

從執取真實存在的心的角度來看，顯現為真的現象。也稱為世俗諦。

very obscure phenomena 極為隱蔽的現象或極隱蔽境

這類現象只能透過仰賴值得信服的人或有確實根據的經典說明才能知道。

view of a personal identity; satkāyadṛṣṭi 薩迦耶見、壞聚見或有身見
執取自性存在的我或我所（根據應成派體系）。
Vinaya 律或毘奈耶
寺院的紀律；描述寺院紀律的經典。

W

wisdom truth body; jnānadharmakāya 智慧法身
佛身，即佛陀的一切種智。參見「法身」（**ṭruth body**）項。

國家圖書館出版品預行編目資料

尊者達賴喇嘛開示成佛之道 / 達賴喇嘛（Dalai Lama）、圖丹・卻准（Thubten Chodron）著 ; 廖本聖等譯 . -- 初版 .
-- 臺北市 : 商周出版 : 家庭傳媒城邦分公司發行 , 民 109.01
譯自 : Approaching the Buddhist path
ISBN 978-986-477-771-6(平裝)
1. 藏傳佛教 2. 佛教教理　226.961　108020542

尊者達賴喇嘛開示成佛之道

原著書名／ Approaching the Buddhist Path
作者／達賴喇嘛（Dalai Lama）、圖丹・卻准（Thubten Chodron）
譯者／廖本聖、劉宇光、呂彥徵、廖珩琳、洪佩英、吳宛真、黃仲婷
企畫選書／陳玳妮
責任編輯／梁燕樵
版權／黃淑敏、林心紅
行銷業務／莊英傑、李衍逸、黃崇華、周佑潔
總編輯／楊如玉
總經理／彭之琬
事業群總經理／黃淑貞
發行人／何飛鵬
法律顧問／元禾法律事務所　王子文律師
出版／商周出版
臺北市中山區民生東路二段 141 號 9 樓
電話：(02) 2500-7008　傳真：(02) 2500-7759
E-mail：bwp.service@cite.com.tw
發行／英屬蓋曼群島商家庭傳媒股份有限公司城邦分公司
臺北市中山區民生東路二段 141 號 2 樓
書虫客服專線：(02)2500-7718；(02)2500-7719
24 小時傳真專線：(02)2500-1990；(02)2500-1991
服務時間：週一至週五上午 09:30-12:00；下午 13:30-17:00
香港發行所／城邦（香港）出版集團有限公司
香港灣仔駱克道 193 號東超商業中心 1 樓
電話：(852) 25086231　傳真：(852) 25789337
E-mail：hkcite@biznetvigator.com
馬新發行所／城邦（馬新）出版集團 Cité (M) Sdn. Bhd.
41, Jalan Radin Anum, Bandar Baru Sri Petaling,
57000 Kuala Lumpur, Malaysia.
電話：(603) 90578822　傳真：(603) 90576622
E-mail：cite@cite.com.my
封面設計／王小美
排版／不是姊妹
印刷／韋懋實業有限公司
經銷商／聯合發行股份有限公司
電話：(02) 2917-8022 傳真：(02) 2911-0053
地址：新北市 231 新店區寶橋路 235 巷 6 弄 6 號 2 樓
■ 2020 年（民 109）1 月初版 1 刷　Printed in Taiwan
■ 2022 年（民 111）12 月初版 2.3 刷
定價／ 880 元

Approaching the Buddhist Path
By Dalai Lama and Thubten Chodron

商周出版

廣　告　回　函	
北區郵政管理登記證	
北臺字第000791號	
郵資已付，免貼郵票	

104　台北市民生東路二段141號2樓

英屬蓋曼群島商家庭傳媒股份有限公司城邦分公司　收

請沿虛線對摺，謝謝！

商周出版

書號 BR0054C　　書名 尊者達賴喇嘛開示成佛之道　　編碼：

請於此處用膠水黏貼

商周出版

讀者回函卡

不定期好禮相贈
立即加入：商周
Facebook 粉絲

感謝您購買我們出版的書籍！請費心填寫此回函卡，我們將不定期寄上城邦集團最新的出版訊息。

姓名：______________________ 性別：☐男 ☐女

生日：西元__________年__________月__________日

地址：______________________

聯絡電話：______________ 傳真：______________

E-mail ：

學歷：☐ 1. 小學 ☐ 2. 國中 ☐ 3. 高中 ☐ 4. 大學 ☐ 5. 研究所以上

職業：☐ 1. 學生 ☐ 2. 軍公教 ☐ 3. 服務 ☐ 4. 金融 ☐ 5. 製造 ☐ 6. 資訊
☐ 7. 傳播 ☐ 8. 自由業 ☐ 9. 農漁牧 ☐ 10. 家管 ☐ 11. 退休
☐ 12. 其他______________________

您從何種方式得知本書消息？

☐ 1. 書店 ☐ 2. 網路 ☐ 3. 報紙 ☐ 4. 雜誌 ☐ 5. 廣播 ☐ 6. 電視
☐ 7. 親友推薦 ☐ 8. 其他______________________

您通常以何種方式購書？

☐ 1. 書店 ☐ 2. 網路 ☐ 3. 傳真訂購 ☐ 4. 郵局劃撥 ☐ 5. 其他______

您喜歡閱讀那些類別的書籍？

☐ 1. 財經商業 ☐ 2. 自然科學 ☐ 3. 歷史 ☐ 4. 法律 ☐ 5. 文學
☐ 6. 休閒旅遊 ☐ 7. 小說 ☐ 8. 人物傳記 ☐ 9. 生活、勵志 ☐ 10. 其他

對我們的建議：______________________

____

____

【為提供訂購、行銷、客戶管理或其他合於營業登記項目或章程所定業務之目的，城邦出版人集團（即英屬蓋曼群島商家庭傳媒（股）公司城邦分公司、城邦文化事業（股）公司），於本集團之營運期間及地區內，將以電郵、傳真、電話、簡訊、郵寄或其他公告方式利用您提供之資料（資料類別：C001、C002、C003、C011 等）。利用對象除本集團外，亦可能包括相關服務的協力機構。如您有依個資法第三條或其他需服務之處，得致電本公司客服中心電話 02-25007718 請求協助。相關資料如為非必要項目，不提供亦不影響您的權益。】

1.C001 辨識個人者：如消費者之姓名、地址、電話、電子郵件等資訊。
2.C002 辨識財務者：如信用卡或轉帳帳戶資訊。
3.C003 政府資料中之辨識者：如身分證字號或護照號碼（外國人）。
4.C011 個人描述：如性別、國籍、出生年月日。

請於此處用膠水黏貼